건축주
상식

다세대 빌라, 다가구주택, 상가주택 등
소규모 신축 및 노후빌라 재건축 사업의

건축주
상식

민경호 지음

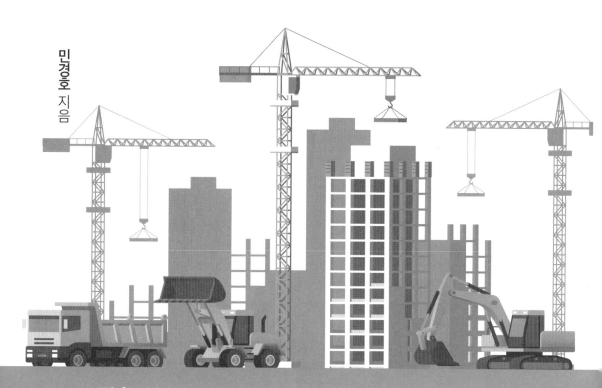

건축사업상 리스크 예방책, 표준도급계약서 해설
성공적인 건축사업을 위한 상식 설명

좋은땅

닥터빌드
시공 사업 시스템

┃ 국내 최저 건축비 · 금융비!! 최고 품질의 시공!!

┃ 이제!! 집 짓다가 10년 늙지 말자!!

1. 국내 최저가 시공
국내 최저가 시공을 추구합니다. 토목, 골조, 전기, 실내건축 등의 직영 시공으로 건축비를 절감합니다.

2. 최적의 건축사 추천
현장과 건축물의 종류에 최적화된 건축사를 매칭하여 법상 용적율을 최대한 확보하고 평면구성 및 익스테리어, 인테리어 디자인 구성에 관여합니다.

3. 건축행정 및 금융자문
설계 인허가 행정 업무, 건축비 대출, 표준 도급계약서 작성, 건축주에게 유리한 특약, 기성검수, 준공까지 건축관련 행정 및 금융 업무를 자문 및 대행합니다. 건축비 대출금은 필요시 최대한 확보하되 최저 이율과 조건의 금융사를 비딩하여 추천합니다. 금융사에 제출하는 사업계획서 작성도 대행합니다.

4. 합법적인 시공
작은 규모의 현장이라도 예외 없이 종합건설 및 관련 면허를 득한 업체로 실시도면에 의거하여 합법적인 공법과 품질로 시공합니다.

5. 철저한 A/S 서비스 제공
무하자 시공을 추구하지만 하자 발생시 최대 20년까지 철저한 하자보증 서비스를 제공입니다.

6. 안전하고 효율적인 시공구조
건축물의 종류와 규모에 따라 닥터빌드 직영사(닥터빌드 씨앤디)의 시공. 20년간 검증된 우량건설사와 닥터빌드 씨앤디와의 공동시공, 브랜드 시공사 시공 및 기성관리 형태로 공사를 진행합니다.

※ 닥터빌드는 it 플랫폼 및 도시 정비회사를 겸하고 있습니다. 시공분야에서는 최소 시공마진, 기성관리비(cm)등을 수취합니다. 최저 이율의 건축비 대출, 최적의 설계비의 구성을 위해서 금융사, 건축사 등으로부터 어떠한 수수료를 수취하지 않습니다. 그리고 아직은 건축주로부터 PM 수수료 등을 받지 않고 있습니다.

상담문의 1544-8383

대규모 부동산개발의 경우 개발전문시행사, 금융사, 신탁사, 신용 있는 건설사가 관여하고 각종의 보증제도 등의 활용을 의무화하는 제도가 있다. 그리고 사업성 검토, 건립 규모 검토, 부지매입, 착공과 준공, 분양, 수분양자 보호 및 입주관리까지 각 분야의 전문가가 개입되어 있다.

그러나 다가구 단독주택, 다세대 빌라 신축과 같은 소규모 건축사업은 무경험한 건축주가 사업성 분석에 관한 마땅한 상식도 없이 허가방 건축사의 성의 없는 가도면을 근거로 부정확한 사업성 검토하에 부지를 매입하고 기준 없이 능력 없는 건설사를 지인의 소개로 선정한 결과, 근거 없는 추가 공사비 요구 및 공사중단 사태, 하자 투성이 건물 등의 다양한 사건과 문제가 발생한다. 집 짓다가 망한 미준공건물의 경매 물건도 수시로 경공매 시장에 나오고 있다. 본 서에서도 사례로 설명하고 있지만 건축사업을 하다가 땅을 빼앗기는 경우도 전국 현장에서 적지 않게 발생하고 있다.

그런데, 소규모 건축사업과 관련된 리스크의 종류와 회피방법 등 건축주가 알아야 되는 상식에 대한 강의나 책을 아직까지는 발견하지 못했다.

유일하게 2016년도에 발간했던 《소규모 건축 실패기와 성공기》가 있었으나 절판 이후 시간 관계상 개정판을 내지 못하고 있었다.

그리고 2015년경에 건국대에서 소규모 건축디벨로퍼 과정을 최초로 개설하여 진행한 바 있었는데, 몇 년 후, 수업을 들었던 분들이나 지인들 또는 업체들이 이름을 모방한 강좌들을 오픈하는 것을 보았다. 그들로 하여금 국내 어느 교과서에서도 가르치지 않는 건축 상식을 널리 전파하는 긍정적인 효과를 기대했지만 어느 강의 커리큘럼이나 책에도 소규모 건축사업의 건축주가 꼭 알아야 할 리스크 회피에 관한 내용, 도급계약서 해석에 관한 내용은 보지 못했다. 건축시공과 관한 내용과 건축 디자인 내지 콘셉트에 관한 내용이 주 커리큘럼인 것을 보았다.

그런데, 평생 동안 한두 번 할까 말까 한 소규모 건축에서 예비 건축주들이 건축시공에 관한 기술적인 내용을 돈과 시간을 들여서 어렵게 배워야 하나 하는 의구심이 들었다.

이에 본 서는 건축 기술과 관련된 내용보다는, 차라리 건축주의 입장에서 건축사, 시공사 등을 올바로 선택하는 내용을 설명하였다. 또한 건축주의 입장에서 반드시 알아야 할 리스크 관련 상식을 중심으로 기술하였다. 부디 반복 숙달하여 더 이상 집짓다가 20년 늙는 일이 발생하지 않기를 기원한다. 참고로 본 서를 가지고 진행하는 오프라인 강좌는 '닥터빌드' 홈페이지상의 건축교육센터(건축주대학)에서 안내하고 있다.

2024년 삼성동 사무실에서
저자 민경호 씀

목차

I.
건축사업 성공 사례

II.
건축사업 실패 사례

III.

건축사업에 기생하는 사기꾼들 이야기

IV.

건축 현장의 권리침해 행태와 예방책

V.
건축사업의 성공법칙

VI.
민간건설표준도급계약서 해설

VII.

건축주가 알아야 할 건설분쟁 판례

I.

건축사업
성공 사례

1.
자기자본 4억 원으로 80억 원의 자산가가 된 사례

본 저자가 대표자로 있는 '닥터빌드'에서는 건축주대학이라는 건축교육프로그램을 운영 중에 있다. 건축주대학 수료생 중에는 건축사업을 실제로 진행하여 큰 수익을 얻은 분들이 있다. 그중 한 분의 성공 사례를 설명하고자 한다. 참고로 건축사업을 진행하기 전에 마케팅 동의서를 받은 분의 사례 중 개인정보는 가명으로 처리하고 사업내용의 일부를 설명하기로 한다.

2019년 대한민국 40대의 직장인인 A는 수도권의 보유 아파트를 매도하고 매도자금 중 일부는 본인 가족이 거주하는 전세금으로 사용하고 남은 금액 금 4억 원으로는 닥터빌드 건축주대학을 수료한 이후 건축사업을 진행하였다.

철거 이전의 구축 모습

철거 이후 신축건물의 모습

서울시 강남구 ○○동 다세대 신축공사 프로젝트이다. 서울 강남권역으로 준공 후 건물의 가치는 지속적으로 상승 예상되었고 전세수요도 꾸준히 유입되는 지역으로 판단되었다.

총사업비는 토지비(구축 단독주택) 20억 원, 설계비, 인허가비, 건축비 등 10억 원, 합해서 총사업비 30억 원이었다.

사업비 조달방법은 건축주의 자기자본 4억 원, 그리고 닥터빌드 대여금 2억 원, 건축사업비 대출금 24억 원으로 진행하였다. 닥터빌드는 사업계획서를 작성하여 금융사 여러 곳에 대출 조건을 문의하였다. 건축주가 직접 금융사를 찾아서 건축사업비 대출을 의뢰하는 것보다 현장에 적합한 금융사를 알고 있고 금융사의 입맛에 맞는 전문적인 사업계획서 및 수지표를 작성, 제출 가능하고 다량의 현장을 취급하는 '닥터빌드'를 통해 일을 진행하는 편이 이자나 조건 등이 여러모로 유리했기 때문에, 건축주의 동의를 받아 대출을 대신 추진하였고, 무리 없이 승인받을 수 있었다.

금융대출을 승인받은 상태에서 건축주는 부지 매도인과 매매계약서를 작성하고 계약금을 치르고 중도금부터는 대출을 받아서 지불하였다. 잔금 시점에는 미리 인허가 절차를 진행했던 건축허가를 받아서 중도금, 잔금을 지불한 후 현장 철거 및 공사를 진행하였다.

준공 당시 건물의 가치는 60억 원으로 평가되었다. 건축물 완공 후 총사업비 30억 원의 변제 처리는 다음과 같다.

- 총사업비: 30억 원
- 30억 원의 사업비, 조달 방법: 건축주의 자기자본 4억 원, 닥터빌드 대여금 2억 원, 금융대출금 24억 원(닥터빌드 금융주선)
- 준공(21년) 당시 건물의 가치: 60억 원

- 준공 후 사업비 30억 원 처리

> - 3룸 1세대= 건축주 실거주(전세자금 빼서 입주, 자기 자금 4억 원 회수)
> - 2룸 4세대= 전세 16억 원
> - 1.5룸 4세대= 전세 10억 원
>
> 2룸과 1.5룸 전세금 총 26억 원을 받아서 24억 원은 은행에 변제하고 2억 원은 닥터빌드에 변제하였다.

2023년 기준 이 지역은 신속통합 재개발, 모아타운 추진 재료로 건물의 가치는 90억 원을 호가하고 있다. 추후 정비사업이 된다면 다세대 9세대 건물의 1세대당 입주권 프리미엄은 15억 원(9세대 총 프리미엄 135억 원) 이상이 될 것으로 예상(by 닥터빌드 아이콘 프로그램 분석 결과)된다.

자기자본 4억 원을 가지고 진행한 건축사업 단 한 번으로 자산가가 된 사례였다.

건축사업은 미래가치가 있는 지역을 잘 선별해서 진행해야 한다. 서울 시내라고 전부 입지가 좋은 것은 아니다. 서울 시내에서는 19개 곳의 미래산업 육성 중심지가 있고 한강변 등 미래가치가 크게 향상될 것으로 예상되는 지역이 있다. 이 중에서 건축 관련 제한이 없는 지역을 탐구해야 한다. 입지와 관련된 설명은 후술하기로 한다.

2.
재개발 가망지에의 신축사업으로
자산 가치 상승이 예상되는 사례

　건축사업을 하는 목적은 크게 두 가지가 있다. 하나는 준공 후 바로 분양, 현금화하여 일정한 목표 수익을 달성하고자 하는 경우이고 다른 하나는 건축사업 후 신축건물에서 임대수익을 수취하면서 보유하다가 일정 시간이 흐른 이후에 자산 가치가 크게 높아질 때를 기다리는 경우가 있다. 여기서는 후자에 목적을 두고 건축사업을 진행한 경우를 설명하고자 한다.

　서울시 중랑구 망우역은 GTX 예정지이다. 제2경부고속도로 중랑IC가 인접해 있어서 몇 년 후에는 철도와 도로 교통 여건이 획기적으로 개선될 지역이다. 망우역과 양원역 사이에 노후화된 주택 단지가 있다.

　이 지역은 '도시및주거환경정비법상'의 재개발은 요건충족(접도율, 과소필지, 호수밀도)이 어렵지만 노후도만 볼 때는 노후도 90%에 이르는 지역이다. 따라서 미래가치가 있다고 판단되었고 무엇보다도 토지가격이 저렴했다. 당시 시세가 평당 2천만 원을 넘을 때 평당 가격 1천만 원에 구입할 수 있는 대지 29평의 노후주택 매물이 있었다. 대지 29평에는 승강기를 설치할 공간이 나올 수 없기 때문에 다세대주택을 신축할 수 있는 대지는 아니었다. 그러나 임대수익을 수취하는 동시에 장차 재개발 시 아파트 입주권과 상가 입주권을 동시에 받을 수 있는 상가주택(다중주택)으로 건축계획을 세워서 소규모 건축사업을 진행하였다.

구축 단독주택의 모습

철거 이후 신축된 건물의 모습

도시 및 주거환경 정비법(이하 '도정법')상 재개발 가능성 검토

닥터빌드 아이콘 프로그램에 의할 때 '과소필지' 12.55% 추정으로 90㎡가 안 되는 과소필지는 40% 이상이어야 된다는 요건에 불부합, '접도율' 85.22% 추정으로 4㎡ 도로에 접하는 접도율은 40% 이하여야 된다는 요건에 불부합, 호수밀도는 52호/ha로 헥타당 60호 이상이어야 된다는 요건에 불부합이다.

노후도는 89.9%로 위 구역은 재개발 노후도 요건은 충족하지만 과소필지, 접도율, 호수밀도라는 선택요건을 갖추지 못해서 '도시및주거환경정비법상'의 재개발 추진은 불가한 것으로 판단된다.

※ 도시및주거환경정비법(이하 '도정법')상 재개발이 가능하기 위한 요건은 다음과 같다. 1) 필수요건으로 개발면적은 1만㎡ 이상일 것, 건물 노후도가 67% 이상, 즉 노후 건축물이 개발대상지 총 건축물의 2/3 이상이 되어야 한다. 노후 건축물의 기준은 공동주택, 철근 콘크리트 구조는 30년 이상, 기타 벽돌조 등은 20년 이상이어야 한다. 2) 선택적 충족 사항으로 호수밀도(60호/10,000㎡ 이상), 과소필지(과소필지율 40% 이상), 주택접도율(40% 이하) 요건 중 하나를 충족하여야 한다. 접도율은 대상지 전체 건축물 수 중에서 폭 4m 이상 도로에 접한 건축물의 비율을 말한다. 즉 4m 이상의 도로를 접하고 있는 건축물이 40% 이하라면 동네 길이 좁아서 소방차 진입여건이 좋지 않은 불량한 필지가 60%가 넘기 때문에 재개발 가능성 있는 지역이다. 과소필지 요건은 대상지에서 대지 면적 90㎡(27.27평) 이하의 작은 필지가 40% 이상이나 된다는 것이다. 전형적인 달동네의 필지 모습이다. 그리고 호수밀도 60호 이상은 10,000㎡ 위에 60호 이상의 건물이 있다는 의미이다. 다세대 공동주택의 경우 호수가 가장 많은 층을 기준으로 한다. 가령 2층 2세대, 3층 3세대라면 3개 호수로 계산된다. 건물이 조밀하게 들어서 있는 지역은 주거환경이 좋지 않다는 의미이고 개발 압력이 있는 지역이다.

참고로 사업별 노후도는 다음과 같다.
역세권 시프트 60%
공공재개발 75%
도정법상 재개발 및 신속통합 재개발, 가로주택정비사업 67%

모아주택 구역별 57%(빌라 20년 완화) 이상

빈집및소규모주택정비에 관한 특례법상 모아주택 가능성 검토

사업면적 요건(1만㎡~10만㎡) 충족하고 노후도 90.98%로 모아주택 구역별 요건인 57%를 충족하고 있다. 주택 수 482호(단독주택 313호, 공동주택 169호), 기타 건물 수 8호로 구성되어 있다. 지도상 국방색 표시는 나대지이거나 철거 후 신축하고 있는 현장으로 추정할 수 있다.

노후도가 충분하기 때문에 일부 신축이 일어나더라도 모아타운 요건충족은 충분하다. 그리고 현재는 모아타운 후보지로 지정되었고 권리산정일이 고시되었기 때문에 사실상 빌라 신축은 일어나지 않는다. 위 블록에 상가주택 신축사업을 진행하여 건물이 완성된 이후 얼마쯤 지나 주민들이 자발적으로 모아타운을 추진하였다. 응모 결과 2023년 8월 28일 서울시에 의해 모아타운 후보지로 지정되었다. 관리계획 수립 절차를 거쳐 5년 내 입주 가능한 중랑구 최대 규모 아파트 단지로 바뀔 것으로 짐작된다.

건립 규모 검토

평균 평형대 74㎡(전용 22평), 2100세대 규모로 산출된다. 물론 관리구역 수립 이후 도로, 공원, 상가 부지 등으로 빠지는 면적도 있고 모아타운의 특장점인 장점인 종상향의 혜택이 있을 것이다. 어찌 되었든 조합원수 대비 건립세대 수가 3배 이상도 가능한 서울에서 보기 드문 사업성을 가진 지역으로 추정된다. 참고로 서울 시내 대부분의 모아타운은 조합원 수 대비 건립세대 수가 2배 이상이 나오는 지역은 드물다. 참고로 재개발사업성 판단기준인 비례율과 구축 호수별 수익성 검토는 닥터빌드 사이트에서 직접 알아볼 수 있다.

망우동 상가주택 신축사업의 개요는 다음과 같다.

토지비 3억 원, 설계·인허가 비용 포함한 건축비 7억 원, **총사업비 10억 원**, 자기자본 3억 원 대출금 7억 원이다(대출 가능액이고 실제는 대출을 받지는 않았다).

준공 이후 2층과 5층 주택에서 전세금 3억 5천만 원을 받고, 대환대출금 3억 원(변동 금리 이자 월 110만 원), 그리고 다른 호수의 보증금 합(合) 8천만 원으로 건축사업비 대출금 7억 원과 이자를 상환하였다. 지층 2개 호수, 1층 2개 호수, 3층 원룸 2개 호수, 4층 투룸 1개 호수는 소호 사무실 및 주거용으로 임대하고, 월 임차료 320만 원 이상(금융 이자 110만 원)을 수취하였다. 보통의 원룸이나 상가의 경우 건물이 노후화됨에 따라서 수익성이 떨어지는 경우가 많지만 본 사업지는 준공 이후 주민들의 강한 의지로 모아타운으로 지정되어 그 자산 가치가 2~3배 이상 상승할 것으로 예상된다. 모아타운 사업이 추후에 완성되면 아파트와 상가를 분양받을 수 있게 된다. 원래 모아주택은 종전자산의 권리가액에 따라 3개의 아파트도 조합원으로 분양받을 수 있지만 본 물건은 아파트 2채(32평형과 25평형)와 상가 분양을 신청해서 자녀에게 아파트 한 채를 증여할 수 있는 여력도 생길 것으로 예상된다. 이 경우 사전에 자녀에게 상가주택의 지분을 배분한다면 증여 관련 절세도 가능할 것이다.

망우본동에 신축한 상가주택의 경우 구역별 통합건축심의 완료시점을 기준으로 종전자산을 평가한다. 시세를 감정평가하지만 종전자산은 현재 시세보다 높게 평가될 것이다. 그리고 추후 착공 이후 일반 분양 시 일반 분양분의 가격도 대단지 프리미엄을 더해서 현재 아파트 시세보다 더 높아질 것이다. 비용 측면에서 금융비는 더 오르지 않겠지만 공사비는 현재 보다 오를 수 있다. 본 상가주택의 건축주는 추후 조합원 자격으로 아파트 3채를 분양 받거나 또는 32평형 아파트 1채와 상가 1개 그리고 구역별 사업성이 좋게 나온다면 환급금도 추가로 수령할 수 있을 것이다. 5년 전후의 기간에 걸쳐 자산 가치가 최소 2배 이상 상승할 수 있을 것으로 추정된다. 대충 계산해도 10억이 들어간 상가주택은 신축아파트 가격을 생각한다면 최소 20억~30억 이상의 자산으로 늘어날 것이다.

3.
노후 빌라 재건축으로 자산 가치 상승시킨 사례

   다른 지하철 노선과 달리 지하철 9호선의 각 역 주변은 버릴 곳이 없는 곳이다. 그래서 지하철 9호선을 황금노선이라 불리는 것 같다. 본 사업지는 증미역 도보거리 350미터에 위치해 있다. 좌로는 마곡지구, 우로는 여의도 금융업무단지가 위치해 있다. 본 사업지에서 마곡지구와 여의도까지의 출근거리가 30분 전후이다. 가양역이나 염창역도 좋지만 증미역의 입지도 좋다. 물론 강남, 여의도, 용산 등의 최상급지에 비할 수는 없겠지만 개인적으로는 증미역 인근지가 복잡하지도 않고 직주근접, 학세권, 공세권 등 갖출 것은 다 갖춘 입지로 생각된다.

   강서구 등촌동 평화빌라는 구축 3층으로 이루어진 건물 2개 동 12세대로 구성되어 있었다. 주민 전체가 재건축 합의를 하여 진행한 노후 빌라 재건축사업이다. 원래는 종전자산을 감정평가 하고 추후에 주민이 선택하는 신축건물 호수의 종후자산 가치를 평가하여 추가부담금(또는 환급금)을 산정하는 것이 원칙이지만 지층의 감정평가액이 적게 나오다 보니 원칙에 의할 때는 지층의 추가부담금이 비교적 많이 나오게 된다. 이렇게 되면 재건축 자체를 위한 동의를 얻기가 쉽지 않다. 따라서 평화빌라는 주민 전체의 의사로 종전의 지층 세대는 신축 1층을 선택하고 종전 1층은 신축 2층을 선택하는 방식으로 합의를 본 후 사업을 진행하였다. '배고픈 건 참아도 배 아픈 건 못 참는다'는 말이 있

다. 재건축으로 인해 나에게 큰 이익이 있겠지만 지층 사람들이 나보다 조금이라도 더 큰 이익이 생긴다면 지상층 주민은 재건축 자체에 동의를 하지 않는 경우가 많다. 이해 관계를 조절하여 타협점을 찾아 나가는 사업이 소규모 노후 빌라 재건축사업이다. 평화 빌라 재건축사업의 내용은 아래와 같다.

본 프로젝트의 총 대지면적은 361㎡(109평)로 고급신축 빌라를 짓기에 적당한 규모 이다. 그리고 2종 일반 주거지역(7층 이하)에 위치함으로 건폐율 60%, 용적률 200%를 적용받는 지역이다. 건립 규모는 지하 1층과 필로티 포함 6층이며 총 17세대로 구성되 어 있다. 1층은 필로티 및 엘리베이터 시설로 구성되어 있고 2층부터 5개 층을 입주세 대로 구성하였다. 해당 지역의 실수요 선호도가 높은 2룸과 3룸으로 세대 구성하였고 일부 세대는 개별 테라스를 사용할 수 있어 더 나은 생활환경을 제공할 수 있게 하였다. 그리고 호불호가 거의 갈리지 않는 블랙&그레이톤으로 주차장 및 출입 부분을 마감하 였다. 그리고 1층 벽체는 노출콘크리트로 시공해서 디자인 추세를 반영하였다.

프로젝트 개요	1. 서울시 OO구 OO동 빌라 재건축 개발사업 2. 기존 구옥 준공 : 1983년 / 신축현장 : 2020년 4월 준공 3. 세대 : 기존 12세대 → 17세대

	구축	신축	분담금
지하	1억 5천 (전세 9천/ 실투자 6천)	전용 14평 - 2억 8천	약 3천
지상	1억 9천 (전세 1억 2천 / 실투자 7천)	전용 14평 - 2억 8천	약 2천

2019년 재건축사업 진행 당시 종전 구축 빌라의 지하 세대의 매매 시세는 1억 5천만 원(전세 9천만 원)이었다. 그리고 지상 세대의 매매 시세는 1억 9천만 원(전세는 1억 2천만 원)이었다. 일반적인 경우 12세대를 재건축하고자 할 때 1~2세대는 재건축에 반대하면서 시공사 측에서 매입해 주기를 희망한다. 특히 전세를 놓고 있는 집주인의 경우 노후건물 관리가 어렵고 거래도 안 되는 속 썩이는 물건이었는데, 재건축 논의과정에서 매도를 희망하는 경향이 있다. 이런 경우 닥터빌드는 알박기 시세가 아니라면 적극 매입하여 주민 세대로 참여하기도 한다.

위 지하 세대와 지층 세대를 매입한 경우 지하 세대의 실투자금(갭투자금)은 6천만 원, 지층 세대의 실투자금(갭투자금)은 7천만 원이 소요된다.

1년 이내에 신축 건물이 들어서게 되면 준공 후 세대 가치는 3억 원이 넘게 된다. 다만 세대별 추가부담금은 3천만 원이 있었다.

결국 노후 빌라 재건축으로 구축 소유주들의 자산 가치는 2배 정도 가까이 올라가게 된 것이다.

그런데, 2022년도에 빌라왕 사태가 터졌다. 사실 임대목적의 다세대주택을 100채든 200채든 소유하면서 임대사업하는 사람들은 5년 전에도 있었고 10년 전, 20년 전에도 있었다. 그동안 별 문제가 없었는데, 왜 2022년에 들어서서 빌라왕 사태가 터진 것일까?

정부 정책에서 유발된 측면도 있다. 어떤 정부 정책에서는 다주택자들을 국가가 못하는 서민임대주택 공급자로 여겨 임대사업자로 등록 시 종부세 합산배제 등의 혜택을 주는 등 임대사업자를 육성하기도 하였고 어떤 정부 정책에서는 다주택 임대사업자를 집값 상승의 주범으로 간주해서 종부세 폭탄을 부과하는 등으로 다주택자들을 억압하는 정책을 펴기도 하였다.

2021년 전후로 정부에서는 주택임대사업자 혜택을 없애고 다주택 임대사업자들에게 종부세 폭탄을 부과하기 시작하였다. 종부세는 국세로 자치구에서 징수한다. 수억에서 수십억에 달하는 종부세를 감당하지 못한 임대사업자들의 주택들에 기존의 선순위 세입자 다음 후순위로 체납에 기한 가압류가 들어오기 시작하였다. 이에 선순위 세입자들은 집을 빼고 이사 갈 수 없는 상황이 되었다. 보증금을 내주지 못하는 대다수의 임대인을 빌라왕 사기꾼으로 취급하는 분위기가 사회 전반에 형성되었다.

그러나 문제가 되는 사기꾼이라 함은 가령 다세대주택을 3억 원에 매입하여 전세를 3억 3천만 원에 놓고 보증금은 의도적으로 미지급하는 사람들이 그야말로 진짜 사기꾼들이다.

결과적으로 처벌된 사기성 임대사업자는 극히 일부였고 대부분의 임대사업자들은 선량한 임대인들이었다. 가령 3억 원에 신축 빌라를 매입하여 2억 5천만 원에 전세를 놓고 세입자 만기가 될 즈음에 전세 시세가 2억 7천만 원이 되면 새로운 세입자를 들이면서 2천만 원의 여유자금을 수취하고 만약 전세 시세가 2억 3천만 원으로 내리게 되면 2천만 원을 추가로 보태서 기존의 세입자를 내보내는 자연스러운 전세시장이 있었다. 그런데 어느 날 종부세 체납으로 임대인의 모든 주택에 지자체들로부터 종부세 총액 채권에 의거한 가압류가 들어왔고 선순위 세입자가 퇴거하고 새로운 세입자가 들어오지 못하는 상태가 되었다. 이러한 연유로 수십 수백 채의 민간임대사업자들이 임대보증금을 내주지 못하게 되자 빌라왕으로 낙인찍히게 된 것이다. 강서구 화곡동에서 이러한 일이 많이 발생하자 9호선 역세권에 접해 있는 증미역 인근까지 같은 강서구라는 이유로 매매나 임대가격이 떨어지게 되었고 많은 소유주들이 재산권 행사에 제약을 받게 되었다.

〈참고〉 다주택자의 임대주택이 공매처분되는 사례

다음은 선순위 임차인 1인, 서울, 경기·인천, 수원의 자치단체들이 종부세 채권에 기한 가압류가 들어온 물건이다. 공매처분되는 상당수의 물건들이 이러한 형국이다. 이로 인해 선량한 임대인들도 빌라왕으로 오인되고 있는 상황이 되었고 빌라 수요와 공급도 급감하게 되었다.

소재지	서울특별시 강서구 화곡동 24-19 더제이캐슬 제2층 제204호 지도 보기					
물건종류	주거용건물	재산종류	압류재산	감정가	279,000,000원
세부용도	다세대주택	처분방식	매각	최저입찰가	(12.5%) 34,875,000원
토지면적	17.134㎡	물건상태	입찰준비중	집행기관	한국자산관리공사
건물면적	27.06㎡	배분요구종기	2022.11.14	담당부서	서울서부지역본부
주의사항	명도책임자 : 매수인	담당자	조세정리팀 (☎ 1588-5321)	위임기관	남동세무서

임대차정보

임대차내용	이름	전입일	확정(설정)일	보증금	차임(월세)
임차인	홍**	2021-01-29		239,000,000	-

등기사항증명서 주요정보

번호	권리종류	권리자명	설정일자	설정금액(원)	비고
1	압류	서*****		-	

배분요구 및 채권신고현황 예상내역이므로 실제와 차이가 있을 수 있습니다.

번호	권리종류	권리자명	설정일자	설정금액(원)	배분요구일	배분요구채권액(원)	비고
1	임차인	홍우영		0	2022-09-19	239,000,000	
2	압류	서울강서구청		0	2022-09-06	46,359,890	
3	교부청구	장안구청		0	2022-09-08	1,497,100	
4	교부청구	영통구청		0	2022-09-08	1,497,100	
5	교부청구	권선구청		0	2022-09-08	1,497,100	
6	교부청구	부천시청		0	2022-09-14	23,684,020	
7	교부청구	동대문구청		0	2022-09-14	458,320	
8	교부청구	일산동구청		0	2022-09-07	1,925,500	
9	교부청구	구리시청		0	2022-09-07	13,578,270	
10	교부청구	김포시청		0	2022-09-07	5,169,050	
11	교부청구	광명시청		0	2022-09-07	17,482,610	
12	교부청구	인천중구청		0	2022-09-19	1,185,850	

평화빌라 재건축사업지가 위치해 있는 지역도 마찬가지의 상황에 처하게 되었다. 이에 정비사업전문관리업도 겸하고 있었던 닥터빌드는 본 사업지에 대해서 주민제안방식의 모아타운 요건을 검토하였다. 입지가 양호하고 선호도가 높은 지역이었지만 여러 가지 오해로 재산권 행사가 제한되는 상황이었다. 빌라가 아파트로 바뀐다면 재산권의 가치가 크게 상승될 지역이었다.

원래 모아타운 제도는 과거 변창흠 장관의 2.4 공급대책의 일환인 '소규모 주택정비 관리지역 제도'에서 유래한다. 즉 1만㎡ 이하에서만 진행할 수 있는 가로주택정비사업도 1개 구역당 2만㎡까지 면적을 확장할 수 있고 종상향의 혜택까지 주어지는 오세훈표 모아타운은 위 '소규모 주택정비 관리지역'에서 유래한다.

특히 서울시에서 발표한 2023년 모아타운 2.0 계획에서 단일블럭의 모아주택도 가능하게 됨에 따라 자회사를 이용해 정비사업전문관리업을 겸하고 있는 닥터빌드는 모아타운 사업계획을 작성하고 구(區)와 시(市)의 확인을 거쳐 주민제안 방식의 모아타운을 추진하게 되었다.

　원주민 세대수 약 240세대, 건립 세대수는 약 480세대(종상향 이전은 420세대)까지 나오는 사업성이 양호한 지역으로 재탄생하게 된 것이다.

　200세대 규모인 가양 두산아파트의 시세를 기준으로 일반 분양가를 잡았고 건축비는 코오롱건설과 동부건설의 시공가를 대입해서 사업성 분석을 한 결과 노후 빌라 재건축 단지의 가치는 추가로 두 배 상승할 것으로 분석되었다.

　가령 3억 원대 빌라(실사용면적 15평)의 종전자산에 비례율(재개발사업성)을 곱하면 4억 원대의 빌라가 되고 아파트 18평(조합원 분양가 예상가는 4억~5억, 시세는 6억 원 이상)을 조합원의 자격으로 신청할 때, 추가부담금 1억 남짓으로 현재 기준 시세 6~7억 상당의 아파트로 입주할 수 있는 추정계산치가 나왔다.

　처음에 1억 5천만 원짜리 노후 빌라가 필로티 포함 6층 규모의 빌라로 재건축하여 3억 원 이상의 자산으로 바뀌었고 3억 원 이상의 신축 빌라가 모아주택사업으로 6억 원 이상의 자산으로 바뀌게 되는 것이다. 물론 추가부담금을 더 부담할 용의가 있다면 25평형 아파트로 입주할 수 있는 여건이 되는 것이다. 장차 일반 분양을 할 때는 조합원들이 선택한 물량을 제외한 세대를 분양한다. 일반 분양의 경쟁률이 수백 대 1로 예상되는 로얄 입지인데, 조합원들은 본인들 마음대로 로얄세대를 선택할 수 있는 것이 정비사업의 또 다른 이점이다.

4.
노후 빌라 재건축 프로세스

가. 노후 빌라 재건축사업 방식

a. 일반적인 재건축사업 방식

노후 빌라의 경우 현행법에 따른 용적률에 미달하는 건축물이 많다. 따라서 현재 3층 또는 4층인 노후 빌라를 5층으로 재건축하여 원주민에게 배정되는 몫 이외의 1개 층이나 2개 층을 일반 분양하여 일반 분양물의 매출을 공사비 등 사업비에 충당하는 방식으로 재건축사업을 진행한다.

아무리 작은 규모의 재건축이라고 하여도 건축 관련 법규와 세무 관련 법규, 등기 관련 법규, 사업구도와 관련된 법규 등에 능통한 경험이 있는 건설사를 통해서 진행해야 한다.

즉 공사중단, 무리한 추가 공사비 요구, 저품질시공, 절차지연, 세금폭탄 등 여기저기에서 발생하는 다양한 종류의 피해를 예방하기 위해서는 소규모 노후 빌라 재건축의 경험이 많은 업체를 선택해야 한다. 주민들은 유일한 전 재산을 맡기는 사업일 수 있기 때문에 업체 선택에 소홀함이 있어서는 안 될 것이다.

b. 20세대 이상의 노후 빌라 재건축

그런데 노후 빌라 주민이 20세대 이상이라면 먼저 '빈집및소규모주택정비에관한특례법(이하 '소규모주택정비법')에 의한 자율주택정비사업이나 가로주택정비사업의 요건 검토를 하고 요건을 충족한다면 '소규모주택정비법'상 정비사업으로 진행하는 것이 세제혜택이나 건축 관련 인센티브를 받을 수 있다. 그리고 만약 노후화된 연립주택, 아파트의 종전세대가 20세대에서 200세대 미만이라면 '소규모주택정비법'상의 '소규모 재건축사업'으로 진행할 수 있다. 부지면적 등의 요건이 맞는다면 모아주택으로도 추진할 수도 있다. '소규모 재건축사업'은 재건축사업계획서 등을 작성하여 관할 관청으로부터 연번동의서(동의서 번호가 매겨진 구청장 직인이 날인된 동의서)를 받아서 전체 세대 중 75% 이상의 동의를 얻으면 소규모 주택 재건축조합설립이 가능하다. 이후 단계는 조합설립 이전의 절차보다는 비교적 용이하게 절차 진행이 가능하다. 즉 소규모주택정비법상의 소규모 주택정비사업은 정비구역 지정 절차나 추진위원회 구성 단계가 없고 조합설립인가 단계가 절차의 첫 번째 단계이다. 그래서 조합설립인가 이전 단계에 무자격 브로커들이 노후주택단지에 침투하여 주민들을 현혹시키고 피해를 주는 사례들이 많이 발생하였다.

서울 시내에서도 수많은 현장에 무자격 브로커들이 주도하여 사업성을 부풀리면서 주민들을 현혹시키고 조합설립 동의서를 징구한 이후 조합설립인가를 받고 HUG(주택도시보증공사)에도 지원하는 초기사업비를 받아 챙기고 떠나거나 시공 관련 업체들(건설사, 철거업체, 분양업체 등)로부터 돈을 받아 챙기는 등의 부작용이 난립하였다. 이에 정부는 '소규모주택정비법' 개정안을 마련하여 국회에 제안하였고 2023년 10월부터 '정비사업전문관리업' 면허가 없는 자가 정비사업의 자문이나 동의서 징구 등의 정비사업 관련 업무를 진행한 경우 형사처벌할 수 있게 하였다.

c. 20세대 미만의 노후 빌라 재건축

20세대 미만의 노후 빌라 재건축의 경우 조합설립이 법상 불가능하여 그동안 실무상

난이도가 있는 100% 동의에 의한 재건축 또는 80% 동의로 가능한 '집합건물의 소유 및 관리에 관한 법률'에 의한 재건축을 진행했었다. 다만 후자의 경우 80% 동의를 얻어서 '집합건물의 소유 및 관리에 관한 법률'상 재건축관리단을 설립할 수 있었지만 건축허가를 받기 위해서는 100% 동의를 얻어야 했기 때문에 사실상 100% 재건축 동의를 얻지 않고서는 재건축사업이 불가능했었다.

즉 1명만 동의하지 않아도 재건축이 불가능했던 관계로 일부 소유주들은 이른바 알박기 형식의 행태를 벌여서 결과적으로 나머지 주민들의 재건축에 대한 염원을 실현할 수 없었다.

d. 이른바 '알박기' 사례

서울시 송파구 삼전동 소재 어느 노후 빌라는 단열이 안 되어서 겨울에는 난방비가 많이 나오고 여름에는 너무 더워서 에어컨을 켜면 전기료가 40만 원이 나오는 등 관리비가 너무 많이 들었다. 있었다. 곰팡이 발생을 막을 수 없었고 비가 오면 생기는 누수 현상을 잡을 수 없을 정도로 노후화되었다. 주민분들은 생전에 새집에서 살아 보는 것이 소원이라고 하였다. 그런데, 갭투자로 알박기 들어온 1세대가 무리한 조건을 요구하면서 자신이 선정한 시공사, 자신이 선정한 시행사에 재건축사업을 맡기겠다고 주장하였다. 그 1세대는 사업실적도 부실한 업체들과 어떤 커넥션이 있어 보였다. 시공능력도 부족하고 20세대 미만의 소규모 재건축사업에서는 불필요한 시행법인(건설 브로커)까지 선정하겠다고 주장하였다. 결과적으로 그 한 세대 때문에 주민분들은 재건축도 못하고 열악한 주거 여건을 견디면서 지금까지 노후 주택에서 살고 있다. 그 당시에는 추가부담금 없이 재건축이 가능한 상태였는데 지금은 분양가는 그대로인데, 치솟는 공사비 때문에 추가부담금을 일부 부담해야 하는 상황이 되었다.

이러한 현장들은 전국적으로 산재한다. 자기 세대를 특별 대우해 주기를 바라고 이른바 '도장값'을 요구하는 등의 사람들 때문에 대부분의 주민들이 곰팡이, 바퀴벌레와 함께 살아야 하는 것이다.

e. 건축법규의 개정

그런데, 2021년 8월에 건축법이 개정되어 이전보다는 용이하게 재건축이 가능하게 되었다.

건축법 제11조 제11항에 의하면 '건축허가를 받으려는 자는 해당 대지의 소유권을 확보하여야 한다. 다만, 건축주가 집합건물을 재건축하기 위하여 집합건물의 소유및관리에관한법률 제47조에 따른 재건축 결의가 있었음을 증명한 경우에는 전체 소유자의 동의가 있을 필요가 없고 공유자 80% 이상의 동의(동의한 공유자 지분의 합계가 80% 이상)만 얻고 건축허가를 진행할 수 있도록 규정되었다'.

즉 20세대 미만의 노후 빌라 재건축의 경우에 '집합건물의소유및관리에관한법률'에 따른 재건축을 진행하되 반대자에 대한 매도 청구 소송을 진행하면서 80% 동의만을 얻어 건축허가를 진행할 수 있게 된 것이다.

f. 노후 빌라 전체 소유권 확보 이전 철거 착공방법

아직 건물 소유권을 확보하지 못했다고 하여도 명도단행가처분 판결에 따라 건물을 철거했거나 매도청구소송의 1심에서 승소한 시행자가 1심에서 정한 매매대금을 공탁하고 가집행선고부 판결에 따른 인도집행으로 건물을 인도받아 철거한 경우라면 형법상 정당행위에 해당하므로 재물손괴죄가 성립하지 않는다고 판결한 사례(대판 1998. 2. 12. 선고 97도 2877, 대구지법 2014. 11. 13. 선고 2014고단3549) 등이 있다.

이와 같은 법적 절차에 따르지 않고 자력으로 건물을 철거하는 무식한 일을 벌인다면 재물손괴죄가 성립할 수 있을 것이다.

즉 재건축에 반대하는 구분소유자에게 매도청구소송을 진행하면서 1심 승소 후 가집행 선고를 받아 인도를 받아 착공하는 방법이 정상적인 방법인 것이다.

마지막으로 아쉬운 점은 '도시및주거환경정비법'이나 '빈집및소규모주택정비에관한 특례법'상의 재개발, 재건축의 경우 조합원의 재산을 조합에 양도한 것으로 보지 않는다, 환지로 본다. 따라서 양도세를 부담하지 않는다. 사업소득세에 대한 특례도 규정되어 있다. 그러나 '집합건물의소유및관리에관한법률'상의 재건축이나 임의 재건축의 경우 더욱더 소규모 영세사업임에도 불구하고 위와 같은 세제혜택이 명문화되어 있지 않다. 따라서 재건축 전반에 관한 행정업무에도 능통한 전문적인 노하우를 가진 재건축 전문 PM사를 선정하는 것이 중요하다.

미니 정비사업인 자율주택정비사업

1. 의의
자율주택 정비사업은 단독, 다세대, 연립주택을 주민이 연접한 주택과 함께 개량 또는 건설할 수 있고, 2명이상의 토지소유자가 주민합의체를 구성하여 노후주택을 정비하는 사업이다. 주민 100%의 동의가 있다면 조합을 설립하지 않고 비교적 신속하게 재건축이 가능한 사업이다. 가장 큰 장점은 대규모 현장의 조합사업에서는 추가부담금의 부담 때문에 원주민들이 정착하지 못하는 경우가 많지만 자율주택정비사업의 경우 추가부담금 없이 헌집 주고 새집으로 받는 현장이 많다. 노후 빌라가 신축 연립주택이나 신축 아파트로 바뀔 수 있고 조합비용 등의 기타 비용이 적게 들기 때문에 사업성이 좋은 현장이 많다. 즉 원주민 정착율이 가장 높은 사업이다.

2 사업대상
사업면적에는 제한이 없으나, 다음 2가지 요건을 모두 충족해야 한다.

가. 사업대상지
빈집밀집구역, 소규모주택정비 관리지역, 도시활력증진지역 개발사업의 시행구역, 지구단위계획구역, 「도시 및 주거환경정비법」 제20조·제21조에 따라 정비예정구역·정비구역이 해제된 지역 또는 같은 법 제23조제1항제1호에 따른 방법으로 시행하는 주거환경개선사업의 정비구역, 도시재생활성화지역 또는 서울특별시 조례로 정하는 지역(서울시: 지하층이 있는 주택을 포함한 사업시행구역, 안전등급 D, E등급에 해당하는 건축물을 포함한 사업시행구역)

나. 기존 주택 수
단독주택-18호 미만, **다세대·연립주택-36세대 미만**, 단독+다세대-36채 미만

다. 노후·불량 건축물 수
전체 건축물의 2/3이상

3. 사업시행자
주민합의체 단독 또는 공공과 공동으로 시행할 수 있다. 단독으로 시행하는 경우 주민들 100%의 동의를 얻어 주민합의체를 구성하여 사업을 할 수 있으며, 단독으로 하기 어려운 경우 공공과 함께 공동시행도 가능하다. 다만 공공과 시행하는 경우 용적율 상향을 조건으로 임대세대를 구성해야 하기 때문에 주민들이 선호하는 방식은 아니다. 정비사업전문관리업체의 도움을 받아서 주민합의체를 구성하여 단독 시행하는 경우가 일반적인 방식이다.

4. 건축규제의 완화
도시재생활성화 지역, 빈집밀집구역, 소규모주택정비 관리지역 및 시도 조례로 정한 지역에서 자율주택 정비사업을 시행할 경우 다음과 같이 용적률, 건축규제를 완화 받을 수 있다.

가. 임대주택 건설 시 최대 법적상한용적률까지 완화, 공공임대주택은 전체 연면적 또는 세대수의 10% 이상 건설 시 완화, 공공지원민간임대주택은 전체 연면적 또는 세대수의 20% 이상 건설 시 완화

나. 대지의 조경기준, 대지 안의 공지기준을 1/2 범위 내에서 완화

다. 건축물 층수를 7층 이하로 할 경우에는 채광 확보를 위한 건축물의 높이 기준을 1/2 범위 내에서 완화

라. 건폐율 산정 시 주차장 면적을 건축면적에서 제외

5. 장점

자율주택정비사업은 '소규모주택정비법'에 규정되어 있다. 가장 큰 장점은 정비사업의 한 방식이기 때문에 법상 환지방식으로 이해되어 출자 양도세의 문제가 발생하지 않는다는 것이다. 가령 36세대 미만의 노후 빌라 단지 재건축을 하고자 할 때 일부 반대자가 있는 경우 '집합건물의 소유에 관한 법률'에 근거한 재건축관리단을 구성한 후 반대자에 대한 매도청구권 진행하는 과정에서 반대자를 설득하거나 매입한다. 즉 100% 동의를 받은 후 건축에 인센티브와 세제 혜택이 큰 자율주택정비사업으로 진행하는 것이 바람직해 보인다.

그리고 정비사업이기 때문에 정비사업전문관리업의 면허가 없는 건설 브로커가 개입될 경우 형사 처벌될 가능성이 있으니 업체 선정 시 유의해야 한다.

참고로 ㈜닥터빌드는 자율주택정비사업에 관한 한 국내 1위 업체나 마찬가지이다. 최저가 시공비, 최소 사업비용, 최저 금융비용을 구성하고 원주민 100% 정착이 가능한 사업 구도를 짜는 데 익숙하다.

나. 노후 빌라 재건축, 개요

반지하 2세대, 1층 2세대, 2층 2세대 총 6세대의 빌라 중 한 세대를 보유한 A씨는 건축연령 30년이 넘어 노후화된 건물에 거주하고 있다. 너무 낡아서인지 전세도 잘 나가지 않고 매매도 잘 안된다. A씨는 노후 빌라 건물의 다른 소유자들과도 함께 재건축을 해야 하는데 어떻게 해야 할지 잘 모르겠다.

문제는 빌라는 구분소유자가 여러 명이기 때문에 소유자별로 평수, 층수에 따라 가치가 다르다, 따라서 빌라는 재건축하기 위해서는 다른 소유자들과 함께 논의해야 한다. 공사비에 대한 분담을 어떻게 할지, 재건축사업을 어떻게 진행해야 하는지 사실 재건축 전문가의 도움 없이는 진행이 쉽지 않다.

먼저 재건축을 의도한다면 빌라가 위치한 토지의 용도지역 조례 등 법규를 검토해야 한다. 보통 빌라는 제2종 일반주거지역에 위치한 경우가 많아 그에 따른 건폐율과 용적률을 적용하면 건축 가능한 규모를 알 수 있다. 그리고 주차장법도 확인해야 한다. 확보 가능한 주차장 수가 계산된다면 용적률의 범위 안에서 신축할 수 있는 가구 수를 알 수 있다. 대략적인 계산은 닥터빌드 사이트상의 프로그램을 통해 알 수 있다.

둘째, 실력 있는 전문 건축사를 통해 건립규모를 정밀하게 검토한다. 즉 일반 분양이 가능한 가구 수를 정확히 파악한다. 만약 신축 후 10가구가 나온다면 기존 6가구가 한 채씩 새집을 갖고 나머지 4가구를 분양하여 발생하는 수입으로 사업비에 충당하면 된다. 4가구를 분양해서 5억 원씩 총 20억 원의 분양수입이 생긴다면 이를 바탕으로 추가 분담금이 발생하는지, 구성원들과 공유할 정도의 환급금이 남는지를 판단할 수 있게 된다.

셋째, 사업비를 분석한다. 빌라 재건축 시 발생하는 비용은 설계비, 감리비, 토목비, 직접, 간접 공사비, 이주비, 선순위근저당 말소, 세입자에게 내줄 보증금, 신축건물의 취등록세, 금융비용 등이다. 비용을 선정하면서 가구별로 조건이 다를 수 있으므로 이주비 및 보증금, 선순위근저당 말소 등에서 발생하는 금융비용은 가구별로 산정해야 한다. 상세한 사업수지표 설명은 후술한다.

네 번째로 가장 중요한 부분은 빌라는 여러 가구와 함께 소유하기 때문에 추가분담금을 어떻게 나눌지다. 예를 들어 반지하와 지상층에 있는 가구는 종전자산 가치가 당연히 다를 수밖에 없다. 토지지분이 동일할지라도 집값에서 차이가 발생한다. 종전자산 가치를 참조해서 세대원 사이에 분쟁이 없도록 객관적인 기준을 설정해 추가 분담금을 정해야 한다. 또는 사업성이 좋아서 비용을 충당하고도 남는 분(환급금)이 있다면 이를 나누는 기준을 설정해야 한다.

다섯 번째로 세대원 전원이 함께 사업을 하는 것이므로 집행하는 모든 비용은 투명하게 처리하고 객관적으로 집행이 되어야 하며 신뢰할 수 있는 전문가(신탁사, 닥터빌드)에 의해 관리되어야 한다. 건물 신축 후 각자 명의의 보존등기를 할 때는 세대별로 사용한 대출금만큼의 비용을 배분하고 원금을 갚아야 한다. 결국 전문가가 정확한 기준을 가지고 투명하게 관리를 해야만 하는 것이다. 객관적인 전문가가 없는 현장에서 주민 대표가 횡령 배임의 사고를 일으킨 결과 주민들의 추가부담금이 크게 늘어나고 사업기간이 장기화되는 경우를 많이 보아 왔다.

마지막으로 빌라 재건축도 소규모 건축에 속하기 때문에 영세한 종합건설이나 면허 대여업자들의 수주를 유의해야 한다. 설계의 오류, 견적 산출의 오류, 추가 공사비 요구 등으로 공사가 중단되거나 공사기간이 길어지게 되면 금융 비용이 늘어나 직·간접적인 공사비가 증가한다. 노후 빌라 재건축에도 특히 믿을 만한 시공사 선정, 정확한 기성 검수, 철저한 공정관리, 투명한 자금의 흐름 관리가 중요하다.

빌라 재건축은 이해관계가 다른 많은 개별 소유주가 모여서 진행되는 재건축사업이므로 반드시 투명하고 객관적인 기준을 가지고 진행되어야 분쟁이 없이 성공적인 사업을 마무리할 수 있다.

다. 건축계획안 수립과 사업성 검토

빌라 재건축의 경우 직면하는 이슈는 여러 가지가 있지만 그중 처음으로 접하게 되는 부분은 건축계획안의 작성이다. 건축계획안이 있어야만 비용과 수익을 확정하고 주민들 사이의 의사결정을 할 수 있기 때문이다.

건축계획안이란 무엇인가? 일반적으로 가설계라고 하는 설계도가 있다. 이를 생각하면 된다. 하지만 무료로 성의 없이 제공하는 가설계의 경우 건축법규를 제대로 검토하지 못하여 용적률을 다 찾지 못한 경우, 일조 사선을 제대로 파악하지 못한 경우, 대지안의 공지를 잘못 파악한 경우, 주차장 수와 세대수를 잘못 계산하는 경우, 자율주택정비사업, 결합건축 등의 인센티브를 적용하지 않은 경우 등 성의 없는 가설계가 만들어지는 경향이 있다. 따라서 **재건축 전문 건축설계 업체**를 통해 대지 안에 최대의 세대수를 구성하는 방향으로, 가장 선호하는 평면도를 구성하도록 계획하는 것이 건축계획에 있어서 중요한 과제이다.

건축계획안의 주요 기능 중 하나는 사업수지의 파악이다. 법규를 정확하게 반영하여서 만든 **건축계획안**을 가지고 비용과 일반 분양매출, 조합원 추가부담금 내지 환급금에 대한 **사업수지를 도출**해야 한다. 즉 사업에 필요한 공사비 포함 비용을 산출하고 일반 분양분의 분양가와 분양성을 조사한 후 본 사업의 **사업성을 검토**해야만 한다.

사업성이 좋지 않으면 재건축 합의가 쉽지 않다. 사업성이 좋지 않다는 것은 추가부담금이 많이 나온다는 것이다. 추가부담금을 줄이려면 건축계획안을 수정하여 사업성이 좋게 나오도록 해야 한다.

강남구 개포동 소재 18세대가 거주하고 있는 노후 빌라 재건축 단지가 있었다. 동네 실력 없는 건축설계사 네 곳 이상에서 빌라 2개 동으로 가설계를 만들었다. 각각 평면

구성도 다르고 주차장 개수도 1개 정도 차이가 나게 그려 왔다. 이런 식이라면 사업성이 나올 수 없었다. 허접한 빌라를 신축하여 일반 분양으로 팔아 봤자 아무리 강남이라고 해도 오른 건축비를 감당할 수 없었다. 주민들은 사업을 포기하지 않고 닥터빌드에 찾아 오셨다. 닥터빌드는 IT시스템으로 사업지를 분석했고 지구단위계획도 검토하여 '빈집및소규모주택정비에 관한 특례법'상의 자율주택정비사업으로 재건축사업구도를 잡았다. 협력 전문 건축사와 회의 끝에 이 지역은 아파트 신축이 불가능한 지역이지만 네이버 매물에도 아파트로 올릴 수 있는 법상 연립주택으로 구성해 보기로 하였다. 그 결과 주차장 수도 늘어나고 세대 평면도 훨씬 가치 있게 구성되었다. 아무리 건축비가 상승하였다고 하여도 종전세대들은 무상으로 재건축을 할 수 있는 여건이 되었다. 평면구도뿐만 아니라 외관구성도 청담동 스타일로 구성하여 사업성을 높인 것이다.

허접한 가설계를 가지고 사업성이 안 나온다고 포기한 현장도 사업구도를 어떻게 짜느냐에 따라서 설계에 인센티브를 더할 수 있고 사업성을 높일 수 있는 방법이 있다.

건축계획안상 다세대 건물의 가설계를 연립주택가설계로 바꾼 사례

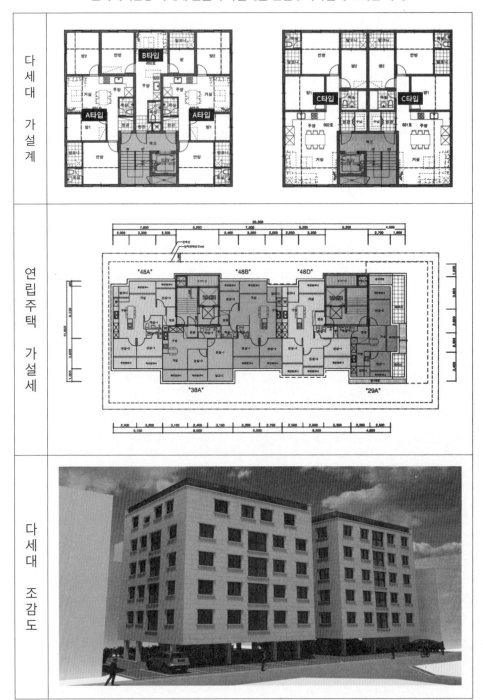

다세대 가설계	
연립주택 가설세	
다세대 조감도	

연립주택 조감도

　　노후 빌라 재건축의 경우 주민들이 열의를 가지고 빌라 재건축을 하고자 하더라도 이를 진행하기가 쉽지 않다. 이유는 부지에 최선인 가설계를 주민들 스스로 알아본 설계사 통해서는 확보하기가 쉽지 않기 때문이다. 평범한 그림은 그릴 수 있지만 현장에 적합한 모든 법규를 검토해서 적용하여 인센티브를 찾을 수 있는 실력이 있는 설계사를 찾기가 어렵기 때문이다. 그리고 다들 생업을 가지고 있으므로 빌라 재건축에 많은 시간과 노력을 투입할 수가 없고 서로 간의 이해관계가 다르다. 따라서 소규모 노후 빌라 재건축에 관한 기술력과 노하우를 유일무이하게 보유한 닥터빌드를 통하면 손쉽게 건축계획안과 사업성 검토를 무료로 받아 볼 수 있고 주민 개개인의 설득에 필요한 자료들을 구할 수 있다. 현장 검토를 통해 사업성이 있다고 판단되면 재건축사업구도 확정, 주민사업설명회 수회 개최, 주민 개개인의 설득, 재건축인허가 절차 진행, 저금리 금융기관 추천, 정비관련 행정업무 등을 **모두 무료로 진행**한다. 그렇다고 시공비가 비싸거나 다른 비용이 추가되는 것은 아니다. 합리적이고 알뜰한 재건축사업 진행이 가능한 것이다.

라. 종전자산 평가방법의 합의

30년 이상 된 노후 빌라는 보통 비가 오면 물이 새는 곳도 있고 하수, 오수배관이 막히는 등 보수비용이 지속적으로 들어가고 있어 건물관리가 쉽지 않다. 그렇기 때문에 매매도 쉽지 않고 전세 세입자를 찾기도 쉽지 않아 주민 중 일부가 주도하여 재건축을 시도하는 경우가 보통이다. 하지만 빌라 소유주들의 이해관계가 달라서 재건축 협의 도출이 난항이다.

같은 건물에 있는 주민들과 협의를 통해서 재건축을 진행해야만 하는데, 반지하가 있고 꼭대기 층은 다락이나 발코니(현재 다락이나 발코니는 종전자산 감정평가 시 고려 안 됨)가 있어서 더 넓게 사용하고 있는 등 종전자산 가치의 인정에 분쟁이 있는 경우 협의점을 어떻게 찾아야 할지에 대하여 설명해 보겠다.

먼저 종전자산의 **세대별 감정평가**를 통해서 세대 소유자별로 자기 지분을 산정하는 방식이 있겠다. 일반적으로 정비사업을 하는 경우 사용하는 방식인데 복수의 감정평가업자를 산정하여서 세대별 평가금액의 평균으로 최종 평가액을 산정하는 방식을 사용한다.

두 번째는 각 세대별 토지지분을 파악하여 **토지지분을 기준으로 소유자별 지분을 산정하는 방식**이다. 이러한 방식은 토지의 면적만을 가지고 산정하므로 가장 간단하게 소유자별 지분정리가 가능하다. 그러나 집값이 더 비싼 지상층의 세대는 이의를 제기하는 경우가 많이 있을 수 있다.

세 번째는, 가령 지층 포함 3층 다세대 빌라를 5층으로 재건축하는 경우 **주민합의**로 1개 층씩 위의 층을 배정받기로 약속하는 것이다. 지층은 1층으로 2층은 3층으로 올라가는 식이다. 감정평가방식에 의하면 지하층 주민이 큰 부담을 앉기 때문에 실무에서는 재건축의 원만한 진행을 위해서 보통은 이런 방식으로 진행을 많이 한다.

노후 빌라의 재건축에 있어서 첫 단추는 **종전자산 평가 방법에 대한** 세대별 소유자들의 협의인데, 이러한 협의점에 도달하기 위한 **기준을 정했다면 재건축을 위한 첫 단추는 꿰어진 것**이다. 그리고 나중에 신축건물 내지 종후자산을 배정 세대별로 평가한 후 추가부담금이나 환급금을 정하는 것은 공식대로 진행하기 때문에 용이하다.

마. 건축사 선정

여러 명의 소유주가 있는 빌라를 재건축할 때 어떤 건축설계사를 선정하는 것이 좋은지에 대하여 설명한다.

첫 번째로 빌라의 재건축사업 **경험이 있는 건축설계사무소**를 선정해야 한다. 이유는 토지 위에 빌라 건축을 위하여 설계하는 것은 건축사가 기술적으로 해결을 하는 것이지만 재건축사업을 함에 있어서는 여러 가지의 업무상 프로세스가 존재한다. 가령 노후 빌라 재건축을 건축에 관한 인센티브가 있는 자율주택정비사업으로 진행하고자 한다면 자율주택정비사업의 설계와 설계의 타당성에 대해서 **인허가권자를 설득하고 이해시킬 수 있는 행정업무 경험이 있는 건축사**를 선정해야 사업성을 향상시킬 수 있고 건축행정업무의 시행착오를 줄일 수 있다.

두 번째 유사한 규모의 주택설계를 해 본 경험이 다수 있는 건축설계사를 선정해야한다. 건축물이라고 해서 종류가 하나만 있는 것은 아니다. 단독주택, 상가, 아파트, 쇼핑몰, 병원 등 여러 가지의 건축물이 있고 이들은 각기 다른 설계의 특성을 가지고 있다. 따라서 소규모 재건축사업 목적의 건축물과 같은 종류의 설계를 해 본 경험이 얼마나 있는지를 고려해야 한다. 빌라 설계 전문가라고 아파트를 설계할 수 있는 것은 아니다. 반대로 아파트로 재건축하는 현장에 빌라나 상가 설계 전문가를 선정하면 안 된다. 의사도 외과, 내과 등 전문 분야가 있듯이 건축설계 분야는 각각의 전문 분야를 가지고 있다.

세 번째 실용적인 설계를 하는 건축설계사를 선정해야 한다. 예를 들어 200평짜리 빌라 2개동을 건축하고자 한다. 주거용 건물에 마치 쇼핑몰처럼 무리한 디자인을 입힌다면 보기에는 좋을지 모르지만 건축비가 많이 들어가고 분양가도 크게 올라간다. 그리고 세대별로 구조를 다르게 설계하는 건축설계사들도 있다. 세대별로 작품을 만드는 것은 좋지만 이런 경우 일반 분양이 쉽지는 않을 것이므로 주민들의 부담이 커질 수밖에 없는 결과를 초래하므로 실용적인 설계를 통하여 건축비를 절감하고 분양가를 높여야 한다.

법령의 범위 내에서 합리적인 최적의 가설계안을 도출해 냈다고 하여도 노후 빌라 재건축사업의 특성상 100% 주민들의 요구사항을 반영하기 쉽지 않다. 즉 다양한 설계상의 요구사항을 정리하고 조정하는 과정이 수반된다. 따라서 이러한 프로젝트를 다수 진행해 본 경험이 있는 건축사를 찾아야 한다. 건축설계사를 선정함에 있어서 재건축사업장의 설계를 해 본 경험이 있는지, 얼마나 많은 현장을 설계해 본 경험이 있는지를 살펴봐야 한다. 그러나 노후 빌라 재건축의 사업유형별 풍부한 경험이 있는 건축설계사를 쉽게 만날 수는 없을 것이다. 따라서 많은 경험과 정보를 가지고 있는 닥터빌드를 무료로 활용하는 것이 시간과 비용을 줄여서 성공적인 재건축사업을 할 수 있는 방법이다.

바. 건축설계계약 및 허가도면작성

노후 빌라 재건축을 하고자 하는 주민들의 의사를 반영한 건축계획안이 어느 정도 정해지면 건축설계사와 본설계계약을 하고 건축설계를 진행하게 된다. 이러한 과정에서 무엇을 해야 하고 어떠한 정보를 파악해야 하는지 설명해 본다.

공동주택인 노후 빌라 재건축에 있어서 가령 조합원이 12명이라면 건축설계사는 12명과 협의를 해야 하는 어려운 점이 있다. 많은 시간과 노력이 투입될 수밖에 없다. 예를 들어 건축주가 1명인 건축 현장이 건축허가를 진행하기 위해 2개월이 소요된다면, 건축주가 12명인 경우 얼마나 많은 시간이 소요되겠는가? 최소한 몇 배의 시간이 소요될 것이다. 따라서 주민들은 빠른 의사결정을 할 준비를 하고 설계 상담에 임해야 한다.

소유주가 많다 보니 요구 조건이 조금씩 다른데, 가족 구성원이 다르며 요구하는 성향 또한 달라서 다양한 정보가 필요하다. 닥터빌드에는 지역별, 평형별, 연령대별로 어떤 구조와 내부 인테리어를 선호하는지에 대한 자료가 있으므로 손쉽게 이런 정보들의 파악이 가능하다. 실시설계의 단계에서 이렇듯 조금씩 차이가 나는 요구 조건들을 닥터빌드의 자료를 참고하여 설계사가 진행을 한다면 시간과 노력을 최소화할 수 있다.

건축주가 다수일 때 건축허가를 진행 시 다수의 명의로 동시에 들어가는 방법도 있고 명의를 정리하여 순차로 접수하는 방법도 있다. 보통 건축을 진행하게 되면 토지주의 명의로 건축허가를 진행한다. 그런데 빌라 재건축의 경우 다수의 많은 토지주가 있다는 것이 문제이다. 건축주가 여러 명인 경우 변경이 발생하면 모두 같이 움직이면서 변경에 대응해야 하는 굉장한 번거로움이 있으며 대관업무, 금융업무 등에 있어서도 함께 움직여야 하는 일들이 많이 생길 수밖에 없다.

사. 건축 실시설계 진행

여러 명의 소유주가 있는 빌라를 재건축 하는 과정에서, 허가도면 작성 후 건축허가를 신청하고 실시설계를 진행해야 한다.

실시설계란 시공 및 유지관리에 필요한 상세한 설계도서, 시방서, 내역서, 구조 및 수리계산서 등을 작성하는 것을 말한다. 쉽게 표현하면 건축허가가 난 뒤에 공사를 함에 있어서 필요한 디테일한 공사용 도면을 만드는 단계라고 이해하면 된다. 이러한 공사를 위한 도면은 굉장히 세밀한 내용을 포함하고 있어야 하는데, 우선 건축설계서에는 소방, 전기, 기계, 구조 등 많은 부분의 내용을 담아 진행된다. 나아가 외관 재료, 화장실 도기의 결정, 도어 및 도어핸들의 결정 등 디테일한 설계를 진행해야 한다. 투입 물량계 산까지 가능한 상당히 두꺼운 책자로 만들어진다.

재건축 시장에서 노후 빌라 재건축을 맡아 수행하는 비전문 브로커들은 도장만 찍으면 주민들 개인의 취향이나 의도는 무시하고 비용을 절약하기 위해서 실시설계는 진행하지 않는다. 저렴한 허가방 도면만을 가지고 건축사업을 진행한다. 따라서 추후 많은 다툼의 소지가 발생하고 기성평가나 품질관리를 제대로 할 수 없는 사고 현장이 만들어진다.

뒤늦게 정부는 정비사업 면허가 없는 비전문 브로커들이 재건축사업에 개입하여 주민피해를 주는 행위들을 차단하기 위해서 '빈집및소규모주택정비에관한특례법'상 형사처벌 규정을 신설하였고 2023년 10월부터 발효된 바 있다.

아. 시공사 견적 진행

시공 견적의 산정을 위해서는 세대별 옵션사항까지 반영한 공사용 도면이 완성되고 이를 가지고 **물량을 산출**하여 단가가 공란인 공내역서가 만들어진다. 이 **공내역서**를 가지고 시공사에게 견적을 요청하게 되는 것이다. 노후 빌라 재건축에서는 일반 분양분과 조합원 분의 인테리어 등에 있어 차등이 있는 것이 일반적이다. 조합원들의 경우 오랜 기간 당 지역에서 거주하여 온 어르신들이 많다 보니 분담금을 크게 부담하기보다는 적은 분담금을 부담하고 실속 있는 인테리어를 하고 실거주를 하려고 하는 경향이 강하다. 또는 그 반대로 분담금을 내더라고 본인 분양 세대의 인테리어 시공은 최고급 사양으로 해 주길 바라는 주민도 있다. 따라서 시공 견적을 받을 때에 **세대별로 세부내역과 견적 비용이 다른 경우**가 있기 때문에 유의해야 한다.

일반적인 재건축 현장처럼 허가방 도면을 가지고 견적을 받을 경우 정확한 견적이 나올 수 없다. 추후에 **반드시 시공사는 공사중단 후 추가 공사비청구**를 청구하게 된다. 정확한 견적 없이 수주한 후 주민 의사를 고려하지 않고 진행하는 시공사를 선정하면 그야말로 집 짓다가 10년 늙는 일이 발생하게 된다. 따라서 소규모 노후 빌라 재건축사업을 경험해 본 전문 정비업체 주도하에 재건축 전문 건설사들에게 견적 요청을 하는 것이 바람직하다.

자. 시공사 선정

여러 명의 소유주가 있는 노후 빌라 재건축 시 시공 견적을 받은 후에 견적을 제출한 시공사들 중에서 우리 집을 재건축할 진짜 시공사를 선정하려고 한다. 시공사 선정 단계에서 어떠한 정보를 파악해야 하는지 설명한다.

시공사를 선정함에 있어서 단순히 최저 가격을 제시하는 업체를 선정하는 경우는 많은 위험이 있다. 덤핑 수주후 유치권 행사는 부실업체들의 전형적인 수주전략이기 때문이다. 일괄하도급을 내려 준 후 나 몰라라 하는 자칭 시행사라고 하는 브로커 업체도 있고 맡은 현장마다 예외 없이 수급인과 하수급인들이 연합해서 유치권을 행사하는 습성이 있는 업체들도 있다. 따라서 재건축 전문 시공사로서 주민 대응능력이 있는지, 직접 채용된 전문 기술 인력이 충분히 확보되어 있는지, 재건축 행정업무에 능통한지 등 여러 가지를 체크해야 한다. 노후 빌라 재건축의 경우 비교적 규모가 작다고 할 수 없고 다수의 소유자가 있다. 따라서 다양한 요구사항을 적극적으로 수렴하고 재건축사업구도를 잘 알고 있는 업체를 시공사로 선택해야 한다.

빌라 재건축 시에는 조합원들이 직접 비용을 투자해서 하는 경우는 거의 없고 시공사의 지급보증을 통해서 대출을 일으키는 경우가 대부분이므로 보증능력이 있는 시공사를 선정해야 한다. 예를 들어 은행에서 빌라 재건축을 위해서 발생시키는 대출의 규모가 80억인데 시공평가능력이 30억인 시공사가 지급보증을 한다면 대출의 실행이 불가능해진다. 따라서 빌라 재건축 시 은행이 신용하는 능력을 갖춘 건설사 선정이 중요하다.

마지막으로 성실한 시공사 선정이 중요한 이유는 결과적으로 사업비를 줄이는 방법이기 때문이다. 가령 총사업비가 백억 원이라고 가정할 시 마이너스 통장처럼 처음에 기성금이나 사업비를 인출해서 사용하게 되고 사업 막바지에는 총사업비 백억 원을 인출하게 된다. 즉 사업 초기에는 인출금이 적기 때문에 이자 부담이 적지만 사업 막바지에는 인출금이 백억에 육박한다. 그렇다면 사업 막바지의 금융이자는 한 달에 수천만 원이 된다. 즉 한 달이라도 공기보다 빨리 준공을 낸다면 한 달에 수천만 원이 이자가 절약되고 시공사 탓에 몇 달이라도 준공기한이 늦어진다면 수천에서 수억 원의 금융이자가 늘어나게 된다.

따라서 최저가 수주 이후 막바지 공사에서 기성금을 거의 다 타먹고 자금이 없어서 유치권을 행사하면서 추가 공사비를 요구하는 습성이 있는 시공사를 선정하면 실패한 재건축사업이 된다. 즉 사업비가 엄청나게 늘어나고 주민 추가부담금이 대폭 늘어나는 일이 생긴다. 많은 건설사들 내지 건설 브로커들은 이러한 건축주들의 약점을 잘 알기 때문에 일단은 수주하고 보는 것이다. 그리고 사업 막바지에 추가 공사비를 요구하면서 공사중단을 시키는 것이다. 대규모 재건축사업이지만 서울시 강동구 둔촌동 주공아파트 재건축사업의 경우에서도 하루하루 늘어나는 금융이자 때문에 조합은 건설사의 요구를 들어줄 수밖에 없었다.

따라서 성실하고 능력 있고 경험 많고 평판도 좋은 시공사 선정 문제가 노후 빌라 재건축사업에서 가장 중요한 일이다.

차. 도급계약 진행

시공사가 선정되었다면 도급계약을 체결해야 한다. 빌라 재건축의 도급계약에 있어서는 일반적인 경우와 달리 어떤 정보를 파악해야 하는지 설명한다.

도급계약의 체결에 있어서는 일반적으로 표준도급계약서를 사용하지만 표준도급계약서는 그야말로 표준샘플에 불과하다. 소규모 재건축에 적용할 만한 특약들, 재건축 분쟁의 발생을 미연에 방지할 만한 특약들, 재건축 절차 협조 및 추가 분담금에 관한 내용 등 추가할 내용들이 많다.

그리고 표준도급계약서는 건축주보다는 시공사에게 유리한 문구들이 많고 해석의 여지가 있는 내용들도 많다. 특히 내용이 전문적인 문장들이 많아서 초보 건축주인 빌라 소유자들이 이해하기 어렵다. 도급계약서의 내용을 충분히 숙지시키고 각 조항의 수정 보완에 응해 줄 시공사를 찾아야 한다.

도급계약서는 크게 일반조건과 특수조건 두 가지로 구분된다. 일반조건은 표준도급계약서의 내용이 주이지만 특수조건에는 해당 공사 특수상황과 주민요구 사항들이 들어간다. 예를 들어 101호는 싱크대를 A사 제품을 사용하고 화장실 도기는 B사 제품을 사용하기로 했다고 하자. 이러한 설계 단계에서의 협의된 부분은 도급계약의 특수조건에 반영되어야 하는 것이다.

그리고 확정지분제형 도급의 경우 종전자산평가 기준에 따른 세대별 추가부담금이나 환급금을 도급계약 특수조건에 명기해야 하고 확정지분이 아닌 경우에는 그 기준을 명기해야 한다.

또한 재건축 업무를 진행하다 보면 소유자들로부터 건축허가신청 시, 지분정리 시, 보존등기 시 등 인감을 비롯한 서류를 징구해야 하는 경우가 있다. 중간에 한 명이라도 비협조를 한다든지, 중도에 유고 등의 사유가 발생할 경우에 대비한 약정도 명기해야 한다.

예를 들어 건축주들에 의한 준공검사(사전점검) 시 하자보수를 확인하는 경우 건축주가 1명이라면 간단하게 확인할 수 있을 것이지만, 건축주가 여러 명이라면 모든 이들이 시간을 맞추어서 동시에 수많은 하자 사항을 확인 하든지 하면 좋은데, 현실적으로는 한두 명씩 모든 하자를 확인할 때까지 많은 시간이 소요되는 문제점이 발생한다. 그렇게 되면 하루하루 사업비대출 이자가 발생하는 상황에서 준공기한이 연기되는 사태가 발생한다. 따라서 이러한 경우 건축주들의 90%가 동의할 시 건축주 준공검사 통과로 보고 일단은 행정청에 하자이행보증서가 첨부된 준공서류를 빨리 접수시켜야 한다. 그리고 추가로 하자보수 문제로 처리하면 된다. 이런 부분들도 사전 협의 후 특수조건에 병기해야 한다.

상기에서 언급한 바와 같이 노후 빌라 재건축사업에 있어서 도급계약서의 내용은 건축주가 1명인 경우와 달리 정해져야 하는 내용들이 많으므로, 성공적인 빌라 재건축사업을 위해서는 일반건축 도급계약서와는 다른 계약서를 작성해야 한다. 민간건설표준도급계약서 해설 및 수정은 후술한다.

카. 시공 및 기성 관리

시공에 있어서는 건축공사 이외 중요한 것이 토목공사이다. 토목공사를 위해서는 철거 후 토목설계를 해야만 토목공사비를 알 수가 있다. 그런데 토목설계를 위해서는 지질검사를 해야 하므로 철거 전 공사비를 정확하게 산정할 수는 없는 것이다. 다른 한 가지는 기성관리인데 기성이란 시공이 얼마나 되었는지를 검토하고 실제 공사를 한 만큼에 대해서만 공사비를 지급하는 것이며 이러한 관리행위를 기성관리라고 한다.

먼저 토목공사를 함에 있어 건축공사비 확정 후 (건축공사비는 도급계약 시 확정) 토목공사비가 확정이 되므로 토목공사의 공법과 토목공사 내용에 대한 대략적인 자료라도 있다면 여러 명의 주민들이 토목공사비 확정을 함에 있어서 큰 도움을 받을 수 있다. 토목공사는 지내력 조사 후 나아가 실제 공사하는 과정에서 그 공법과 내용이 확정되므로 이에 대하여 다양한 빌라 재건축 경험을 가지고 있는 업체가 제공하는 자료를 바탕으로 하여 주변 유사 지역 건축 사례를 파악해 보는 것이 좋다. 가령 서울시 성북구 돈암동의 어느 지역은 한결같이 암반이 발견되어 토목공사비가 어느 정도 들어가고 공법은 어떻게 진행되었다는 자료, 강동구 암사동 어느 블록의 경우 토사가 많은 지질이기 때문에 토목공사 공법은 어떻게 진행해야 할 것이라는 대략적인 경험치가 중요할 수 있다. 경험치에 따른 토목공사비를 일단 약정한다. 그리고 지질조사 이후 또는 실제 공사를 하는 과정에서 선택되는 공법에 따른 토목공사비를 추후에 확정하는 기준을 미리 정해야 한다. 그래야만 토목공사비 증감에 따른 다툼을 예방할 수 있다. 땅만 파고 난 후 공사가 멈추어 있는 현장들이 그러한 연유에서 공사가 중단된 경우가 대부분이다. 최근에는 강남구 역삼동의 여러 현장에서 토목공사과정에서 예기치 못한 공사비 추가로 공사가 중단되는 현장들이 많았었다. 공사중단은 건축주의 금융비용증가, 기회비용상실 등의 손해를 발생시킨다.

두 번째, 빌라 재건축 시 기성관리를 함에 있어서는 기성검수가 한 번 이루어질 때마다 여러 명의 주민들이 검토하고 승인해야 한다. 따라서 공사의 내용에 따른 기성의 검수, 즉 건축, 전기, 기계설비, 소방 등 각 공정마다 얼마나 시공이 이루어졌는지를 검사하고 각 공정별 기성율을 검사해서 총 지급금액을 결정하는 과정을 거친다. 전문가가 제공하는 자료를 참조한다고 해도 여러 명의 주민들이 각자 이에 대한 이해도가 떨어진다면 기성검사 결과에 분쟁이 많아질 수도 있다. 따라서 다른 현장의 경우 이 정도 시공 진행 시 얼마나 기성율이 나오는지 다양한 데이터를 확보하고 있다면 이러한 과정을 보다 쉽게 진행할 수 있다. 기성검사가 간단치는 않다. 견적서상의 금액의 적정성부터 검토하는 것이 기성 검수의 첫 단계이다. 즉 총공사비는 저렴하지만 공내역서상 초기 공정의 공사비를 비싸게 책정하고 뒤의 공정에 대한 공사비는 저렴하게 책정된 견적서가 있다. 이는 건설사가 초기에 자금을 당겨쓰고 뒤의 공정에서는 공사를 중단시킨 후 건축주에게 추가 공사비를 청구할 의도를 가진 견적서이다.

타. 준공 및 사업정산

빌라 재건축을 함에 있어서 문제없이 시공이 완료되었다면 준공 후 보존등기를 하면서 사업을 정산해야 한다. 이때 어떤 정보를 파악해야 하는지 설명한다.

빌라 재건축이 완료되어 간다면 남은 절차는 조합원들 사이의 사업 관련 비용을 정산하는 것이다. 이러한 부분에 있어서 다양한 이해관계에 따른 분쟁이 발생할 수 있으니 특히 조심해야만 한다.

빌라 재건축 시 사업비용을 정산함에 있어서 합리적인 기준을 가지고 정산을 해야 한다. 일반적으로 빌라의 재건축 시 사업비용은 각자가 부담해야 하는 부분과 조합원들이 함께 부담해야 하는 부분으로 나누어진다. 이때 각자가 사용한 이주비, 세대 근저당권 말소 관련 비용, 세대 전세금 반환 등 각자가 사용한 내용이 다를 수밖에 없다. 각자 입주 시 정산하며 이에 대한 이자비용도 각자가 정산해야 한다.

5.
기타 소규모 건축 성공 사례 영상

다툼이 많은 건축사업에서 후기영상이 있는 곳은 드물다. 유튜브 채널에서 닥터빌드를 검색하면 다음 영상들을 찾아볼 수 있다. 다양한 건축물의 신축 성공 사례를 시청할 수 있다.

닥터빌드 건축주 후기영상

II.

건축사업
실패 사례

1.
건축하다가 땅 빼앗기고 감옥 간 사례

왜 집 짓다가 10년 늙는다는 것인가? 왜 집 짓다가 내 땅까지 빼앗기는가? 이 물음에 마땅히 대답해 줄 멘토가 많지 않은 것 같다. 아래의 내용은 실제 있었던 사례와 저자가 겪었던 사례를 혼합하여 기술하였다. 다만 실제 겪은 일들은 이보다 훨씬 많고 형언할 수 없을 정도로 고통스러웠다는 것을 말해 둔다. 지면으로 표현해야 되는 한계상 전부 서술하지 못한 부분들이 있지만, 그래도 경험 없는 건축의 위험성을 전하는 데에는 충분할 것이다.

내포신도시는 충남도청 이전지인 동시에 혁신도시이다. 현재 충남도청, 충남경찰청, 충남교육청 등 주요 기관이 이전 완료된 상태이고 여타 기관들이 이전 중에 있다. 이곳에서 조상 대대로 살아온 홍성 토박이 김순자(가명)라는 사람이 있었다. 김순자는 일찍이 남편을 여의고 혼자 외롭게 살아왔지만 교회에 열심히 다니면서 하나님을 섬기는 것을 인생의 낙으로 삼고 있었다. 같은 교회에서 자연스럽게 만난 김동수(가명)라는 자가 있었는데, 이자는 건축 관련 노동일을 하면서 전국을 떠돌다가 충남 홍성에 잠시 정착해 교회에 나가면서 사기 칠 상대방을 물색하는 자였다.

김동수는 같은 교회에 다니는 김순자가 지역 요지에 대지 400평을 소유하고 있는 것을 알고 김순자와 친해지기 위한 노력을 하였고 급기야는 김순자와 연인관계로까지 발전하게 되었다.

"순자야~ 우리 고장이 도청이 이전해 왔고 혁신도시가 되어서 앞으로 많은 공기업이나 관공서가 이전해 올 거야. 앞으로 인구가 많이 유입되는 거지. 그러니 순자 네가 소유하고 있는 대지 400평에 빌라 4개동을 지어 분양을 하자. 그러면 큰돈을 벌게 될 거야."

사기꾼 김동수는 세상 물정 모르는 김순자에게 빌라 신축 및 분양사업을 할 것을 권유하였다.

"건물을 지을 돈도 없는데, 어떻게 집을 짓지?"
"내가 20년간 건설회사를 운영해 온 사람이야. 내가 시키는 대로 따라서 하면 돈 한 푼 없이도 집을 지을 수 있으니 나만 믿어."

준수한 외모, 신뢰를 주는 목소리, 세련된 매너를 가진 김동수였다. 그래서 김순자는 김동수를 전적으로 신뢰하였고 김동수의 설득과 안내에 따라 건축을 위한 절차를 진행하였다.
김동수가 김순자에게 제안한 대지 400평에 대한 대략적인 건축계획안과 사업수지는 다음과 같았다.

나. 건축계획안 및 예상사업수지

▶ 사업계획: 다세대 빌라단지 4개동 신축 및 분양사업

▷ 대지는 400평, 대지 시가는 12억 원

▷ 건축비 대출 10억 원(우리은행의 금리 3%의 건축비 대출포함)

▷ 건축면적 700평(29세대)×평당 건축비(인입비등 포함) 600만 원=총건축비 42억

▷ 건축비 42억 원의 지불방법: 10억 원의 우리은행 대출금 중 1억 원은 설계비, 인허가비 등의 비용으로 사용, 9억 원은 시공사에게 건축비로 지불, 나머지 건축비 33억은 준공 후 분양금 또는 전세금이나 준공된 건물에 저당 대출을 받아 지불하는 후불 조건(일부 외상공사)

▷ 시행자(도급인)는 지주 김순자

▷ 시공 브로커는 김동수(실질적인 건설 브로커이자 김순자의 대리인)

▷ 수급인은 ㈜K종합건설(도급계약상 수급인, 가칭임)

▷ 빌라 4개동의 분양가는 평당 1200만 원×연면적 700평=84억

▶ 총 분양매출 84억

▶ 예상수익금: 분양매출 84억 − 건축비 42억 − 인허가비, 금융비용, 분양비, 전용료, 개발이익부담금 등 5억 = 37억(※ 땅값 10억)

다. 김동수와 김순자의 동상이몽

▶ **김순자의 생각**

소유하고 있지만 '잘 팔리지도 않는' 자기 땅의 매매 시세는 10억도 안 되는데, 대지를 37억에 매각하는 결과를 얻을 수 있다고 생각함. 즉 자기 수중에 37억 원의 현금을 쥘 수 있다고 생각함.

▶ **김동수의 의도**

김순자를 설득하여 빌라 4개동의 건축을 총건축비 42억 원에 수주하여 ㈜K종합건설에 실제 공사를 맡기고 소개피를 먹을 생각임(※ 브로커 김동수는 건설산업법 위반으로 형사처벌 대상임). 즉 건설사로부터 2억 원의 소개피를 먹겠다는 생각. 혹시 준공이 되면 분양대행 수수료는 세대 당 1500만 원을 받아서 공인중개사들에게 세대당 1000만 원을 중개보수로 지불하고 세대당 500만 원의 차익을 보려는 의도임.

실제로 김동수는 홍성H건축사사무소(가칭)에서 근무하는 고교 후배 박 전무로부터 소개받은 ㈜K종합건설(가칭)에게 공사도급액 42억 원에 맡기고 소개 수수료 조로 ㈜K종합건설(박 전무의 후배가 대표자, 사기 전력 있음, 업체 부실)로부터 2억 원을 받음. 이어서 김동수는 박 전무에게 1천만 원을 떼어 줌. 사실 박 전무는 K종합건설로부터 김동수 모르게 소개비 5천만 원을 받음.

〈함정〉

㈜K종합건설 측이 외형상 총 건축비 42억 원에 빌라 4개동의 신축공사를 저가로 덤핑 수주하면서 공사비를 기성대로 지급 받는 조건이 아니라 토지대출금의 일부(9억 원)를 선금으로 받고 상당히 큰 금액인 33억 원을 후불로 받겠다는 것은 정상적인 업체라면 있을 수 없는 조건이다.

소규모 건축에서 상당 금액을 후불로 받는 조건으로 남의 땅에 건물을 지어 주겠다는 건설회사는 자력이 충분한 회사이기보다는 시공능력이 전혀 안 되는 회사일 가능성이 크다. 자력이 충분하고 잘나가는 업체라면 그러한 조건의 도급계약은 하지 않는다.

즉 뒤는 생각하지 않고 선불로 받는 9억 원의 현금에 눈독을 들이는 사기 의도를 가진 부실한 업체인 것이다. **건축주는 시공회사를 선정할 때 시공능력, 계약이행보증능력, 평판도를 보고 도급을 줘야 하는 것이지 후불 공사를 해 주겠다고 하는 업체는 상대하지 않는 것이 바람직하다. 즉 보통의 입지라면 건축비 대출로 100%의 공사비를 조달할 수 있기 때문에 사업이 시공사에게 끌려갈 우려가 있는 일부 외상공사는 바람직하지 않다.**

라. 건설 브로커와의 계약(김순자와 김동수의 도급계약서)

민간건설공사 표준도급계약서

1. 공사명 : 충남 홍성군, 읍, 오관리 000번지 소재 빌라 4개동 신축공사

2. 공사장소 : 충남 홍성군 홍성읍 오관리 000번지

3. 착공년월일 : 2022년 2월 23일

4. 준공예정년월일 : 2022년 9월 10일

5. 계약금액 : 일금 42억 원정 (부가가치세 포함)

   계약 시 또는 토지담보대출 시 계약금 1억 원,

   2022년 2월 23일 중도금 8억 원,

   준공 후 14일 내 잔금 33억 원을 지불한다.

6. 하자담보책임 : 관련법에 따른다.

7. 지체상금율 : 일 1/1000%

8. 기타 : 중등품질로 시공한다.

도급인과 수급인은 합의에 따라 붙임의 계약문서에 의하여 계약을 체결하고, 신의에 따라 성실히 계약상의 의무를 이행할 것을 확약하며, 이 계약의 증거로서 계약문서를 2통 작성하여 각 1통씩 보관한다.

붙임서류 : 1. 민간건설공사 도급계약 일반조건 1부

          2. 설계서 및 산출내역서 1부

2012년 2월 1일

도급인	수급인
주소: 충남 홍성군 홍성읍 오관리 000-000번지	주소: 인천광역시 남동구 간석동 000-000
성명: 김순자 (인)	성명: 김동수 (인)

〈함정〉

빌라 4개동을 건설할 수 있는 자격요건도 갖추지 않은 무등록 건설업자 김동수는 건축에 대해서 아무것도 모르고 분양 후 37억 원의 현금을 손에 쥘 수 있다는 꿈에 부풀어 있는 김순자와 '민간건설표준공사도급계약서'의 양식을 일부 변경하여 빌라 4개동을 짓는 공사도급계약서를 작성한 것이다. 여기서 김동수는 건설면허도 없는, 자격이 없는 상태에서 도급계약을 체결하였고 후에 공사 내용의 전부를 타 업체(K종합건설)에 하도급을 줌으로써 건설산업기본법령상의 형사처벌 규정의 구성요건을 충족하였다.

마. 시공사에게 유리한 도급계약체결

a. 김동수와 ㈜K종합건설의 계약서

김동수는 김순자와 체결한 공사도급계약서를 내세우면서 홍성H건축사 사무소 박 전무로부터 소개받은 ㈜K종합건설과 이면 합의를 하였다. 즉 합의 내용은 시공권을 넘겨주되 이에 대한 대가는 금 2억 원이고 건축비 계약금을 받음과 동시에 지급한다는 내용이다.

김동수는 건축주 김순자에게 말하기를 자신은 건축 전문가이고 업체들을 부리면서 공사를 진행할 예정이기 때문에 먼저 ㈜K종합건설과 도급계약체결을 해야 한다고 말하였다. 건축경험이 없었던 김순자는 몇 개월 뒤 발생하게 될 영업이익에 눈이 멀어 김동수가 시키는 대로 응하였다.

민간건설공사 표준도급계약서

1. 공사명 : 충남 홍성군 홍성읍 오관리 000번지 소재 빌라 4개동 신축공사

2. 공사장소 : 충남 홍성군 홍성읍 오관리 000번지

3. 착공년월일 : 2022년 2월 23일

4. 준공예정년월일 : 2022년 9월 10일(협의조정 가능)

5. 계약금액 : 일금 42억 원정 (부가가치세 포함)

   계약 시 또는 토지담보대출 시 계약금 1억 원,

   2022년 3월23일 중도금 8억 원,

   준공 후 14일 내 잔금 33억 원을 지불한다.

6. 하자담보책임: 관련법에 따른다.

7. 지체상금율 : 일 1/1000%

8. 기타 : 중등품질로 시공한다.

도급인과 수급인은 합의에 따라 붙임의 계약문서에 의하여 계약을 체결하고, 신의에 따라 성실히 계약상의 의무를 이행할 것을 확약하며, 이 계약의 증거로서 계약문서를 2통 작성하여 각 1통씩 보관한다.

붙임서류 : 1. 민간건설공사 도급계약 일반조건 1부

        2. 설계서 및 산출내역서 1부

2022년 2월 10일

도 급 인	수 급 인
주소: 충남 홍성군 홍성읍 오관리 000-000번지	주소: 충남 예산군 예산읍 웅봉리 000번지
성명: 김순자 (인)	성명: ㈜K종합건설 대표이사 장석개 (인)

〈함정〉

K종합건설이 김동수에게 공사를 넘기는 조건으로 2억 원이나 지불 약속을 하고 설계
사무소 박 전무에게 소개료 5천만 원을 지불하면서 공사를 저가 수주한 것은, K종합건
설도 자금사정이 열악한 나머지 눈앞에 보이는 도급계약금 1억 원과 중도금 8억 원에
욕심을 부렸기 때문이다. 결국 공정별 하수급인들에게 약속한 공사비의 전부나 일부를
지불하지 못하여 공사가 중단되게 되는 사태를 맞이하게 되는 것이 당연한 순서이다.

참고로 건설 브로커 김동수의 안내에 따라 김순자와 ㈜K종합건설 대표 장석개 사이에
공사도급계약서가 작성되는데, 이 도급계약서는 우리은행에 건축비 대출서류로의 일
부로 제출되며 ㈜K종합건설은 대출금채무의 보증인으로 자서하게 된다. 여기서 우리
은행은 ㈜K종합건설의 시공능력에 대한 검증도 없이 토지의 시장가치를 초과하여 건
축비 대출을 실행한다. 소규모 건축비 대출에 있어서 금융사가 시공사의 시공능력을
제대로 검증하지 않는 부분은 의문이다. 또한 **은행 측은 공정관리나 기성고 관리를 하
지도 않는다. 할 능력이 없는 것이다.** 공사가 중간에 중단된다면 은행은 대출금 회수에
지장을 받게 되고 건축주는 뒤에서 보는 바와 같이 토지를 경매처분당하게 되는 운명
에 처하게 된다.

〈함정〉

도급인(일을 맡기는 사람)은 수급인(일을 맡는 사람)의 신용상태를 사전에 충분히 확인
한 후에 적절하다고 판단될 시 도급계약에 임해야 한다.

수급인이 법인이라면 수급인의 수주실적과 평판도를 면밀히 살펴보아야 한다. 소규모
건축이라도 수억에서 수십억 원의 피해를 볼 수 있는 위험이 있기 때문에 이 정도는 기
본으로 확인해야 할 것이다.

더불어서 건축지식과 경험이 풍부한 사람(예: 닥터빌드)의 도움을 받아서 수급인의 기
술적인 능력과 실적을 평가해야 할 것이다.

대물공사 내지 외상공사를 약정하는 업체들은 추후에 현금을 요구하면서 공사를 지연
시킬 개연성이 있는 수급인인 것이 대부분이다. 이 부분에 대해서도 검증을 요한다.

[김순자의 토지] 등기부상 등기사항의 요약

甲구	2020.05.02	소유권자	김순자
乙구	2022.02.20	근저당권자 채권최고액 12억 원	우리은행
	2022.02.20	지상권자	우리은행

〈함정〉

일반인들은 보통 시공자 측이 가져온 국토교통부 홈페이지에서 다운 받을 수 있는 '민간 건설공사표준계약서'를 사용한다. 국가가 권고하고 있는 '민간건설공사표준계약서' 양식은 건축주, 시공자 양쪽의 입장에서 공평한 계약문구로 구성되어 있다.

과연 위와 같은 공평한 도급계약서를 사용해야 하는가? 그건 아니다. 위 도급계약서를 작성하고 날인하는 순간 무경험한 건축주는 乙의 입장이 되고 시공자는 甲의 입장이 될 확률이 높다. 위 김순자는 건축주에게 더 불리하게 시공사에 의해 변형된 도급계약서에 별 생각 없이 날인한 것이다.

도급계약서에 날인을 하더라도 甲과 乙의 지위가 바뀌지 않을 올바른 도급계약서 작성 방법은 다음 절에서 논하고자 한다.

---

b. 의문점

우리은행은 건축에 대한 경험이 전무한 건축주 김순자의 토지를 담보로 담보가치 이상의 10억 원이라는 건축자금을 대출하였다.

전문가 집단인 우리은행에서 **건설회사의 신용이나 시공능력을 제대로 평가도 하지 않은 채** 막대한 건축자금을 대출하는 이유를 지금도 모르겠다. 그리고 은행은 보통 수급인에게 유치권포기각서를 받는데, 하수급인에 대한 유치권포기각서는 받지 않는다. 소규모 건축에 대한 공정관리나 자금관리에 대한 제도적인 장치가 시급하다.

바. 공사대금 유용 후 공사중단

a. 이후 공사 진행 상황

㈜K종합건설은 계약금 1억 원을 지불받아 철거업자, 골조업자, 전기업자 등에게 공정의 순서대로 하청공사대금의 일부를 지불하면서 공사의 진행을 의뢰하였다. 일감이 귀했던 하청업자들은 ㈜K종합건설로부터 계약금을 받고 중도금의 일부도 현금으로 받기로 하고 상당수의 잔금은 준공 이후에 받아 가기로 하면서 하도급계약을 체결하였다.

건축주 김순자로부터 중도금 조로 금 8억 원을 받은 K종합건설은 상당수의 금액을 하청업자들에게 기성고에 따라 지불해야 했는데, 자신이 대부분의 금액을 유용하였다. 그리고 하청업자들에게는 다음 달에 돈을 융통해서 준다든지 건축주에게 돈을 덜 받아서 그렇다는 등의 이유를 대면서 차일피일 공사대금의 지불을 미루었다. 이후 일부 하청업자들이 공사 진행을 중단시켰고, 이에 따라 후속공정이 진행될 수 없게 되어 장기 공사중단사태를 맞이하게 되었다.

보다 못한 건축주 김순자가 직접 나서, 가령 공사를 중단한 배관 설비업자에게 공사를 속행해 줄 것을 사정하였다. 이에 설비업자는 건축주가 인감을 첨부한 직불계약서를 써 주면 진행을 하겠다고 하였다. 이에 건축주는 어쩔 수 없이 응하였고 몇몇 하청업자들에게도 건축주는 직불계약서를 써 주면서 공사 진행을 재촉할 수밖에 없는 상황에 놓이게 되었다.

b. 공사대금 지불방법

현금 전부를 지불하면서 공사를 진행하는 경우 또는 현금의 일부를 지불하고 나머지는 준공 후 지불하기로 약속한 경우 모두 공사대금의 지불방법은 기성고에 따른 지불을 해야 한다. 건축주가 지정한 외부 CM(construction management)의 기성고 평가에 따라서 기성고에 상응하는 금액을 지불하기로 약속해야 한다. 특히 일정 금액 이상의 하청공사는 하수급인에게 직불하는 특약을 체결해야 한다.

공사중단 현장의 대부분은 건축주가 공사가 얼마나 진척된 것인지를 모른 채 시공사의 요구에 따라 기성고보다 초과해서 공사비를 지불한 경우이다.

반복하여 강조하지만 재무상태가 튼튼하고 능력 있는 시공사가 아닌 한, 시공사와 공사대금의 전부 또는 일부의 대물계약(내지 외상공사계약)을 체결하는 것은 바람직하지 않다. 시공사는 다시 하청업자들과 상당한 금액의 대물계약(내지 외상공사계약)을 체결할 것인데, 하청업자들이 재정능력을 구비하고 있지 않다면 맡은 바 공사를 완성하지 못할 것이고 후속공정이 원만하게 진행되지 못하는 문제가 발생할 수 있기 때문이다.

사. 공사중단 이후 하도업체들의 압박

a. 하청업자들의 압박

공사중단사태를 겪고 난 후 하수급인들은 공사대금을 완납 받지 못하는 사태를 우려하게 되었다. 이어 일부 공정에 대한 공사가 또다시 중단되었고 이러한 악순환이 계속되다 보니 준공예정일이 도과하는 것은 당연한 일이 되었다.

일부 공사가 진행되다가 멈춘 상태가 오랜 시간 지속되면 건축주 김순자는 속이 타 들어갈 수밖에 없었다. 공사대금조로 대출 받은 금 10억 원의 이자까지 기약 없이 매달 납부해야 하는 상황이었다. 마땅한 고정 소득이 없었던 김순자에게는 감당하기 힘든 상황이었다. 시공을 맡은 K종합건설은 처음에는 죄송하다고 사과를 해 오다가 나중에는 공사비의 선급을 요구하면서 장기간 연락 두절 상태에 들어갔다.

건축주 김순자는 공사에 깊이 관여하면서 하수급인들을 직접 접하게 되었다. 가령 배관설비업자에게 왜 공사를 하지 않느냐고 물으면 ㈜K종합건설과 배관공사계약을 금 4억 원에 체결하였는데, 조건은 계약금 1억 원, 중도금 1억 원은 현금으로 지불하고 잔금 2억 원은 준공 이후에 받기로 하였다는 것이었다. 그런데 계약금은 지불되었는데 중도금 지불이 차일피일 미뤄지고 있어 ㈜K종합건설에 대한 신뢰가 깨졌고 준공에 대한 확신이 없어진 관계로 공사를 진행하지 못하고 있다고 하였다. 전기업자, 승강기 설치업자, 벽돌, 석재업자, 외관도색을 일부 한 업자들도 공사 지연에 따라 시공사에 대한 신뢰가 깨짐에 따라서 모두 공사를 진행하지 않고 손을 놓게 되었다. 이들은 유치권 행사 중이라는 현수막을 걸어 놓을 것이라고 건축주에게 으름장을 놓기도 하였다.

b. 중간정리

시공자 K종합건설은 하수급인들과 하청계약을 체결할 때, 어떤 업자들에게는 준공 후 공사비 전액 후불계약을 체결하고 또 다른 업자들에게는 계약금만 지불하고 후불계약을 체결하고 또 다른 업체와는 계약금, 중도금, 잔금을 지불하는 식으로 하도급계약을 체결하였다.

그 이후에 K건설은 대부분의 하청업자들에게 이러한 중도금이나 계약금 지불 약속들을 지키지 않았다. 건축주로부터 받은 공사대금의 대부분을 다른 현장의 공사에 유용하거나 개인 용도로 사용했기 때문이다.

이에 어떤 하청업자가 공사대금 지불 약속 위반에 대해 항의하면서 공사 진행을 멈추어 버리자 그 밖에 다수의 하청업자들이 시공사를 신뢰하지 못해 더 이상의 공사 진행에 비협조적으로 나오게 되었다.

결과적으로 공사중단사태의 장기화에 돌입한 것이다.

아. 중간타절 이후 두 번째 시공사와 계약

a. 중간타절 후 건축비 마련을 위해 사채업자를 만나다

공사중단사태의 장기화에 건축주 김순자에게 건축 개발사업을 제안했던 애인 김동수

는 김순자에게 사채라도 얻자고 자문하였다.

"순자야, 이왕 이렇게 된 상황에 누구를 탓할 것이 아니라 준공에만 신경 쓰자. 내가 잘 아는 강남 논현동에 대부업체가 있는데, 미준공건물 전문 대출업자야. 조금만 더 있으면 준공이야. 힘내자. 깡패짓 하는 사람들이 아니고, 이자 많이 안 받고 건축자금대출 해 주는 사람들이니까 사채라도 얻자."

사실 김동수는 처음부터 이러한 상황을 어느 정도 예측하고 있었다. 그래서 미리 잘 아는 사채업자와 내통하고 있었다.

그리고 수개월 간 공사가 중단되어 있고 지역사회에서 부도난 건물이라는 소문이 난 상황에서, 김동수가 두 번째 시공사로 김순자에게 소개한 ㈜H건설 사장은 "능력도 안 되는 K건설을 내쫓아 버리고 몇 억만 지원해 주면 2개월 내로 준공을 내주겠다"고 말하였다. 건축주 김순자도 우리은행의 건축비 대출이자를 더 이상 감당할 여력이 없어진 관계로 이에 사채를 잠시 얻기로 마음먹게 되었다.

그리고 장기간 공사를 중단시킨 ㈜K종합건설 장석개 사장은 돈 없는 건축주와 더 이상 공사를 진행하지 못하겠고 그동안 공사비를 추가로 많이 지출하였으니 이제는 투입된 비용을 받기 전까지 유치권을 행사하겠다고 엄포를 놓고 있었다.

이에 건축주 김순자는 K종합건설과 중간타절 합의서를 작성하게 되었다.

즉 홍성H건축사 사무소와 대전에 있는 건축사 사무소에서 평가한 기성고 평가액의 평균 금액인 30억 원 중(홍성H건축사사무소의 김 전무는 K종합건설 사장과 고교 선후배 사이로서 K종합건설의 요구대로 기성고를 높게 평가한 평가서를 써준다)에서 이미 받은 계약금 1억 원과 중도금조로 받은 8억 원을 제한 나머지 21억 원의 지불약정서(변제기 2022.12.20.)를 써주게 되었다.

나중에 밝혀진 바에 의하면 ㈜K종합건설은 종합건설로 등록된 업체인 것은 맞으나 공제보험증권발행능력이 안 되는 부실업체였다. 즉 공제를 위한 건설공제조합 공탁금이 다른 채권자들에 의해서 압류된 상태인 부실업체였다. 그리고 건축주는 도급계약 시 이행보증서류를 챙겨야 되는 것인 줄도 몰랐다. 입법론적으로 도급계약 시 시공사가 계약이행보증서류를 건축주에게 의무적으로 교부하도록 하는 것이 바람직하다. 다만 **계약이행보증서는 총공사금의 1-20% 정도만 보증이 되는 것이 현실이다. 그 이후의 기성금지급을 위한 철저한 기성고 평가의 시스템을 갖추는 것이 사고 없는 안전한 건축을 위해서 필요하다.**

〈함정〉

건축주 김순자는 중간타절 합의서 작성 시 K건설이 지금까지 시공한 기성고 평가액을 기준으로 작성하였다. 이는 건축주에게 상당하게 불리한 합의서가 되고 건축비가 많이 불어나는 원인이 되는 것이다. 이에 관한 판례는 후술한다.

공사중단의 장기화에 따른 이미지 훼손, 수백만 원씩 나가는 우리은행 대출이자 부담, 사채 몇 억 원만 얻어주면 2개월 내로 준공을 내주겠다는 ㈜H건설 사장의 신뢰 있는 목소리 톤, 본격적인 겨울이 되기 전에 준공을 내야 된다는 심리적인 부담감이 있는 상황에서 우리은행의 1년 만기 건축자금대출금 만기 도래 2주 전이 되었다. 우리은행 측에 문의한 결과 건축자금대출의 만기가 도래하면 대출연장 계약은 1차례 가능하지만 금리가 몇 배가 오르고 시공사의 대출보증이 또 필요하다는 것이었다.

마음이 조급해진 건축주 김순자는 김동수의 안내에 따라 새로운 시공사인 ㈜H건설을 선정하고 서울 강남 논현동까지 상경하여 사채업자에게 금 12억 원을 빌리게 되었다. 조건은 토지에는 우리은행 다음으로 2순위 근저당권, 미준공건물에 대해서는 촉탁에 의한 보존등기 후 1순위 근저당권을 설정해 주는 조건이었다.

이 과정에서 선이자 2억 원, 금리 연 25%(당시 이자제한법 한도)에 12억 원을 빌리는 것으로 약정하고 대출중개인의 수수료 2억 원(사실은 김동수의 몫)을 떼고 법무사 수수료를 제한 후 손에 쥔 것은 기가 막히게도 7억 원 남짓의 금액이었다. 서럽게 눈물을 흘

리는 김순자에게 김동수는 다정한 말투로 준공 후에 분양하면 사업비용을 제하고도 현금 20여억 원 이상을 손에 쥐는데, 너무 억울해하지 말자고 위로의 말을 건네었다. 그리고 2달 안에 준공을 내겠다는 ㈜H건설 사장의 호언장담에 우리은행 대출도 3개월 정도의 기간으로 연장하였다.

자. 두 번째 시공사의 공사중단

㈜H건설(가칭)과 내연남 김동수의 말을 믿고 사채업자에게 굴욕적으로 자금을 융통하여 ㈜H건설에게 지불을 하였으나 ㈜H건설도 건축주의 피 같은 돈을 받고 1개월간 공사를 진행한 후 공사중지에 들어갔다. 제대로 된 건설회사라면 공사중단된 현장에 들어오지 않았을 것이다. ㈜H건설의 재무상태도 처음 건설업자와 다를 것이 없는 것이었다. 당장 들어오는 돈에 눈이 멀어 공사를 수주한 또 다른 사기꾼인 것이었다.

[토지] 등기부상 등기사항의 요약 - 변제기(변제기 2022.12.20.)
이후에 ㈜K종합건설의 토지가압류가 들어옴

甲구	(1) 2020.1.2.	소유권자	김순자
	(3) 2023.1.2.	가압류권자	㈜K종합건설
乙구	(2) 2022.2.20.	근저당권자	우리은행
	(2) 2022.2.20.	지상권자	우리은행

[토지] 등기부상 등기사항의 요약-㈜강남대부에서 저당권을 취득함

甲구	(1) 2020.1.2.	소유권자	김순자
	(3) 2023.1.2.	가압류권자	㈜K종합건설
乙구	(2) 2022.2.20.	근저당권자	우리은행
	(2) 2022.2.20.	지상권자	우리은행
	(4) 2023.1.10.	근저당권자	㈜강남대부

[101동 201호 건물] 등기부상 등기사항의 요약

표제부		토지별도등기(가압류등기, 근저당권등기)	
甲구	(1) 2023.1.10.	소유권 보존	김순자
	~~(2) 2023.1.10.~~	~~가처분권자~~	**김동수(짜고 친 등기)**
乙구	(3) 2023.1.11.	근저당권자	㈜강남대부

〈함정〉

김동수는 건축 사기 전문가이다. 건축 사기꾼들의 DNA는 보통 사람들과 다르다. 중간에 사채업자를 끌어들이는 이유는 사채중개를 통한 수수료를 챙기는 동시에 나중에 건물을 저렴하게 낙찰 받고자 하는 사채업자와 결탁되어 있는 것이다. 사채업자는 토지에는 2순위 저당권자이지만 미준공건물에 대해서는 1순위 저당권자이다. 따라서 자신의 대여금을 떼일 염려가 거의 없다.

만약 자신의 대여금이 떼일 정도로 유찰이 된다면 사채업자 스스로 낙찰을 받을 것이다. 그런 연후에 건축허가권을 당연 승계(이전 건축주의 동의 不要, 대법원 판례)받아 미준공건물을 완성하여 저가에 분양하면 고수익을 얻을 수 있는 것이다.

중도에 미준공인 상태에서 건축자금이 필요하면 저축은행, 정식 P2P업체나 ㈜닥터빌드 등을 이용하는 방법을 우선 찾아야 한다. 금리도 사채업자보다 저렴하다. 특히 닥터빌드는 추후 공정 일정 관리, 공사비 흐름 관리 등 공사의 전반에 관한 용역을 무료로 제공하고 있는 준공익 목적 회사이다. 다만 건축에서는 사고 발생 이전의 예방주사는 있으나 사후 치료제는 극히 부족하다. 사후에는 극약처방이 필요할 수 있다.

a. 불어난 공사비와 두 번째 시공사의 공사중단

공사비 상승으로 ㈜H건설과 공사대금 20억 원(선불은 사채 얻은 금액 7억 원, 준공후 후불 13억 원 지불 약정)에 도급계약을 체결한 결과, K종합건설에 지불했거나 지불해야 되는 금전 30억 원까지 합하여 총공사금액은 42억 원에서 50억 원으로 늘어난 상태가 되었다. 그리고 인허가 등 부대비용과 대출이자 부담까지 합하면 총 58억 원 이상의 공사비가 들어가는 상태가 된 것이다. 그렇지만 두 달만 버티면 준공 이후 준공된 건물을 담보로 좋은 조건에 대출도 얻고 분양도 하면 숨이 트일 것이라고 생각한 건축주 김순자는 늘어난 공사비를 감당하기로 마음을 먹었고 이후 ㈜H건설의 공사비 현금 지불 요구에 교회 동료들에게 고액의 이자를 약속하고 돈을 얻어 ㈜H건설에게 각서를 받으면서 돈의 사용 용도까지 지정하여 추가로 3억 원을 지불하였다. 약속과 달리 ㈜H건설의 집요한 추가 공사비 요청에 따른 것이었다.

그러나 3억 원까지 추가로 지불 받은 ㈜H건설은 또다시 공사를 진행하는 척하다가 결국에는 공사를 중단하였다. 기가 막힌 내막은 다음과 같다.

㈜충북기계공사, ㈜홍주토목공사 등 여기저기 회사에서 건축주 김순자를 제3채무자로 하여 내용증명우편물, 법원우편물들이 도착하였다.

내용은 자신들은 ㈜H건설에게 받을 돈이 얼마가 있으니 앞으로 김순자는 ㈜H건설에게 기성금을 줄 일이 있어도 지불하지 말고 자신들에게 주어야 한다는 것이었다.

㈜H건설은 김순자와 도급계약을 체결할 당시에 이미 여기저기 공사 현장에서 하도급대금을 지불하지 못하고 있었고 자신들의 채권자들(하도급업자들)에게 채권추심의 압박을 받고 있었다. 김순자로부터 받은 공사대금도 기존 급한 채무의 해결에 사용하고 김순자의 현장에 투입한 돈은 얼마 되지 않았다. 공사대금채권의 가압류 소식이 H건설의 또 다른 하청업자들에게 전해지게 되고 그들에 의해 계속적인 공사대금채권에 대한 가압류가 진행된 상황에서 또다시 공사가 장기간 중단되기에 이르렀다.

차. 세 번째 시공사와 도급계약 그리고 건축주의 구속과 현장경매

공사중단사태를 또다시 겪고 있던 중 지자체에서 보낸 공사중지명령 공문이 김순자의 집에 도착하였다.

건축주 김순자가 깜짝 놀라 살펴보니 공사중지의 이유는 연면적이 700평이 넘으면서도 건축허가 시 건축주가 직접 건축하는 직영공사로 착공계를 제출하였다는 것이었다. 즉 종합건설법인이 시공해야 하는 현장인데, 건축주가 시행자 겸 시공자로 되어 있다는 것이었다.

　이건 또 무슨 소리인가? 건축주 김순자는 내연남인 김동수를 통해 소개받은 홍성H건축사사무소에 모든 인허가 사무를 위임한 바 있다. 그런데 홍성H건축사사무소에서 착공계를 이런 식으로 냈다는 것이 이해가 되지 않았다. 또 지자체에서도 이러한 서류를 가지고 착공허가를 내준 것이 이해가 되지 않았다. 조금 더 알아보니 건축사사무소가 ㈜K종합건설과 짜고 건축주를 시공자로 해서 착공계를 낸 정황이 드러났다. ㈜K종합건설은 별도의 행정처분으로 인해 추가적인 공사 수주를 할 수 없는 업체임에도 불구하고 본 현장의 시공을 수주하게 된 것이었고 건축사무소는 ㈜K종합건설로부터 시공사 소개 수수료를 받아 챙기는 상황이었기 때문에 이런 식으로 착공계를 제출한 것이었다. 이후에 들어온 ㈜H종합건설도 자신의 이름으로 착공계를 제출할 능력이 없는 업체였음이 나중에 밝혀졌다.

　건축주 김순자는 공사중지 공문을 보냈던 지자체 담당 공무원에게 왜 이러한 착공계를 접수받아 준 것이냐고 따지니 자신의 전임자가 일 처리에 부족함이 있었던 것 같다는 진술을 들을 수 있었다. 행정관청에 강력하게 항의하고 싶어도 밉보이면 준공에 지장을 받을까 염려되어 합당한 항의도 할 수 없었다. 건축 관련 공무원들의 직무교육은 제대로 행해지고 있는 것인지 의심스러운 부분이었다.

　이제 와서 어떻게 하랴! 부랴부랴 건축주 김순자는 부득이 자격이 있는 종합건설법인을 섭외하였다. 종합건설 면허대여의 대가로 금 1억 원을 지불하기로 약속하였다.

　건축주 김순자는 정말로 죽고 싶은 심정이었다. 그래도 면허대여에 소요되는 자금을 지인에게 어렵게 융통하여 명의를 대여받은 종합건설을 시공자로 신고하는 행정 절차를 완수하였다.

<함정>

김순자는 종합건설 면허를 대여받는 조건으로 금 1억 원을 소개자인 설계사무소 박 전무에게 지불하였으나 사실은 폐업 직전에 있었던 종합건설 측에는 박 전무가 2천만 원을 지불하고 나머지 8천만 원은 박 전무가 착복한 것이었다.

a. 세 번째 시공자 등장, 우리은행의 경매신청, 건축주의 구속

㈜H건설에 의한 시공이 장기간 중단되자 최초의 공사업체인 ㈜K종합건설 측에서는 약속한 기일이 지났음에도 기성고에 대한 공사비를 완불해 주지 않는다는 이유로 이미 2023년 1월 2일, 21억 원의 공사대금채권에 기한 가압류를 토지상에 해 왔고 우리은행에서는 더 이상 공사비 대출의 연장이 불가능하다고 하면서 만약에 건축비를 변제하지 않으면 경매신청할 수밖에 없다고 하는 상황이었다.

건축주 김순자는 ㈜H건설 사장에게 강력히 항의하였고 공사 현장에 얼씬도 하지 말라고 말하였지만 ㈜H건설 측의 유치권 압박으로 3억 원의 중간타절 계약서(기성고 평가액 10억 원, 이미 지급한 7억 원을 제외한 3억 원은 준공 후 지불약정)를 작성하였다. 그리고 또다시 새로운 시공자를 찾았다.

우리은행에 한 번만 더 대출을 연장해 줄 것을 사정하면서 부탁하였고 이에 우리은행은 연 금리 19%(최초 금리 연 2%)에 대출기간을 3개월간 추가로 연장을 해 주었다.

김순자는 다니던 교회 사람들로부터 소개받은 또 다른 공사업자 김철수에게 나머지 공사비 견적을 요청하자 최소 12억 원이 필요하다고 하였다. 기가 막힌 김순자는 그대로 바닥에 주저앉아 버렸다. K건설에 지불했거나 지불해야 하는 공사비 30억 원, H건설에 지불했거나 기성고에 따라 지불해야 하는 돈 10억 원, 은행이자·사채이자 등 10억 원, 마무리업자 김철수의 공사 견적금 12억 원, 전용료·설계비·개발이익환수금·인입비·준공에 필요한 비용 등 총 5억 원을 더하면 총 67억 원+@가 되는 것이었다.

남은 공사비 12억 때문에 총매출 84억+@ 매출의 현장을 부도낼 수는 없는 것이 아닌가? 그래서 지인들을 찾아다니면서 돈을 꾸기 시작하였다.

3부이자로 2달만 돈을 융통해 달라면서 지인들에게 사정을 하여 돈 3억 원을 융통하여 김철수에게 주고 나머지 공사를 해달라고 사정을 하였다.

그런데 김철수도 공사계약금으로 지불받은 금 3억 원 중 2억 원은 개인용도로 사용하고 1억 원을 가지고 나머지 공사를 진행하였다. 그 후, 중간에 직불계약서를 써 주었던 배관설비업체의 압류가 김순자의 토지에 들어오고 공사를 수년간 끌어온 결과 견디다 못한 하청업체들이 유치권 행사의 현수막을 걸어 놓기 시작하였다. 그리고 우리은행에서는 미준공건물에 대한 사채업자의 저당권이 설정된 사실을 나중에 알게 되었고 건축주도 이자를 체납하기 시작하자 3개월의 대출연장기간이 지난 후에 결국에는 경매신청 절차를 진행하게 되었다.

그러던 중 법원집행관이 여러 사람들을 대동하고 김순자의 개인 집에 느닷없이 들이닥쳤다. 그들은 이 방 저 방을 돌아다니면서 붉은 압류딱지를 여기저기 살림살이에 부착하였다. 배관설비업체가 신청한 압류가 실행된 것이다. 다른 하청업자 몇 명에게는 직불계약서를 인감을 첨부해서 써 주었지만 배관설비업체인 경기산업에게는 공증까지 해 준 것이었다. 변제기에 변제가 없으면 강제집행을 수락한다는 문구가 써진 공증서면이었다.

[미준공건물 빌라 201호의 등기부]

표제부		토지별도등기(가압류등기, 근저당권등기)	
甲구	(1) 2023.1.10.	소유권 보존	김순자
	(2) 2023.1.12.	커치분권자	김동수(짜고 침)
	(4) 2023.6.2.	압류	신경기산업(배관업자)
	(5) 2023.7.2.	가압류	이순옥(교회친구)
	(6) 2023.8.1.	가압류	김경진(교회 친구의 친구)
乙구	(3) 2023.1.11.	근저당권자	㈜강남대부
	(7) 2023.8.5.	임의경매	우리은행

김순자에게 돈을 대여했던 교회 동료인 이순옥과 김경진은 김순자가 전화도 받지 않고 이자도 한 푼 내지 않자 배신감을 느꼈고 이순옥은 그의 절친인 이영희에게 돈을 꿔다가 다시 김순자에게 빌려주었던 것이었는데, 이영희가 약속한 기일에 변제를 받지 못하고 이순옥의 채무자 김순자의 현장이 경매가 진행되고 유치권 현수막이 붙고 친구에게 무담보로 돈을 빌려주었다는 것을 알게 된 남편과 부부싸움을 한 이후 이영희는 괴로운 마음에 고민하다가 어느 날 자살을 하게 되었다.

이에 이순옥은 비통해하면서 다른 채권자 김경진과 함께 김순자를 경찰에 형사고소를 하였다. 그리고 유치권 행사 전에 건축주 김순자는 이자를 낼 돈도 없는 상황이었는데, 두 달 후에 이사 들어오겠다는 입주예정자에게 압류, 가압류로 누더기가 된 건물 301호를 급전세 놓고

하도급업체인 배관설비업체가 건축주의 집에 부착한 유체동산 압류표지

전세금을 받은 상태였다. 나중에 입주예정자 역시 김순자를 사기로 고소하였다.

결국 검찰에 기소 의견으로 송치되었고 김순자는 사기로 법정 구속되었다. 건축주 김순자는 차라리 구속되는 것이 편했다. 수년 전부터 김순자의 집에는 거의 매일같이 법원, 검찰청, 4대 보험공단, 시공자의 채권자들, 개인 채권자들에 의해 발송된 압류예고장, 검찰소환통지서, 채무이행 독촉장 등의 등기우편이 도착해 있었고 집에 들어가기 괴로운 나날들이었다.

b. 준공 후 건물이 경매에 나오는 이유는?

김순자가 구속되지 않고 어떻게든 준공을 냈었다면 어찌 되었을까?

토지에 우리은행 저당권이 설정되었고, 미준공자금 대부업체에서 토지와 건물에 근저당권을 취득하였고, 토지에 첫 번째 시공자와 개인 채권자들이 가압류조치를 해놓았고, 김순자가 직불계약을 써준 하청업자들이 토지와 건물에 가압류 조치를 해놓은 상태였다. 등기부상 채권액 총액은 무려 67억 원에 이르렀다. 준공 후 대출을 67억 원 이상

대환대출 해주는 은행이 있다면 은행으로부터 대환대출 받아 위 채권자들에게 변제 후 저당권과 가압류들을 말소할 수 있을 것이고 이어서 매매분양이나 전세분양이 가능하였을 것이다.

그러나 토지와 건물의 담보감정가 70억 원이 나온 상태에서 어떤 은행권이 67억 원 이상을 대출해 주겠는가? 더군다나 4년 가까이 건축을 진행해 온 건축주 김순자의 신용상태는 상당히 나빠진 상태이고 압류, 가압류로 누더기가 되어 있는 등기부를 보고 대환대출을 해주는 은행은 없다. 우발채무를 우려하기 때문이다.

결국에는 채권자들이 경매를 신청하게 되고 준공까지 피눈물 나는 노력을 기울였던 건축주 김순자는 사기로 피소되어 구속에 이르게 되었을 것이다.

만약 위 사례에서 운 좋게 67억 원 이상의 대환대출이 실행된다고 가정하면 건물에 설정된 저당권, 가압류 등이 모두 말소되어 분양을 개시하게 될 것이다. 그러나 장기간의 공사 진행으로 신뢰를 잃어버린 건물을 분양받는 사람들은 거의 없을 것이다. 주변 공인중개사 사무소에서도 숨어 있는 권리상의 하자를 염려하여 중개 거래를 꺼릴 것이다. 전세를 내놓아도 67억 원이나 되는 원금을 갚기가 어려울 것이고 장기간 대환대출 이자를 감당하기도 어려울 것이다. 이래저래 건축주는 망하게 되어 있는 것이다.

도급계약상의 채권양도에 의한 기이한 사기행태

▶ 실제사례 해설
공사중단된 현장에 찾아와 나머지 공사를 해주겠다고 제안하고 건축주를 위로하면서 종합건설사 회장을 사칭하였던 김경개. 공사계약금 일부와 건축주의 인감이 첨부된 공사도급계약서를 챙기고 목수 4명을 섭외하여 현장에 투입시킨 후 더 이상 공사를 진행시키지 않는다.

그 후 장기간의 공사중단사태를 보다 못한 건축주는 다른 공사업자를 섭외하여 어렵게 준공을 내게 되었지만 2년 전에 사라졌던 김경개는 공사도급계약서상의 공사대금채권을 허위로 김아치와 몰상식에게 쪼개서 양도하고 허위 채권양수인 김아치와 몰상식은 준공 직후의 시점을 노려 허위 채권양수인 김아치와 몰상식의 이름으로 준공된 건물에 대한 가압류를 법원에 신청한다.

법원에 대하여 김경개는 도급계약을 성실히 이행하여 공사를 완공하였으나 건축주가 공사잔금 4억 원의 지불을 차일피일 미루고 있어서 김경개 자신은 어쩔 수 없이 자신의 금전 채권자 김아치와 몰상식에게 공사대금채권을 양도하였다고 거짓으로 서면 진술한다.

그리고 허위로 김경개로부터 공사대금채권을 양수받은 김아치와 몰상식은 현장 가압류를 친 후 건축주에게 금 2억 원씩, 합 4억 원의 지불을 요구하였다. 법원은 채권을 양도하면 채무자에게 채권양도사실을 통지하는 것이 일반적인데, 채권양도사실을 건축주에게 통지하지 않은 이유는 뭐냐고 보정명령을 통해 묻는다.

이에 김경개는 채무자인 건축주가 재산을 도피시키는 것이 우려되어 채권양도 사실을 통지하지 않고 가압류를 신청할 수밖에 없었다고 서면진술한다. 이에 법원은 수긍하고 가압류 등기촉탁을 등기소에 의뢰한다.

준공 후 대환대출을 진행하던 건축주는 김아치와 몰상식의 현장가압류로 대출이 불가능하다는 것을 알게 된다. 어쩔 수 없이 건축주는 현금 2억 원은 2개월 이후 준공된 집에 전세를 놓고 전세금을 받아서 지불하고 나머지 2억 원은 대환대출과 동시에 즉시 지불하기로 공증을 통한 약정을 해주고 가압류 말소를 위한 서류를 받게 된다. 대환대출이 일어나는 날 김아치와 몰상식은 은행 로비에서 2억 원을 입금 받고 입가에 미소를 띠면서 사라진다.

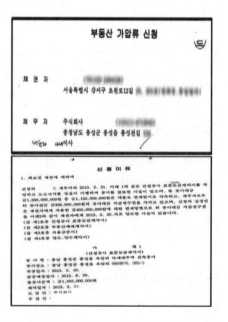

건축주는 김아치와 몰상식의 가압류가 들어 왔을 때 곧바로 경찰에 형사고소장을 제출한 바 있다. 김경개라는 사람은 공사도급계약서를 작성 받아 간 후 공사를 하지 않고 사라진 사람인데 존재하지도 않는 허위공사대금채권을 양도한 사람이고, 김아치와 몰상식이라는 사람은 김경개와 짜고 허위로 채권양수한 후 현장을 가압류 친 사람이다.

허위채권에 기한 가압류는 사기의 실행의 착수가 아니냐고 형사고소하지만 경찰로부터 김경개가 조사를 위한 소환 통보를 받는 것은 1년 이상 걸린다. 현장부도를 막기 위한 건축주의 눈물겨운 결단으로 가압류 말소의 대가로 형사고소를 취하하면서 금 4억 원의 지불을 약정할 수밖에 없는 상황이 된다. 이렇게 힘들이지 않고 금 4억 원을 뜯어낸 김경개는 이후에도 김아치, 몰상식과 함께 공사중단 현장 여기저기를 돌아다니면서 공사도급계약서를 받아 내고 있는 것이다. 참고로 사기꾼을 형사고소하면 경찰조사가 개시되는 것은 보통 1년 후나 이루어지는 경우가 많다. 그 사이에 건축주는 건설 피해를 최소화시키기 위해서 사기꾼과 합의할 수밖에 없는 것이다. 건설사기를 치기 좋은 세상이다.

다음 기사 내용은 저자가 김경개의 행태를 보고 뉴스에 제보한 내용이다.

건축하다 땅 빼앗기는 신종 건설사기 조심!

(서울=국제뉴스) 박종철 기자. 다 지어 놓은 건물이 경매물건으로 나오는 경우를 종종 볼 수 있다.

가령 건축비가 10억 정도인데, 토지와 완성된 건물에 설정된 건축비 대출에 기한 저당권, 기타 가압류 등의 채권액 합계가 15억 정도 된다면 건축주는 어렵게 자력으로 건물을 다 지은 후에도 대환대출을 받을 길이 없게 되어 결국에는 신축건물이 기존의 저당권자나 가압류채권자에 의해 경매처분 당하게 되는 것이다.

즉 건설 브로커들은 건축에 대한 경험이 없는 건축주가 자격미달의 공사업자를 만나 공사가 중단된 현장만을 찾아다니면서 자신이 잔여 공사비를 후불로 하는 대물공사를 해주겠다고 하여 건축주로부터 공사도급계약서를 얻어낸다. 그 후 건축주에게 약속과 달리 공사대금으로 현금을 요구하는 등의 횡포를 부리다가 여의치 않자 공사 현장을 장기간 방치한다.

나중에 건축주가 자력으로 사채 등을 얻어 어렵게 스스로 건축을 완성하면 비로소 공사 도급계약서에 기재된 공사대금채권의 가장양수인이 나타나 토지와 완성된 건물에 가압류를 하고 건축주에게 합의금을 요구하는 것이다. 합의가 이루어지지 않는다면 경매 후 배당을 통해 허위 공사대금을 받아가게 되는 것이다. 합의금조로 한몫 챙긴 건설 브로커들은 다른 유사 공사 현장들을 찾아가 또다시 사기의 실행에 착수를 하는 것이다.

만약에 건설사기꾼들로부터 피멍이 든 건축주가 자력으로 건물을 완성하지 못하면 토지와 대위등기된 미준공건물에 가압류를 하고 뻔뻔하게 경매를 통한 배당을 받아 가는 것이다.

이렇게 건축에 대한 경험이 없는 건축주를 기망하여 수억의 금전을 편취하는 일이 전국의 소규모 공사 현장에 비일비재한 것이다. 건축주는 사채를 얻어 공사를 진행한 관계로 건축 현장뿐만 아니라 다른 재산까지 경매 등으로 날리게 되어 무일푼으로 전락하고 만다.

건축주가 써준 공사도급계약서가 있는 경우에는 가압류공탁금을 보증보험으로 대체하면 쉽게 가압류가 이루어지는 경우가 많기 때문에 이러한 건설 사기꾼들이 활개를 치고 있다.

c. 사기분양

건축주 김순자가 구속되자 김순자의 대리인 역할을 하였던 시행 대행자 김동수(김순자의 신분증과 인감도장을 김순자의 관리부재중에 소지하게 됨)는 토지와 건물에 저당권과 가압류가 설정된 신축건물(거의 완성되어 가고 있음)에 저당채권자에 의한 경매신청의 기미가 보이자, 시세보다 훨씬 저렴하게 급전세를 놓아 전세금을 착복한다. 경매신청의 등기가 이루어지기 직전에 전세금을 지불하고 세를 들어온 사람들은 미완성된 건물의 부실공사로 인해 비가 오면 폭포수같이 비가 새는 집에서 지내다가 경매 낙찰인에게 전세금 한 푼도 돌려받지 못하고 쫓겨나게 된다.

　이들 중 일부도 건축주 김순자를 형사고소하였고 결국 김순자는 이러저러한 일로 1심 형사재판에서 법정 구속될 수밖에 없는 운명이 되었다.

2.
건축하다가 온 가족이 고통받은 사례

가. 사건 개요

설명할 경매사건(사건번호 2018타경4099)은 충남 논산시 반월동 000-00 지상 8층(지하 1층 주차장) 공동주택 건물 23개 목록에 대한 경매사건이다. 등기부, 경매진행상황을 놓고 추정한 스토리이다.

채무자 겸 소유주(건축주)는 최○○ 할머니이고 감정가 28억 원대이지만 10차까지 유찰되어 낙찰된 물건이다. 일반 상업지에 위치해 있는 건물로 입지가 지역에서는 비교적 양호한 곳으로 보인다.

지상에 건축허가를 득하여 건축물을 완성하였으나 사업에 성공하지 못하고 준공 임박해서 근저당권자에 의해 토지와 건물이 일괄경매 청구된 경우이다. 대지권의 목적인 토지에 '별도 등기'(집합건물의 세대 등기부에 이미 토지에 설정되었던 근저당권, 가압류 등의 권리를 표시한 등기)가 되어 있으며 지상 건물을 건축하기 위한 공사업체들의 유치권 신고 수 건이 들어와 있는 상태이다.

사건 건물의 현황 〈사진출처: 대법원 경매정보사이트〉

나. 권리관계

a. 토지등기부 현황

▷ 2013년 1월 24일, 근저당권, 논산 농협
▷ 2013년 2015년 등 개인과 공사 하도업체들(설비, 토목업체 등)에 의한 가압류 및 강제경매신청
▷ 2016년 5월 2일 자 개인 채권자 수인의 근저당권설정(선순위 가압류, 압류채권자들에 의한 변제로 강제경매신청 말소)

토지 등기부상 논산 농협이 대출금 집행 후 근저당권을 취득하였다. 원래 할아버지 소유의 토지였으나 상속이 일어났고 자녀들의 상속포기 후 할머니가 단독 상속한 것으로 보인다. 이후 자녀들의 주도로 할머니 토지상에 건축허가를 받아 건설사와 공사도급계약을 체결하였고 이후 건축주는 시공사의 추가 공사비 청구를 당했거나 처음에는 일부 외상공사를 진행하였으나 추후에 현금 지불을 요구당하면서 공사중단사태가 벌어진 것으로 보인다.

건설사가 하도업체들에게 공사비를 지불하지 않자 하도업체들(설비업체, 전기업체 등)은 건축주인 할머니에게 직불계약서를 요구하였고 변제기가 경과하자 토지상에 가압류를 집행한 것으로 보인다.

건물의 외형이 어느 정도 갖추어진 시점인 2016년 5월에 추가 공사비를 마련하기 위해서 건설사의 소개로 서울에 있는 대부업체에 미준공건물의 공사대금 대출을 얻게 되었고 대부업체는 개인투자자들의 자금을 모아서 토지상의 개인채권자들 수인의 이름으로 근저당권을 설정한 것으로 보인다. 사채를 얻어 토지상에 가압류를 집행한 상당수의 하도급업체들에게 변제 처리한 것으로 추정된다.

b. 집합건물 등기부 현황

▷ 2017.04.19. 소유권 보존등기, 최○○(토지별도등기-근저당권, 가압류 존재)

▷ 2017.04.19. 가압류, 곧이어 말소됨

▷ 2017.04.20. 근저당권, 박○재, 채권액 300,000,000, 말소기준권리

▷ 2017.04.20. 근저당권, 이○욱, 채권액 75,000,000

▷ 2017.04.20. 근저당권, 김○애, 채권액 75,000,000

▷ 2017.04.20. 근저당권, 유○란, 채권액 150,000,000

▷ 2017.04.20. 근저당권, 김○연, 채권액 225,000,000

▷ 2017.04.20. 근저당권, 박○우, 채권액 20,000,000

▷ 2017.04.20. 근저당권, 김○연 외 1, 채권액 105,000,000

▷ 2017.04.20. 근저당권, 리얼KH펀딩대부, 채권액 750,000,000

▷ 2017.04.20. 근저당권, 박○우, 채권액 225,000,000

▷ 2017.04.20. 근저당권, 박○재, 채권액 75,000,000

▷ 2017.05.24. 근저당권, 윤○옥, 채권액 75,000,000

▷ 2017.12.06. 근저당권, 리얼KH펀딩대부, 채권액 75,000,000

▷ 2017.12.06. 가등기, 박○우, 매매예약 (2017.12.06)

▷ 2018.11.27. 임의경매, 김○연 외 1, 청구금액 105,000,000

2017. 4. 19. 어느 정도 건물의 외관을 갖춘 시점에 사채업자들은 대여금채권에 기해 미준공건물(사용승인을 얻지 못한 건물)에 대한 가압류를 신청한다. 즉 가압류는 소유주의 양해하에 허위로 가압류를 진행한 것이고 법원은 가압류의 대상을 만들기 위해서 미준공건물에 대한 보존등기를 등기소에 대한 촉탁으로 진행한다.

보존등기가 이루어지면 가압류는 목적을 달성하고 가압류신청 취하로 말소 처리된다. 곧 이어서 대부업체를 통해 사채를 빌려준 개인채권자들이 건물의 각 세대마다 근저당권을 설정한다. 개인채권자들은 법정 최고 이자를 받고 대부업체들은 주선료를 뒤로 받으면서 폭리를 취하는 것이다.

나중에 사채를 투입하여 준공이 나면 분양대금에서 채권을 회수할 것이고 기한 내 준공승인을 얻지 못한다면 토지에 대한 농협 다음의 근저당권과 미준공건물의 각 세대에 대한 1순위 근저당권을 실행하여 채권의 배당을 받아 갈 것이다.

c. 임차인 현황

2018. 8. 10. 임차인 이○경이 제202호 이사 들어오면서 전입신고를 하였고 임대차 계약서상의 확정일자는 없다. 본 건 경물이 사채업자와 농협에 의해서 경매처리되자 배당요구 종기일에 배당요구하였다. 그러나 본 임차인은 전입신고라는 대항요건을 갖추었다고 하여도 개인 채권자의 선순위 근저당권(말소기준권리) 설정일자보다 늦기 때문에 대항력은 없고 임차권은 소멸하게 된다. 그리고 확정일자가 없기 때문에 순위배당도 못 받게 된다.

d. 유치권 현황

2019. 2. 27. 양○숙으로부터 공사대금 270,000,000원에 대하여, 2019. 2. 28. 윤제환으로부터 공사대금 218,000,000원에 대하여, 2019. 3. 6. 이강진으로부터 공사대금 120,000,000원에 대하여, 2019. 3. 19. 김○경(상속인 김숙희)으로부터 공사대금 2,053,200,000원에 대하여 각 유치권 신고가 있으나 경매 신청채권자 김○연, 박○준이 위 유치권자들을 상대로 경매법원에 유치권배제신청과 함께 유치권부존재확인의 소(논산지원 2019가합2308호, 대전고등법원 2020나15896호)를 제기하여 승소 확정판결을 받아 경매법원에 판결문이 제출되었다. 사채업자들은 대여금을 투입하기 전에 미지급공사비에 대한 현황을 파악했을 것이고 하도급업체들로부터 유치권포기각서를 당연히 받았을 것이다.

건설사는 하도급업체들에게 공사대금을 추가로 받아서 지불하겠다고 약속하면서 유치권포기각서를 받아내서 사채업자들에게 제출했을 것이다. 따라서 유치권부존재확인의 소송에서 위 유치권 신고자들은 패소한 것으로 추정된다.

2019. 7. 17. 강○구로부터 공사대금 90,000,000원에 대하여 유치권 신고가 있으나 그

성립 여부는 불분명하고 위 신청채권자의 유치권 배제 신청이 있다. 경매 진행 당시 강종구를 상대로 한 유치권부존재확인의 소송은 확정되기 이전에 있다. 낙찰을 받고자 하는 자는 위 강○구의 유치권이 존재한다고 판결이 나오는 경우를 가정해서 응찰 대금을 정했을 것이다.

다. 권리분석

2019년 6월 17일, 1차 경매가 2,842,000,000원이었고 2023년 8차 경매에서의 최종 낙찰가는 1,100,999,999원(38%)이다. 4회에 걸쳐서 경매 절차가 변경된 것을 보면 소유주 측에서는 변제 계획서를 채권자들에게 제출하면서 소유권을 지키기 위한 부단한 노력을 기울인 것으로 추정된다.

개인채권자인 동시에 근저당권자 김주연이 임의경매를 신청하였고 토지 근저당권자 농협이 임의경매를 중복으로 신청한 사건이다. 토지등기부를 보면 건축주는 1935년생 할머니로서 할아버지 남편로부터 2009년 상속 받은 대지를 소유했던 것으로 보인다. 자녀들은 상속을 포기하고 할머니를 건축주로 해서 자녀들의 주도로 2013년 농협으로부터 건축을 위한 사업비 일부를 먼저 대출 받아 건축사업을 진행했던 것으로 짐작된다. 토지등기부를 보면 레미콘회사, 철근회사, 설비업체 등 많은 하도급업체로부터의 가압류 기록이 보이고 추후 개인 대부업체의 주선으로 전문 투자자 수인(數人)으로부터 사채를 얻어 변제한 것으로 보인다.

건축주의 토지에 이런 식의 가압류가 들어온 이유는 추정컨대 시공사의 요청에 의해서 아무것도 모르는 건축주가 하도급업체에 직불 약정을 해 준 바가 있었기 때문일 것이다.
직불약정서를 근거로 하도급업체들은 건축주를 상대로 이행의 소송을 제기하면서 토지에 가압류를 진행하였고 확정판결 이후 강제경매를 진행한 경우이다.

3.
건축부지에 설정된 저당권이 실행된 경우

집 짓다 망해서 경매 청구당하면 누가 그 부동산을 가져갈까? 그 이후의 법률관계는 어떻게 될까?

토지 소유자가 건축자금을 마련하기 위해서 토지에 근저당권을 설정한 후 지상에 건물을 축조하다가 시공사나 시행사의 부도 등의 사유로 건물이 완성에 이르지 못한 상태에서 토지경매가 진행되어 제3자에게 낙찰되는 경우에 축조 중인 건물 소유자는 토지의 낙찰자에 대해 건물 소유를 위한 법정지상권을 취득할 수 없게 된다. 즉 미준공건물은 철거되거나 경매처분 될 운명인 것이다.

즉 민법 제366조의 저당권의 실행에 따른 법정지상권의 취득은 토지에 저당권설정 당시에 토지 소유자가 건물을 소유하고 있었어야 한다. 그런데 보통의 경우 토지에 건축사업을 위한 은행 저당권설정 당시에 건축부지 내지 나대지 상태였기 때문에 이후에 이 토지(실질은 토지이용권이 있는 나대지)를 경매 받은 토지의 매수인(경락인)은 토지 이용에 부담을 줄 수 있는 건물의 철거를 청구할 수 있게 되는 것이다. 동시에 미준공건물주에게 지료를 청구할 수 있게 되고 지료채권에 기한 미준공건물의 경매도 청구할 수 있다. 이 경우 미준공건물의 낙찰자는 이미 토지를 낙찰 받은 자가 되는 경우가 일반적이다. 요사이는 절차의 완화로 토지와 건물의 일괄경매를 청구하는 경우가 대부분이다.

가. 사건 개요

2009타경3981 경매사건은 경기도 용인시 처인구 원삼면 목신리 000-1 외 9필지(용인 CC 남서측 근거리에 위치, SK하이닉스 산업단지 수혜지) 6,670㎡ 전원주택지(토지 대부분, 건물 한 동), 즉 토지만에 대한 경매사건이다.

채무자는 에이치○에스㈜, 감정가 20억 원대이지만 7차 입찰기일에 ㈜준○션에서 6억 원에 낙찰 받았다.

지상에 건축허가를 득하여 건축 완공하였으나 원삼면 목신리 000-1, 3, 8~10 지상에 매각 외 미준공건물 등이 소재하여 법정지상권 성립 여지가 문제된다.

지상 건물을 건축하기 위한 공사업체의 유치권 신고 수 건이 있는 상태이다.

나. 권리관계

① 2006년 7월 28일, 낙성대 새마을금고에서 채권최고액 663,000,000원에 기한 근저당권을 취득하였다. 즉 건축비 대출이 실행되었다.

② 2006년 8월 2일에는 담보 지상권(존속기간 2006. 8. 2. ~2036. 8. 2. 까지, 30년)을 설정 취득하였다.

현장 사진

③ 2007년, 2008년, 2009년에 하도급업체와 개인채권자들의 가압류가 들어와 있다.

④ 2008년 7월 25일, 건물은 채권자의 가압류 등기의 촉탁으로 인하여 직권 보존등기가 경료되었다.

⑤ 2009년 4월 10일 낙성대 새마을 금고에서 임의경매를 신청하였다.

다. 권리분석

① 낙성대새마을 금고에서 선순위근저당권설정 당시에 건축을 위한 나대지 상태인 것으로 판단된다. 낙성대새마을 금고에 문의해 보면 나대지인 상태임을 확인한 후에 건축비 명목으로 대출을 실행하였음을 알 수 있을 것이다. 참고로 건물 소유를 위한 법정지상권의 성립 여부를 판단하기 위해서는 위 저당권설정 직후의 항공사진을 확보할 수 있다면 판독해 보면 나대지 상태인 것을 알 수도 있을 것이다. 또한 기존 건물이 있었다면 멸실신고는 언제 하였는지, 착공신고를 언제 하였는지 지자체에 문의하면 알 수 있다.

② 건축비 대출을 받은 후 준공이 지연되어 건축 과정에서 이해관계를 맺게 된 자(건축비 대여금채권자, 수분양자들, 하청업자들)가 가압류를 신청하여 토지에 가압류 등기가 이루어져 있다.

③ 나대지를 낙찰 받은 ㈜준○선은 건물의 철거와 지료청구의 소송을 진행할 수 있을 것이다. 이후 지료채권에 기한 건물의 경매를 청구할 수도 있다. ㈜준○선에서 건물의 철거 및 건물의 경매를 청구한 사건은 〈2010타경32220(1)에서(4) 사건〉 〈2014타경51045 사건〉이다.

④ 참고로 건물에 대한 공사대금채권에 기한 유치권자들은 토지 경락인에게 대항할 수 없다는 것이 대법원 판례이다.

⑤ 결국 집 짓는 사업을 시행한 토지주 내지 건축주는 토지와 미준공건물의 소유권을 잃게 되고 토지를 낙찰 받은 자는 큰 수익을 얻는 구조가 된다.

4.
용인시 수지구 죽전동 고급단독주택 경매사건

가. 사건개요

2008타경55268 사건은 경기도 용인시 수지구 죽전동 1159-2 소재 토지만의 경매사건이다. 감정가 608,400,000원이고 7차 낙찰가는 383,000,000원 (62.95%)이다. 이 경우 건물의 소유를 위한 법정지상권이 성립하는지가 문제된다.

현장 사진

나. 권리관계

① 토지 소유자는 2007년 7월 31일 ㈜지○에서 소유권이전등기를 하였다.

② 토지에 근저당권자 우리은행(죽전동 지점)은 2007년 3월 14일에 근저당권을 취득하였고 동시에 담보지상권(존속기간 2007.3.14.~2037.3.14., 만 30년)을 취득하였다.

③ 이후에 건물의 보존등기가 2009년 1월 2일에 가처분등기 촉탁으로 이루어졌다. 가처분등기 촉탁은 미준공건물에 대한 보존등기를 위해서 형식적으로 이루어지는

것이 보통이다.

④ 위 근저당권자 우리은행이 2008년 10월 28일 임의경매를 신청하였다.

⑤ ㈜위ㅇ건설로부터 237,600,000원의 유치권 신고가 있으나 성립 여부는 불명이었다. 2009년 1월 21일 임금채권자 현ㅇ제 권리신고 및 배당요구를 신청하였고 2009년 1월 28일 임금채권자 김ㅇ중 권리신고 및 배당요구신청서를 제출하였다.

⑥ 제시 외 건물 매각 제외로 법정지상권 성립여지가 있어 권리분석을 요한다.

다. 권리분석

① 2007년 3월 14일 우리은행(죽전동 지점)에 의한 근저당권설정 당시에 나대지 상태인 것으로 판단된다. 저당권설정 당시에 나대지였는지 여부는 어떻게 판단하는가? 보통 담보지상권을 설정하는 경우에 은행은 나대지에 설정한다. 건물이 소재하는 토지에는 담보지상권을 설정하지 않는다. 이미 건물의 소유를 위한 토지 용익권이 선순위로 존재할 수 있기 때문이다. 즉 은행에서는 대출이 집행되기 전에 항공사진 판독이나 현장실사를 한다. 만약 건물이 존재한다면 토지에만 담보지상권을 설정하지 않는다. 그리고 본 건을 낙찰 받고자 하는 자는 토지에 담보지상권 설정 당시에 나대지 상태였는지는 은행 해당지점에 방문해 문의해 보면 알 수 있다.

② 나대지에 저당권을 설정한 이후에 건축이 진행되었고 사용승인이 나기 이전에 가처분 촉탁으로 인한 건물의 보존등기가 2009년 1월 2일에 이루어졌다.

③ 나대지에 대한 저당권이 설정된 이후 건물이 지어졌고 그 후 토지에 대한 저당권이 실행되어 토지 경락인이 생긴 결과 토지와 건물의 소유자가 달라지게 된 경우 건물 소유를 위한 법정지상권은 성립하지 않는다. 건물의 소유를 위한 법정지상권이 인정된다면 토지의 경락가치가 저감되고 이에 따라 나대지의 가치를 고려하여 대출을 진행한 토지 저당권자를 해하기 때문이다.

④ 토지를 낙찰 받은 자는 건물주 및 이해관계인과의 협의가 이루어지지 않는다면 건

물의 철거청구 및 토지인도를 청구할 수 있고 동시에 지료를 청구할 있다. 연체된 지료채권에 기해 건물의 강제경매를 청구할 수 있고 건물을 소유권을 낙찰 받을 수도 있다(대법원 2011. 11. 24. 선고2009다19246). 토지경매에서 건물에 대한 유치권의 신고가 있다고 하더라도 건물에 대한 유치권을 가지고 토지경락인에게 대항할 수는 없다(대법원 2008. 5. 30. 자2007마98 결정).

⑤ 결국 건축주는 토지의 경매처분으로 인하여 토지소유권을 상실하고 이후 지료채권에 기해 토지 경락인에 의해 청구되는 건물 경매처분으로 미준공건물의 소유권까지도 날릴 운명에 처해 있는 것이다.

집 짓다가 중단된 건축물을 낙찰 받은 경우 건축주 명의 변경의 문제

다세대나 아파트를 건축하다가 경매 처분되는 경우는 많다. 경매정보지를 검색해 보면 전국의 많은 현장이 경매진행 중이다. 보통 아파트를 짓는 경우 토지 매입 계약금을 치른 건축주가 은행으로부터 건축사업비 대출을 받고 토지 잔금을 치르고 동시에 신탁사에 토지와 대출금을 맡겨 관리하도록 한다.
신탁사 책임준공구도로 진행하는 경우 건설사 선정도 신중하다. 건설사가 문제를 일으키면 신탁사가 일정 부분 책임을 져야 하기 때문이다.

그런데, 토지를 매입하지 않고 보유하고 있는 건축주들은 토지담보로 건축사업비 대출을 받아서 건설사에게 지불하면서 건축을 진행한다. 신탁사가 개입하지 않으면 둔촌주공사태처럼 시공사와 갈등이 있거나 시공사가 나쁜 짓을 할 경우 건축주가 대응하기 쉽지 않다.
추가 공사비를 요구하거나 하여 건축주가 감당하지 못해 은행원리금을 납부하지 않는다면 미준공건축물이 경매처분되는 것이다.
이 경우 낙찰 받은 자는 낙찰당한 자가 가지고 있었던 건축허가명의를 승계할 수 있는지가 문제된다. 관할 관청에 문의하면 종전건축주의 인감이 필요하다고 하는 경우가 대부분이다.

그런데, 재산을 날린 종전의 건축주가 건축주 명의변경에 협조해 줄 리 만무하다.

건축허가변경에 관하여 "건축허가를 받은 자가 대상 건축물을 양도한 경우, 그 사실이 발생한 날로부터 7일 이내에 일정 서식의 건축관계자변경신고서에 변경 전 건축주의 명의변경동의서 또는 권리관계의 변경사실을 증명할 수 있는 서류를 첨부하여 허가권자에게 제출하여야 한다"(건축법 시행규칙 제11조 제1항)고 법은 정하고 있다. 경매가 아닌 일반적인 매매의 경우 위법이 적용되는 것은 당연하다. 그런데, 경매를 통해서 미준공건축물과 토지를 취득한 경우에도 위 법에 의하는지가 문제 된다. 그렇다면 종전건축주의 미협조로 건축주명의변경동의서를 확보하지 못할 것이고 낙찰자가 일방적으로 매각허가결정서, 매각대금완납서류등을 제출하여 일방적으로 건축관계자 명의변경신고를 할 수는 없을까?

이에 대해서 대법원 판례에 의하면 "건축법 관련 규정의 문언내용 및 형식과, 건축허가는 대물적 성질을 갖는 것이어서 행정청으로서는 그 허가를 할 때에 건축주가 누구인가 등 인적 요소에 관하여는 형식적 심사만 하는 점, 건축허가는 허가대상 건축물에 대한 권리변동에 수반하여 자유로이 양도할 수 있는 것이고, 그에 따라 건축허가의 효과는 허가대상 건축물에 대한 권리변동에 수반하여 이전되며 별도의 승인처분에 의하여 이전되는 것이 아닌 점, 민사집행법에 따른 경매 절차에서 매수인은 매각대금을 다 낸 때에 매각의 목적인 권리를 취득하는 점 등의 사정을 종합하여 '경매 절차상 매각허가결정서 및 그에 따른 매각대금 완납서류 등'을 위 건축법 시행규칙상 '권리관계의 변경사실을 증명할 수 있는 서류'에 해당한다"(대법원 2010.5.13. 선고 2010두2296 판결)고 보았다.

즉 낙찰자가 종전 건축주의 동의 없이도 일방적으로 건축허가 명의를 승계할 수 있는 것이다.

그런데 여기서 주의할 사항이 있다.

위 판례는 건축허가대상인 물건의 건축주명의변경에 한정된다는 것이다. 가령 도시형 다세대 30세대, 아파트 20세대 이상의 건축물처럼 사업계획승인대상이 되는 현장을 낙찰 받은 경우에는 일방적으로 사업시행자의 지위를 취득하지 못한다. 경매 관련 법률을 잘 알지만 건축 관련 법령을 알지 못하여 낭패를 보는 경우가 많다. 미준공건물을 낙찰 받는 경우 아무리 강조해도 부족함이 없는 주의해야 할 사항이다.

라. 노후 빌라 재건축 사기 사건(KBS 드라마 〈대박부동산〉 소재)

a. 무자격 PM사에 당하고 있는 노후 빌라 재건축 현장들

박원순 서울시장 시절에는 도시재생사업에만 역점을 둔 결과 서울시에서 수백 곳의 재개발사업구역이 해제된 바 있다. 이러한 재개발 해제지역을 중심으로 노후 빌라 재건축 붐이 일기 시작하였는데, 노후 빌라 재건축사업은 현대건설이나 GS건설 등 대기업이 관심을 가지는 사업이 아니다. 유명 신탁사가 처음부터 개입하여 사업을 구성하는 것도 아니다. 그래서 소규모 빌라 재건축 현장들은 정비사업 면허가 없는 무자격 브로커들이나 영세건설사 또는 면허대여 업체들의 사기 무대가 되었다. 그 결과 재건축을 통해 새 빌라나 새 아파트에 입주하는 것이 꿈인 주민들이 사기꾼들에 의해서 많은 재산상 피해를 보는 경우가 지금도 생기고 있다. 우리가 많이 들어 본 가로주택정비사업 현장도 무자격 PM사 내지 사기 브로커가 개입되어 있는 곳이 많다. 늦게나마 정부는 빈집및소규모주택정비에 관한 특례법을 개정하여 정비사업전문관리업 면허 없이 재건축 자문을 하는 브로커들을 형사처벌하는 규정을 2023년 신설하였다. 사회적 이슈가 된 바도 있다. '닥터빌드'는 KBS드라마 〈대박부동산〉에 노후 빌라 재건축 사기 관련 대본 작성의 자문을 맡은 바 있다. 이러한 사기 과정을 리얼하게 구성하여 드라마 소재로 제공한 것이다.

KBS드라마 〈대박부동산〉 도입화면

b. 지금도 진행형

도봉구 쌍문동 재건축 사기 사례, 약수동 빌라 재건축 사기 사례 등 언론에서 보도된 사례도 있지만 최근에는 서울시 관악구에 종합건설 면허를 대여를 받은 사기꾼이 소규모 노후 빌라 재건축 현장을 포함하여 총 10개 이상의 건설 현장을 덤핑 수주한 후 공사를 중단시켜 놓고 추가 공사비를 무리하게 요구하고 있다. 송파구의 한 가로주택정비사업지의 경우 조합설립인가 이후 HUG(주택도시보증공사)의 초기사업비와 이주비까지 조합장과 브로커가 횡령하는 사건이 일어나 조합원들은 추가부담금 4천만 원대에서 현재는 4억 2천만 원으로 불어나 있다.

문제가 있음을 나중에 알게 된 주민들이 기존의 영세 브로커들을 쫓아내는 경우에는 자신들이 그동안 들인 비용이 별로 없음에도 불구하고 수억 원의 타절금을 주민 대표들에게 소송으로 청구하면서 주민들의 재산을 가압류한다.

지금 이 순간에도 수많은 건설 현장에서 건설 브로커들과 주민들 간에 다툼이 끊이지 않고 있다.

c. 건설 브로커들의 행태

닥터빌드가 케어하는 빌라 재건축사업장들의 상당수는 기존의 영세업자들이 법률 지식도 없이 어설프게 사업을 추진하다가 추진동력이 없어져 멈추어 버린 현장들이 많다.

수지분석능력, 신탁구조나 금융구조를 구성할 능력, 제대로 된 시공사를 선정할 능력이 안 되는 업체들이 이러한 재건축사업에 개입하는 이유는 용역비나 각종의 이권 때문이다. 그들은 주민들에게 재건축 수익성을 과대 포장해서 설명하면 재건축 추진 동의서를 받는다. 그런 이후에 이러한 지위를 프리미엄을 수억씩 받고 다른 업체에 팔아넘기기도 한다. 철거용역을 주겠다고 하면서 업체로부터 수억 원을 받아서 유용하기도 하고 분양대행업무를 주겠다, 시공권을 주겠다. 각종의 하도급 권한을 주겠다는 등의 제안을 여러 업체들에게 하면서 수많은 업체로부터 미리 돈을 받아 챙기기도 한다. 즉 어설픈 사기꾼들이 집합건물법에 따른 재건축사업, 가로주택정비사업, 자율주택정비사업, 소규모 재건축사업 등 유형에 따라서 절차를 철저히 지키면서 법정 절차에 따른 업무처리를 해야 함에도 불구하고 주민들에게 자필서명을 받은 일반적인 약정서만을 받아 챙기고 이를 근거로 각종의 이해관계인들을 끌어들이면서 이권을 미리 챙기는 것이다.

공사가 정상적으로 진행되고 있는 현장이라도 사업관계 업체들로부터 주선료를 과다하게 챙기는 관계로 주민들의 추가부담금이 가중되는 현장들도 있다.

미운정도 정인지… 그러한 브로커들이 사업진행 능력이 없음을 알게 된 이후에도 원주민들은 그들과 타절할 생각을 못 하고 인질처럼 그들의 의도대로 끌려다니면서 재산상 피해만 보는 경우가 많다.

d. 사후 약방문

건축으로 망가진 현장에서 시공사, PM사, 건축사나 감리자, 시공사 탓으로 돌리면서 소송을 진행해야 별 실익이 없다. 당해서 억울하다고 법에 호소해 봐야 들인 시간과 돈을 회복할 방법인 없는 경우가 대부분인 것이다.

닥터빌드는 그 이름에서도 알 수 있듯이 건축 현장이 아프지 않도록 미리 예방주사를 놓는 시스템을 갖춘 회사이다. 그러나 이미 아픈 현장을 사후에 완전히 치료할 수 있는 마땅한 방법은 없다. 즉 건축에 관해서는 예방주사는 있어도 사후치료제는 없는 관계로 안타까운 현실을 극복할 수 있는 처방전은 내려주지 못하고 있다. 건설 브로커들이 해 먹은 돈을 다시 회수한다는 것은 불가능에 가깝기 때문이다. 사고가 이미 발생한 현장은 이후부터는 제대로 관리하는 방법을 자문할 따름이다.

마. 교훈

일반 건축의 경우 건설업체와 공사도급계약을 체결하기 전에 사업계획서를 설득력 있게 작성한 후 금융 PF 등을 일으켜서 마이너스 통장에 공사비 100%를 확보하고 사업을 진행해야 한다. 규모가 있는 경우에는 재산과 사업자금을 신탁 관리해야 한다.

건설사들은 일반적으로 도급을 수주하기 위해서 처음에는 덤핑계약을 체결한다. 또는 일단 수주하고 보자는 마음으로 일부 외상공사도 약속한다. 그 이후에 공사중단 조치를 취한 후 추가 공사비나 현금 지불을 요구한다. 일반적인 건설사는 절대로 손해를 보는 공사를 하지 않는다. 따라서 시공사를 선정할 때는 선량하고 성실한 시공사를 선정해야 한다. 시공사 선정 방법, 도급계약서 작성방법 등은 후술한다. 공정관리와 자금 관리도 중요하다. 가령 100억 공사에서 공정율이 40%인 상태에서 공사비는 80%를 지불한 경우 기성관리 및 자금집행 관리를 잘못한 경우이고 이러한 현장은 비일비재하다. 공사비 초과 지불의 경우에도 말도 안 되는 추가 공사비를 청구당하기도 한다.

결국에는 경매 처리될 운명에 있는 현장인 것을 그렇게 오랜 세월 동안 재산을 지키려도 애쓸 필요는 없었다. 초기에 경매 처리당하고 마음 편하게 살았어야 했다.

노후 빌라 재건축사업장에서도 크고 작은 사건 사고들이 많이 일어나고 있다. 정비사업전문관리업 면허도 없는 무자격 브로커들이 개입되어 있는 현장은 체감상 서울시내 현장들의 80~90% 이상은 될 것으로 짐작된다. 사업성을 호도하고 동의서를 징구하여 조합설립인가 이후 HUG(주택도시보증공사)의 초기사업비 자금을 받아 사라지거나 건설사를 선정하여 건설사의 조합대여금에서 용역비를 과다하게 챙기고 사라지는 경우가 많다. 그들이 떠나간 이후에는 막대한 추가부담금 폭탄이 현장에 떨어질 운명인 것이다.

신속한 사업 절차 진행, 전문적이고 민첩한 대관(對官)업무, 정밀한 사업계획, 안전한 시공사 섭외, 재산을 안전하게 관리하면서 책임준공 약정이 가능한 신탁사 섭외, 이주비까지 부족함이 없는 금융구조 조각 등 전문적인 사업진행이 가능한 정비사업전문관리업 면허가 있는 업체를 선택해서 재건축사업을 진행해야 한다.

경매투자, 재개발, 재건축투자, 토지투자, 아파트투자, 건설투자 등 부동산 재테크 분야는 다양하다. 이 중에서 가장 리스크가 큰 분야가 건설투자, 소규모 재건축투자 분야이다. 리스크가 큰 만큼 수익도 크다. 그런데 알고 보면 건축 리스크 관리는 보통의 상식만 있으면 막을 수 있다. 보통의 상식을 얻을 수 있는 곳이 드물어서 문제이긴 하다.

III.

건축사업에 기생하는
사기꾼들 이야기

1.
건축설계사무소의 시공사 추천,
받으면 큰일 나는 이유

건축설계사무소의 일부 영업자(명함상 건축사무소 영업상무, 부회장, 이사)가 건축주에게 시공사를 추천, 소개비를 챙기는 경우가 많다. 당연히 검증되지 않는 업체를 추천하기 마련이다. 즉 건설사로부터 챙기는 소개비의 많고 적음이 곧 추천의 기준이기 때문에 건설사 능력 검증 여부는 상관이 없다.

그렇게 추천받은 시공사가 공사 진행 중, 또는 공사중단 후 일방적 추가 공사금을 요구하는 경우 소개한 영업자는 법적인 책임이 없다. 추천은 받았지만 건설사 선택은 건축주가 했기 때문이다. 문제 발생 시 시공사와 금전적 이해관계에 있으므로 건축사무소는 99% 시공사 편을 든다. 따라서 건축사무소로부터 시공사를 추천받는 것은 절대로 자제해야 한다.

건축사무소에 근무하는 영업자는 돈에만 눈에 멀어 있기 때문에 시공사의 업력 외에도 재무상태, 평판도, 종합건설 자격유지 여부를 평가한 후 추천하는 경우가 드물다.

참고로 미안하지만 건축사는 능력 있고 신용 있는 시공사를 판별할 능력이 부족한 경우가 많다. 즉 건축사도 건설 양아치의 세계를 전부 모르기 때문에 건축사 스스로도 자기 집 짓다가 10년 늙는 경우가 많다.

종합건설사 유지비는 월 수천만 원 이상이다. 특급건축기술자, 중급과 초급건축기술자들을 의무적으로 채용해야 하고 현장마다 억대 연봉의 현장소장을 고용한다.

10개 현장을 수주하여 진행한다고 해도 소규모 건축에서는 현장당 영업이익이 1억도 안 되는 경우가 많다. 종합건설사 유지비도 안 나오는 것이다. 따라서 소규모 건축에 특화된 그래서 현장을 대량으로 수주하는 일부 종합건설사만이 소규모 건축사업을 수주할 능력이 있는 건설사인 것이다. 수주 영업실적이 적은 건설사는 대부분 면허대여 업체인 것이 현실이다. 이러한 건설사에게 공사를 의뢰하는 것은 시한폭탄을 가지고 사업을 진행하는 경우이다. 이러한 상황을 의식하지 못하고 있는 건축사무소 영업자는 수주량도 적고 명맥만 유지하고 있는 건설사를 함부로 추천하게 되는 것이다.

2.
건축사무소 명의 차용 행위

A 설계사무소에 근무하는 임원이 설계비를 저렴하게 해 주겠다면서 건축주와 B 설계사무소의 이름으로 설계계약을 하게 하고 자신이 퇴근 후 우리 현장의 설계 아르바이트를 하는 경우가 있다. 절대 올바른 설계 품질이 나올 수 없다. 문제 발생 시 책임의 소재를 따지기도 어렵다. B 설계사무소는 사무장 설계사무소인 경우가 많다.

그리고 명함상 건축사무소 **대표 내지 소장** 홍길동이라고 쓰여 있지만 **건축사** 홍길동이라는 명칭, 즉 명함상 건축사 세 글자가 없는 경우가 있다. 건축사 자격이 없는 기능인이 은퇴한 건축사 명의를 빌려서 건축설계사무소를 운영하는 경우이다. 이러한 경우에도 책임감 있는 설계 품질이 나올 수 없다. 마치 법무사 할아버지 명의를 빌려서 사무장이 법무사 사무실을 운영하는 것과 마찬가지이다. 늘 사고가 터지기 마련이다.

위 같은 사례들을 예방하기 위한 방법은 설계 계약 시 **건축사 자격이 있는 설계사무소 대표**와 직접 첫 면담 후 설계계약을 해야 한다. 설계사무소 이사, 상무, 전무, 소장, 부소장 등 명함을 가진 자들과 첫 상담을 하면 이들은 소액의 기본급에 영업수당을 받는 사람들이 많기 때문에 설계비가 비쌀 수 있고 건축사 자격만 빌려서 운영하는 일명 사무장 설계사무소일 수도 있다.

3.
믿으면 쪽박 나는 건축사업, 공사감독원의 비리 유형

가. 사위, 처남, 동생, 동생 지인 등 절대 조심!!

공직에서 퇴직하신 분들, 전방에서 평생을 군생활 하신 분들, 가르치는 보람으로 평생을 교직에 계시다가 은퇴하신 분들이 퇴직 이후 월세를 받을 수 있는 수익성 건물의 짓고자 한다. 즉 자신이 거주하는 낡은 주택을 철거하고 신축하려는 의도에서 건축 상담을 하러 오실 때는 누구를 대동하고 오는 경향이 있다. 건설 현장 경험이 있다거나 유사 사업 경험이 좀 있다는 건축주의 사위, 처남, 동생, 동생 지인 등을 대동하고 오는 것이다.

공사중단 사고 현장을 상담하러 올 때에도 그런 류의 경험이 없는 순진한 건축주들은 친인척이나 지인을 대동하고 온다. 살펴보면 공사중단 사고의 원인은 건축주는 인정하기 싫겠지만 대동하고 온 친인척이나 지인인 경우가 대부분이다.

사업경험이 없는 일반 직장에서 퇴직하신 분들도 건축사업을 하는 경우 친인척 지인들에게 사업 진행을 의존하는 경우가 있다. 그러나 이들은 시공사 소개 단계에서의 뒷돈 요구, 건축사 선정 및 공사비 대출 단계에도 관여하여 주선료를 요구한다. 심지어는 공사비 대출금이 담겨 있는 계좌에서 운영비를 초과하는 자금을 인출하여 유용하는 경우도 흔하다.

건축주와 친하니까 안심 횡령을 하는 것이다. 건축을 잘 모르는 건축주가 친인척 또는 지인을 의지하기 시작하면 끝까지, 전적으로 친인척과 지인의 말이 옳고 건설사만 탓하는 경우가 많다.

즉 건축주는 공사가 망가진 단계에서도 친인척을 탓하지 않는다. 건축주 스스로는 망가진 현장을 해결할 자신이 없고 그 친인척을 탓한다면 망가진 현장을 해결해 줄 사람이 없다고 생각하기 때문에 끝까지 믿는 것으로 보인다. 망가진 현장 상담 시 건축주에게 "당신이 믿고 있는 저 지인놈이 사기꾼입니다!!"라고 말해 주고 싶지만 자제한다. 왜냐하면 말해 줘도 믿지 않으니까….

절대로 친인척이나 지인들에게 의존해서 건축행위를 해서는 안 된다. 지인이 대형 건설사 근무 경력자라고 해도 '순살 자이'가 말해 주듯이 업체와의 커넥션이 익숙해져 있는 그들이다. 커넥션의 달콤한 맛을 절대 잊지 않고 있다. 간혹 성실했던 지인들이라도 사업상 실패를 맛본 지인이라면 자기도 모르게 스스로가 사기꾼이 되어 있는 경우가 많다.

나. 건축 전문가 행세하는 짝퉁 건축 플랫폼이나 전직(轉職) 근무자들

닥터빌드는 IT 사이트를 구축하거나 교재를 집필할 때도 남의 것을 살펴본 적이 없다. 남의 것을 모방할 시간도 없고 스스로 체득한 경험을 IT로 구현하기 바쁘고 며칠이면 책 한 권을 집필할 수 있는 넘치는 경험을 가지고 있다.

그런데, 지금은 거의 망했지만 얼마 전까지 이러한 공신력 있는 본사를 모방한 짝퉁 플랫폼 사이트가 성행한 적이 있다. 현장 노하우가 없는 사기꾼들의 집합체이다 보니 회사가 제대로 운영될 이유가 없었던 것이다. 고객 DB를 빼어가 유사 사이트를 만들어서 창업하거나 이런 곳에 협조하여 이직하는 사람들이 있어 건축주들은 이와 같은 회사를 조심해야 할 것이다. 본인들이 건축주가 되어 건축을 해 본 이력이 없는 자들이기 때문이다. 건축에 숨어 있는 각종 위험 요인을 모르고, 수박 겉핥기로 배워 고객 DB를 가지고 이직했기 때문에 건축 사고가 날 경우 마땅히 대처하지 못하고 건축주가 큰 피해를 보는 경우가 생길 수 있다. 잘해 준 기억밖에 없는 직원들이 왜 이러한 일들을 하는 것일까. 이런 일들이 성행하는 것은 월급 외에 업체들로부터 제시받는 뒷돈의 액수에 욕심이 생긴 결과로 짐작된다. 이런 자들은 형사고소를 해도 형사재판에 3년 이상의 시간이 소요되기 때문에 공신력 있는 회사로서는 고객 DB 유출로 인한 피해가 상당한 것이다.

이들은 싸게 공사를 해 주겠다고 건축주를 설득하고 부실업체를 소개하여 소개피를 챙길 것이기 때문에, 부실업체가 부실공사를 진행하는 것은 당연하다고.

능력과 신용을 갖춘 건설사를 소개하면서 수수료를 받고 위험관리를 철저히 해 주는 경우라면 1%는 이해하겠지만, 몸 담았던 기업의 중요한 재산인 정보를 빼돌려 본인들의 사업 밑천으로 즉각 활용하는 믿을 수 없는 사람들이 과연 고객에게는 신의를 지키며 기업을 운용할지 의구심이 든다.

위 같은 짝퉁 업체로를 피하기 위한 방법은 A 회사에 건축 상담을 문의한 이력이 있는 고객을 대상으로 전화를 걸어서 A 회사에서 나와서 다른 B 회사를 차리는데, 건축비를 싸게 세팅해 주겠다고 유혹한다면 믿고 거르셔야 한다. 이들은 대부분은 고객정보를 범죄적으로 탈취한 건축 교육과정의 수강생 출신들이거나 A 회사 주변에서 기생한 경력이 있는 자들로 이루어져 있는 경우가 많다.

현장 근무직(소장, 반장)이라면 건설 현장이 생길 때마다 이직을 하는 특성이 있다. 그러나 관리직의 경우는 다르다. 전에 근무하던 회사에서 고객정보를 부정 취득하는 배임행위를 한 후 퇴사한 경우가 많다. 따라서 자신의 이력에 前 A 건설사 대표이사 근무와 같은 약력을 내세우는 소규모 건설사 관리자들이 근무하는 곳에 건축을 의뢰하지 말아야 한다. A 회사에서 뒷돈을 받는 짓을 못 하다가 이직한 후 업체로부터 뒷돈만 챙기는 데 혈안이 되어 자들이기 때문이다. 즉 건설 전문가가 아닌 바지사장의 경력자들이거나 전의 직장에서 업체들로부터 뒷돈을 받다가 발각돼서 퇴직당한 자들이 많다. 다른 직장으로 전직하여 그 짓을 마음껏 할 확률이 높다.

깨끗하고 성실한 자들은 한 직장에서 오랜 기간 근무하는 경향에 있다. 중소 건설사 직원들이 자꾸 옮겨 다니는 이유는 배임행위로 잘린 경우가 많기 때문이다. 능력 있고 단가 조정 잘하고 회사에 도움이 되는 사람들이 전직할 이유는 없다는 사실만 인지하시면 되겠다.

4.
믿으면 쪽박 나는 파워 유튜버, 건설 브로커

가. 파워 유튜버

a. 허위 부동산, 건축 전문가의 성행

유튜브나 인터넷 광고를 통해서 자신의 과대 포장된 경력을 광고하고 건축주를 모집하여 수주를 받은 후 위 건설사업 PM 역할을 하면서 건설업체나 하도급업체, 설계 업체로부터 페이백을 받는 경우가 많다.

가령 주식투자로 수백억을 벌었다고 하면서 유튜브에 나와서 자랑하는 유사 투자자문사 대표나 임원들이 많은데, 이들의 상당수는 자기 돈은 전부 잃고 설명회 등을 통해 고객 돈을 유치하여 운용하면서 주식 고수로 행세한다. 유튜브에 출연하는 주식 고수들의 상당수는 고객 돈을 유치하여 주식투자를 대행하고자 하는 업체들인 경우가 많다.

마찬가지로 부동산이나 건축 전문가로 행세하면서 파워 유튜브를 운영하면서 광고 탑재는 기본, 강의를 짧게 진행하는 사람들이 많은데, 강의 내용은 여기저기에서 베껴서 그럴듯하게 짧게 강의해 주고 "저 사람 사기꾼이다. 조심하라"는 부정적인 댓글은 삭제하면서 관리운영을 하고 있는 것이다.

b. 조심해야 할 이유

일반인들이 이들의 강의에 현혹되어 이들에게 상담을 요청하면 수십에서 수백만 원의 상담료만 챙기고 건축 투자를 진행한 부실한 건축주에게는 허가방 건축사나 부실 건설업체를 소개하면서 페이백 받는 행태가 많다.

이들 대부분의 강사들의 실체는 강사료나 유튜브 수익이 전부이고 자신들의 능력으로 돈을 벌어 본 적이 별로 없는 사람들이 많다. 안타까운 현실이다.

이들은 또 다른 파워 유튜브에 부동산이나 건축 전문가로 출연하여 자신들의 업체와 자신들을 간접 광고하는데, 출연광고료가 1천만~2천만 원에 이른다고 한다. 역시 안타까운 현실이다.

c. 위 같은 허위 부동산, 건축 전문가를 피하기 위한 방법은?

모든 이가 그런 것은 아니지만 정보에 대해 신뢰를 하거나 하지 않는 것과는 별개로 짧은 내용의 유튜브 강의를 촬영하면서 광고를 탑재한 유튜버에게 직접적인 자문을 구해서는 안 된다고 본다. 부동산 전문가 행세하면서 높은 강사료를 받는다든지, 파워 유튜브로 성장하면서 광고료를 받는 경우는 강사료나 유튜브 수익으로 먹고사는 자들이지 건축실무를 통해서 먹고사는 사람들이 아니다. 실제 건축의 행정관리나 위험관리는 워낙 복잡해서, 이론과 실전은 분명히 다르다는 것을 알아야 한다.

부동산 파워 유튜버가 어느 대학을 나왔고 뭘 전공했고 어떠한 경력이 있는지를 잘 모르신다면 사기꾼으로 보시면 되겠다. 부동산과 무관한 학교를 졸업하고 야간대학원을 나와 학력세탁을 한 사람들을 특히 조심하시기 바란다.

나. 건설 브로커

a. 건설사 사장 명함, 인쇄소에 주문하면 아무나 파줍니다

자신이 건설회사의 회장, 부회장, 부사장, 이사 등의 명함을 파고 다니면서 공사를 저가로 수주하는 브로커가 많다. 막상 도급계약을 체결할 때는 자신의 건설사가 아닌 다른 건설사를 소개(이 건설사도 면허대여가 대부분임)하고 소개피를 받아 챙긴다.

b. 조심해야 할 이유

이들은 도급계약의 당사자가 아니기 때문에 도급계약상의 책임을 지지 않는다. 부실한 건설사는 추후에 추가 공사비 등을 요구하면서 적정공사비 이상을 챙기게 되고 건물도 저가 자재로 부실하게 공사하게 된다.

c. 브로커를 피하기 위한 방법은?

우선 명함을 믿으면 안 된다. 종합건설사 등록 업체라고 새기는 자들도 많은데, 종합건설면허를 자신의 이름으로 가지고 있는 대표이사를 만나서 면담하고 건설공제조합 이행보증서도 발행할 능력이 있는지 확인한 후 도급을 줘야 한다. 그리고 건축주들의 다양한 건축 후기(닥터빌드의 많은 후기영상 등)를 보고 선택하는 것이 가장 바람직하다. 오랜 기간에 걸쳐 진행하는 건축행위에 만족하고 후기영상을 남기는 경우는 극히 드물기 때문이다.

5.
믿으면 쪽박 나는 건설 현장 총괄 관리자

　건설회사 관리직으로 근무하면서 현장들을 총괄하여 관리하는 직책이 있다. 이들은 수주한 공사 현장에서 하도급업체들을 섭외하면서 페이백 받는 경우가 많다. 하도급을 줄 때 경쟁을 시킬지라도 하도급업체들끼리 짜고 돌아가면서 수주 비딩을 하는 경우가 많은데 결국 "건설사는 가난해도 건설사 직원들은 부자가 되는 일"이 비일비재하다. 이러한 현장에서는 제대로 된 건축 품질이 나올 수 없고 공사비는 터무니없이 높은 경우가 많다.

　그리고 설계도면은 사람이 만드는 것이기 때문에 원래 문제점이 많은 것이 현실이다. 가령 설계상 외벽공사는 드라이비트, 주차장 천정은 노출 페인트 등, 있어야 할 곳에 없는 출입문, 내장재나 구조의 문제점들도 많다. 이 경우 시공사는 설계도면을 분석한 후 설계와 다른 시공이 필요하다고 건축주에게 미리 고지하고 조언을 해야 되는데, 그대로 공사를 진행해 버리고 추후에 설계 문제를 알게 된 건축주와 분쟁을 일으키면서 추가 공사비를 요구한다. 현장 총괄 관리자는 수시로 도면의 문제를 지적하면서 본사 모르게 저렴하게 시공해 준다는 이유로 업체를 직접 연결시켜 직계약을 하도록 유도한다. 물론 그 업체로부터 뒷돈을 받아 챙긴다.

시공사 선택을 잘하는 수밖에 없다. 그리고 1~2년 만에 건설 회사를 옮겨 다니는 현장 총괄 관리자나 수주 담당자들은 공사에 관한 전문능력이 없거나 배임의 의심으로 잘린 경우가 대다수이다. 수주 담당자나 현장 총괄 관리자도 한곳에서 꾸준히 성실하게 근무를 행한 자인지 파악할 필요도 있다. 추가 공사가 필요할 시 건설사 대표와 직접 교섭해야 하고 현장 총괄 관리자나 현장소장과 상의하면 안 된다.

6.
종합건설업 면허대여 업체

가. 가장 큰 문제입니다

연면적 60평 이상은 종합건설시공 대상이다. 그런데, 종합건설 한 달 유지비가 수천에서 수억 이상 들어가는 상황에서 소규모 건축물의 수주를 다량으로 하는 전문 업체가 아니라면 규모가 작은 현장은 공사 수주 자체를 하지 않는 경향이 있다. 공사 규모가 어느 정도 되는 공사만 수주하니, 빌라급 이하의 소규모 건축에서는 면허대여가 시장에서는 불가피한 상황일 수도 있다. 그러나 이러한 업체를 선정하면 크나큰 문제가 발생한다.

나. 면허대여의 구조

통장과 인감증명서, 사용인감계, 사용인감도장을 교부하는 방식으로 면허대여를 한다. 면허대여 업체 이용 시 건축주의 책임으로는 ① 안전사고에 대해서 건축주도 민형사상의 책임을 지고 ② 건축주가 제3채무자가 되어 다른 현장에서 발생한 공사대금채권에 의거해 건축주의 현장에 대한 각종의 압류, 가압류가 진행되는 일이 발생하게 되어 공사 진행을 어렵게 하고 ③ 발각(하도업자 민원이 많음) 시 건설산업법위반으로 건축주도 형사처벌될 수 있으므로 가장 주의해야 할 사고 유형이다.

다. 종합건설업 면허대여 업체를 피하기 위한 현실적 방법은?

종합건설사 등기부상의 대표이사와 직접 도급계약을 해야 하고 면허소지여부, 이행보증서 발행능력을 확인하고 계약을 해야 한다. 이 밖에도 수많은 첨부서류를 챙겨야 해서 전문가의 도움이 없다면 사실상 개인이 면허대여 업체를 피하기는 사실상 쉽지 않다.

7.
건축 현장이 망하기를 바라는 시공사

　설계도면이나 공사 물량표는 사람이 만드는 것이라서 완벽할 수는 없다. 이를 잘 아는 부실 시공사가 저가 수주 후 공사중단. 설계에 없는 시공, 물량표에 없는 시공이라는 이유로 추가 공사비를 요구하는 경우가 비일비재하다. 부실 시공사는 저가 수주를 한 후 나중에 덤핑수주, 자재비, 인건비 폭등 등을 이유로 추가 공사비를 요구하는 시공사들도 많다. 이러한 시공사의 요구를 감당하지 못한 건축주가 재정난을 겪는 것을 틈타 현장 가압류 및 경매청구까지 진행하여 자신들이 낙찰 받아 공사를 완성한 후 분양하는 경우도 있다. 시공사가 건축 현장을 먹어 버리는 것이다.

　참고로 종합건설사도 운영하고 있는 ㈜닥터빌드는 우크라이나 전쟁으로 인한 자재비 폭등 속에서도 수많은 현장에서 추가 공사비를 청구한 적이 없다. 대표자와 회사의 개인재산을 매각하여 상당수 현장의 적자를 감당한 바 있다. 돈보다 신용을 중시하는 기업의 이념 때문이었다. 즉 소규모시공에 특화된 전문 건설사를 찾는 것이 가장 중요하다. 그리고 도급계약 시 "설계변경에 이르지 않는 설계상의 하자, 공사물량표상의 흠결을 이유로 추가 공사비를 청구할 수 없다. 그럼에도 불구하고 청구하는 경우에는 도급 금액의 해지사유 및 손해배상청구 사유가 된다"고 명확히 약정해야 한다. 물론 건설사의 평판도가 중요한 것이고 도급계약서는 종이로 만들어 버릴 수 있는 것이 건설사인 것은 슬픈 현실이다.

8.
능력 없는 건설사를 배제하고
승냥이가 되는 하도급업체

능력 없는 시공사로부터 골조공사나 설비공사 등의 하도급공사를 수주받은 업체들이 공사를 진행하다가 갑자기 공사 진행을 멈추고 과다한 공사비를 건축주 직불을 요구하면서 유치권 행사를 하는 경우를 많이 볼 수 있다. 시공사가 면대업체이거나 하도급대금을 잘 지불하지 않는 경우에 하도급업체들의 유치권 행사와 건축주에 대한 직불계약 및 공증요구 사태가 벌어진다. 수개월간 공사중단사태를 지켜보던 **경험이 없는 건축주는 요구대로 추가 공사비까지 인정한 직불약정서에 날인하고 공증까지 해 주는데**, 나중에는 하도급업체들이 공증서면을 가지고 건축주의 전 재산을 압류하는 사태가 벌어진다. 그 이후 하도업체는 건축주에게 현 시공사와 타절하고 자신이 소개하는 새로운 시공사와 계약할 것을 주장한다. 물론 새로운 시공사에 소개피를 먹는 것은 기본이고 새로운 시공 견적은 비쌀 수밖에 없다. 장기 공사중단사태를 겪은 이후 건축주는 인간적으로 접근해 온 새로운 시공사와 계약하게 된다. 그런데 남이 하던 공사를 맡아서 하는 시공사는 더 큰 사기꾼일 확률이 높다. 결국에는 현장은 경매처리 될 것이며, 그 하도급업자와 새로운 시공사가 현장을 낙찰 받든지 건축주로부터 헐값에 인수하게 되는 경우가 많다.

기본적으로 건축주는 하도급업체와 직불계약서에 날인하면 안 된다. 추후 건축주 재산에 대한 압류, 가압류의 자료가 된다. 주요 공정은 시공사로부터 직불요청서를 받고 하도급업체에 직접 대금을 지불해야 한다.

9.
미준공자금 대부업체에게 돈을 못 갚으면 벌어지는 일

　건설사는 공사막바지에 공사중단 후 추가 공사비를 요구하면서 미준공자금 전문대부업체를 소개하는 경우가 있다. 건축주의 멘탈은 인질의 정신상태가 되어 시공사가 소개한 대부업체와 대부계약을 체결한다. 이후 대부업체는 토지에 선순위가 있다면 후순위 근저당권, 미준공건물의 촉탁등기로 각 세대에 1순위 저당권을 취득하게 된다. 사채를 얻어 시공사에게 지불하지만 이 돈 또한 시공사는 유용을 하고 공사중단을 재차 반복한다. 이러한 과정에서 시공사와 내통한 대부업체는 변제기 도래 후 현장을 경매청구하고 시공사는 허위 유치권을 행사하면서 경매가액을 떨어뜨린다. 대부업체가 저렴하게 날로 낙찰 받고 시공사는 공사를 완공하여 대부업체가 완공된 건물을 분양하여 수익을 챙기게 된다.

　절대로 미준공자금 대부업체를 활용하면 안 된다. 처음부터 제대로 된 시공사를 선택해야 하고 시공사 보증하에 공사비 PF를 통해서 공사비를 100% 확보하고 공사를 진행해야 된다. 외상공사는 절대로 안 되는데, 일부 외상공사를 해 주는 업체가 제대로 된 업체일 리가 없기 때문이다. 이들은 추후 외상공사 약정사실을 부인하고 사채를 얻어서라도 공사비를 현금 지불을 요구하면서 유치권을 행사한다.

10.
공사중단 현장에 기생하는 사기꾼들의 사기 프로세스

경험이 없는 건축주로부터 공사를 저가에 수주받고 기성율을 초과하여 공사대금을 받아서 유용하고 공사를 장기간 공사를 중단시킨 후 추가 공사비를 요구하고 있는 현장에는 또 다른 사기꾼들이 끼어들게 된다.

예의가 바른 건설사 회장이라는 자들(종합건축 면허 없음)이 건축주를 찾아와 아픈 마음을 위로하면서 기존에 건설사가 추가로 달라는 돈을 줘 버리는 약정을 하고 내보내면 자신들이 일정 부분의 계약금을 받고 공사를 완성해 주겠다고 제안한다.

구세주를 만난 느낌을 가진 건축주가 기존의 건설사에 약정을 해 준다. 즉 몇 달 후 새로운 건설사에 의해 준공이 나면 요구대로 추가 공사금 일억 원을 주겠다는 약정서를 써 주고 기존의 건설사와 중간타절의 합의를 한다. 중간타절 시 기존의 건설사를 소개했던 건축사 사무소는 기성율을 높게 평가하는 등으로 시공사 편을 들게 된다.

새로 들어온 시공사 회장이라는 사람은 건축주와 도급계약서를 작성하고 계약금 조로 1억 원을 지불 받고 나머지 수억 원의 공사는 외상으로 하기로 약정(외상공사 약정은 계약서에 없음. 구두 약정. 기성대로 기성금 지불한다고 기재)하고 공사하는 척하다가 연락이 두절된다.

수개월을 기다리다 못 해 건축주가 스스로 여러 지인들의 금전적 도움을 받아 어렵게 준공을 낸다. 이쯤 연락이 두절되었던 시공사 회장이라는 사람으로부터 도급계약서상의 공사대금채권을 가장으로 양수받은 자들이 현장을 가압류하면서 준공 후 대환대출금에서 수억 원의 삥을 뜯어 간다.

공사가 중단된, 남이 하던 공사를 수주하는 업체. 더군다나 상당 부분 외상으로 약정하는 두 번째 시공사는 제대로 된 시공사가 아니다. 이러한 일을 겪지 않기 위해서는 처음부터 제대로 된 시공사와 계약을 해야 한다. 공사는 예방주사는 있어도 사후 치료제는 없다는 사실을 명확히 기억해야 한다. 그렇지 않을 경우 죽을 만큼 힘든 과정을 겪게 된다.

11.
무책임하고 무능력한 것도 사기

가. 무책임하고 능력 없는 현장소장과 감리자로 인한 건축 실패

법정감리제도가 있으나 시공상 건물의 위치 자체가 잘못 위치해 있거나 건물의 상단이 오차범위를 넘어서 이웃의 일조권을 침해하고 있거나 건물의 구조가 잘못돼서 구조변경을 해야 되거나 단열제를 잘못 시공해서 외벽공사를 다시 시공해야 하는 경우 감리는 나 몰라라 한다. 현장소장은 하도업체들로부터 접대받는 데에만 관심이 있고 공사감독에는 별 신경을 쓰지 않는다.

특히 건물의 위치가 도로와의 이격거리를 지키지 못한 경우에는 건물을 절단해야 한다. 계단실 승강기까지 절단해야 한다면 완전히 망한 현장이 되는 것이다. 무능하고 무책임한 현장소장과 관리책임자, 그리고 감리자로 인해서 완성된 건축물이 도로 이격거리를 지키지 못해 다세대 공동주택으로 지어진 건물을 다가구 단독주택으로 준공을 낼 수밖에 없었던 결과 건축주나 건설사가 큰 피해를 본 경우도 있었다. 차라리 지나다가 벼락을 맞는 편이 나았을 것이다.

나. 유명무실한 준공검사로 인한 건축 실패

건축설계사는 준공단계에서 사용검사 시 특검 담당자들과 친하기 때문에 특검으로 하여금 준공에 지장이 없도록 구조적인 것만 살펴보게 하고 건물의 품질은 또한 지적하지 않기도 한다.

부실한 시공사들과 공사를 진행하였지만 건축에 대해서 문외한인 건축주는 이렇게 특검 단계에서도 무능하고 불성실한 준공검사로 인해 무시당하는 격이 된다.

부실한 시공업체들과 건축을 진행하는 경우 공사비는 두 배까지 증가하게 된다. 즉 준공시기가 늦어져서 대출금의 이자는 폭증하게 되고 준공까지 어찌하다가 진행되었다고 하여도 그 하자로 인한 고통과 비용은 고스란히 건축주 몫이 되는 것이다. 준공까지 어느 부분에 하자가 있었는지도 몰랐던 건축주는 나중에 하자 발생으로 인한 큰 고통 속에서 지내게 되는 것이다.

IV.

건축 현장의 권리침해 행태와 예방책

1.
대규모 건설사업과 소규모 건축사업의 비교

개발 단계	관련자	
	대규모 건설사업	소규모 건축사업
1. 사업구상 및 예비 타당성 검토(기획 단계)	전문시행사, 전문시장분석가가 관여 시장분석가(건설사, 분양사 등)	무경험한 건축주, 전문 시장분석가 관여 ×
2. 부지확보, 타당성 검토, 인허가, 금융, 신탁	전문시행사, 건축사, 건설사, 금융기관, 신탁사	건축주(무경험), 허가방건축사, 면허대여 건설사, 비전문 금융사, 신탁사 관여 ×
3. 건설 및 분양, 마케팅(분양보증, 이행보증)	건설사, 감리사, HUG, 분양대행사, 마케팅 전문사	영세건설사, 비상주감리, HUG ×, 비전문 분양사, 마케팅 전문가 ×
4. 입주, 오픈, 관리/정산 단계	시행사, 건설사, 입주사, 관리회사	건축주(무경험), 건설사 준공 후 도주, 입주관리사 ×
비고	시행사(주택 건설업 면허), 신용도 높은 건설사, 신탁사(권리침해 방지, 자금관리), 금융사, HUG(분양보증 등), 전문 건축사, 전문 분양사, 전문 광고사 모두 개발 관련 전문가 집단	모두 비전문가, 개발사고 빈번

대규모 건설사업의 경우 개발 경험이 풍부한 인력이 참여되어 있는 전문시행사가 사

업을 진행한다. 규모 있는 건축사 법인에서 법규 검토와 규모 검토를 한다. 그리고 사업에 관여하는 금융사, 신탁사, 건설사들은 건설사업 경험이 풍부한 인력들을 통해 사업의 수익성, 분양성 등을 정밀하게 검토한 후 프로젝트 참여 여부를 결정한다.

그러나 소규모 건축사업의 경우 건축주는 건축시행에 경험이 없거나 적은 경우가 대부분이고 작은 규모의 건축사업에 신탁사나 전문 분양사, 그리고 건설사가 사업성 타당성을 전문적으로 검토하지 않는 경향에 있다. 건축주는 노후대책의 일환으로 집을 지어보고자 하는 무경험 일반인인 경우가 많고 시공에 참여하는 건설사는 눈앞에 공사계약금에 눈이 멀어 일단은 덤핑수주하는 영세건설사인 경우가 많다. 분양전문가에 의한 입지분석이나 분양성 검토가 선행되지 않는 경우가 대부분이다.

대규모 건설사업의 경우 시행사는 사업 타당성 검토 이후 부지를 확보하는 계약을 하고 프로젝트에 참여하는 금융사, 신탁사, 건설사 등이 사업 참여 여부를 결정하기 위해 정밀 타당성 검토를 진행한다. 그러나 소규모 건축사업의 경우 건축사업에 경험이 없는 건축주는 사업성 분석을 하지 않거나 사업성 분석 관련 상식도 없고 주관적인 판단으로 부지 매입을 결정한다. 소규모 사업인 관계로 신탁사나 금융사 등에 의한 사업성 검토도 이루어지지 않는 경우가 대부분이다. 가령 금융사는 사업비 대출을 하면서 사업성 분석을 소홀히 하거나 시공사 평가에 관심이 없는 경우가 많고 시공관리에 관심이 없는 경우가 많다.

대규모 건설사업의 경우 신용 있는 건설사들이 수주하고 신탁사의 책임준공 약정, 건설사의 이행보증약정 등 각종의 보증제도를 활용한다. 감리자가 상주하면서 기성관리와 품질관리를 한다. 사업자금관리는 신탁사가 투명하게 맡아 진행한다. 주택도시보증공사의 분양보증에 의해 수 분양자를 보호하기도 하고 전문적인 분양사를 통해서 체계적인 분양계획을 수립한다. 분양 촉진을 위한 전문 마케팅사도 분양에 참여한다. 반면 소규모 건축사업의 경우 영세건설사들이 시공을 수주하고 신탁사의 책임준공 약정은 없고 영세건설사의 이행보증도 생략되는 경우가 있다. 감리자는 비상주감리로 품질관리나 공정관리를 기대할 수 없다.

대규모 건설사업의 경우 준공 후 입주, 관리 및 정산도 전문시행사의 주도하에 건설사, 입주관리사가 맡아서 진행한다. 소규모 건축사업의 경우 초보 건축주인 무경험으로 인해 체계적인 준공 후 관리가 잘 이루어지지 않는다. 건축사업 관련 세무 상식도 부족하여 준공 후 분양이 원만히 이루어지더라도 세금폭탄을 맞는 경우도 흔하다.

결론적으로 대규모 건설사업에는 주택 건설업 면허가 있는 전문시행자가 사업을 주도하고 신용도 높은 건설사가 시공에 참여하고 신탁사가 자금을 투명하게 관리하고 사업현장에 대한 권리침해를 방지하는 역할을 한다. 사업자금을 지원하는 전문 금융사가 사업 타당성 검토부터 관여하고 수분양자들을 보호하기 위한 HUG 보증 시스템도 있다. 대형 건축사무소에서 정확한 규모 검토와 법규 검토를 진행하고 분양사 및 광고사도 개발 관련 전문가 집단이다.

반면 소규모 건축사업의 경우 사업 참여자 모두가 건축사업 관련 비전문가들이기 때문에 소규모 건축사업은 단계별 리스크가 상존하는 사업인 것이다.

2.
건축사업 현장의 권리침해와 예방책

가. 유치권에 의한 권리침해 및 예방책

a. 유치권의 개념

유치권은 타인의 물건 또는 유가증권을 점유한 자가 이에 관하여 생긴 채권의 변제를 받을 때까지 이를 유치 내지 점유할 수 있는 권리이다. 가령 甲이 乙에게 집 짓는 공사를 맡겼으나 甲이 공사대금을 지불하지 않는 경우 乙은 공평의 원칙상 그리고 법정 당연히 건물에 대해서 유치권을 행사할 수 있다. 유치권의 공시수단은 점유이다. 따라서 현수막 등의 표지로 유치권을 자신의 권리를 공시하면서 점유할 수 있는 것이다.

b. 건축사업에서 유치권의 발생원인

공사대금채권이 발생하였으나 공사대금을 지급받지 못한 경우에 행사할 수 있다. 하도급업체도 건설사로부터 공사대금을 지급 받지 못한 경우 그 건물에 대해서 유치권을 주장할 수 있다.

건축주가 기성금을 건설사에게 지급하였으나 건설사는 자금을 유용하고 하도급업체에 하도급대금을 지급하지 못하는 경우 유치권을 행사할 수 있다.

다만 유치권은 건물의 점유 중에 성립한다. 따라서 마감공사가 진행 중인 현장에 이미 토목공사를 완료한 후 퇴거한 토목업체가 나중에 건물에 침입하면서 유치권을 행사할 수는 없다. 따라서 공사대금을 정산받기 전까지는 현장에서 철수한다면 유치권을 포기한 것이나 마찬가지이다. 그리고 공사대금지급기한이 도래하여야 한다. 또한 유치권배제특약이 없어야 한다. 만약 유치권포기특약을 한 바가 있다면 유치권은 성립하지 않는다.

c. 예방책

(1) 공사비 100% 확보

건축 현장에서의 유치권은 공사대금을 기한 내 미지급한 경우에 발생한다. 따라서 건축주가 건축사업을 진행하기에 앞서 금융 PF를 통해서라도 공사비 100%를 확보한 후에 사업을 진행해야 한다. 공사대금의 일부라도 외상공사를 건설사와 약정하고 공사를 진행한 경우 부실한 시공사는 추후에 외상공사 약정 사실을 부인하고 현금의 지불을 요구하면서 유치권을 행사하는 경우가 많다. 또한 건설사는 건축주에 대해서는 일부 외상

공사를 약정하고 건설사는 일부 외상공사를 진행할 수 있는 하도급업체를 섭외하는 경우 하도급업체에서 외상공사 사실을 부인하고 현장 유치권을 행사할 수 있다. 그리고 정상적인 시공사의 경우 소규모 공사에서 외상공사 자체를 진행하지 않는다.

(2) 자금 흐름 관리

100% 공사대금을 확보하고 공사를 진행하는 경우에도 자금이 현장공사를 진행한 하도급업체나 현장에 투입된 자재업체에 입금되지 않고 시공사에 의한 유용되는 경우가 있다. 당연히 시공사로부터 공사대금을 완납 받지 못한 업체에서 유치권을 행사할 수 있다. 따라서 건축주는 시공사를 전적으로 믿기보다는 자금의 흐름을 어느 정도 통제해야 한다. 월말 기성금 지불을 약정하였고 월말에 기성금을 지불할 때 건축주가 실제 시공한 업체들로부터 공사금액의 확인을 받고 직불하는 방식으로 자금의 흐름을 관리할 수 있다. 이 경우 건설사는 건축주에게 직불요청서를 제출하도록 한다. 즉 "乙 건설사는 건축주 甲에게 창호공사대금을 丙 업체에 금 7천만 원을 직불 해주시길 요청합니다"라는 직불요청서를 받고 B 업체에 대금을 지불해야 한다.

공사도급계약의 직접 당사자는 건축주와 건설사이다. 건축주가 자금을 제3자에게 지불하기 위해서는 건설사가 발행한 직불요청서를 받고 지불해야 지불한 만큼의 공사비 지급채무를 면할 수 있는 것이다.

이러한 하도급업체에 대한 직불을 건축주가 특히 건설사에게 주장하기 위해서는 건축주와 건설사 간 공사도급계약체결 시에 가령 '1천만 원 이상의 공사대금은 건축주가 하도급업체에 직불하기로 하고 이에 대해서 건설사는 동의한다'라는 약정을 미리 해 놓고 있는 것이 좋다.

(3) 유치권 포기각서

유치권 포기각서도 중요하다. 공사도급계약체결 당시에 첨부서면으로 '건설사 乙은 건축주 甲에 대해서 유치권을 포기한다'는 약정서를 미리 첨부하도록 한다. 더불어서 중도에 설계변경이나 건축주의 요구사항 변경으로 인한 추가 공사비가 발생하는 경우가 있는데, '추후 협의에 의해서 정해질 수 있는 추가 공사비 채권에 기한 유치권도 포기한다'라는 약정을 미리 하는 것이 바람직하다. 그런데, 보통 유치권을 행사하는 많은 현장을 보면 하도급업체에 의한 유치권 행사가 많다. 건설사는 유치권 포기각서를 제출했지만 하도급업체는 유치권포기각서를 제출하지 않았기 때문이다.

보통 신탁관리 하는 중대규모 현장에서도 신탁사는 건설사에게 유치권포기각서의 제출을 요구한다. 그러나 하도급공사대금을 직불처리하는 관계로 하도급업체에 대한 유치권 포기각서는 제출 받지 않는 경향에 있다. 그런데 소규모 건설 현장 관리를 꼼꼼히 하는 건축주라면 하도급업체가 건설사에 의해서 선정될 때마다 하도급계약서와 더불어 하도급업체의 유치권포기각서도 받도록 하고 이를 건축주나 건축주를 대리하는 공사감독원이 미리 관리하는 것이 바람직하다. 건축주와 건설사 간의 도급계약서에도 이러한 내용을 미리 명기해 놓는 것이 좋다.

나. 가압류에 의한 권리침해 및 예방책

a. 가압류의 개념

채권 또는 금전으로 환산할 수 있는 채권에 대하여 장래 강제집행이 불가능하게 되거나 이행이 곤란하게 될 경우를 대비하여, 미리 일반담보가 되는 채무자의 재산을 압류하여 현상을 보전하고, 그 변경을 금지함으로써 장래의 강제집행을 보전하는 절차이다.

채권자는 피보전(被保全) 권리인 청구의 내용과 보전의 필요를 표시하는 가압류 이유를 특정하고, 가압류를 청구하는 뜻을 법원에 신청한다(민사집행법 제279조). 채권자가 앞의 2가지 요건을 소명하든지, 이에 갈음하는 담보를 제공하든지, 또는 소명의 강화로 담보를 제공한 경우 법원은 가압류결정을 한다. 보통은 보증보험증권을 제공하고 가압류를 신청한다.

재판은 결정의 형식으로 한다(281조). 불복 있는 채무자는 결정에 대하여는 이의를 할 수 있다.

참고로 가압류해방공탁제도가 있다. 가압류에 대한 이의신청 절차에 시간이 걸리기 때문에 가압류의 즉시말소를 위해서 진행하는 공탁제도이다. 즉 채무자는 법원이 정한 가압류해방금액을 공탁해 집행법원으로 하여금 결정으로 집행한 가압류를 취소할 수 있다. 법원은 가압류명령 결정을 내릴 때 가압류의 집행을 정지시키거나 집행한 가압류를 취소시키기 위하여 공탁할 금액을 가압류명령서에 기재해야 한다. 이 공탁할 금액을 가압류해방금액이라 한다.

b. 가압류 집행의 원인

공사 현장에서의 가압류는 여러 가지 사유로 현장 부동산에 들어올 수 있다.

(1) 공사대금채권에 기한 시행부지 등에 대한 가압류

건설사가 공사대금을 완납 받지 않은 경우에 채무자의 건축부지나 미준공건물에 가압류를 신청할 수 있다. 미준공건물에 대한 가압류를 신청한 경우 법원은 가압류의 대상을 만들기 위해서 등기소에 대한 촉탁으로 미준공건물에 대한 보존등기를 진행시킨다. 하도급업체의 경우 건축주와 직불합의서를 작성한 사실이 있는 경우에 마찬가지로 건축주의 재산을 대상으로 가압류를 신청할 수 있다.

공사 현장에 대한 가압류가 설정된 경우를 살펴보면 건설사, 하도급업체, 자금을 건축주에게 대여한 일반 채권자들이 많다.

(2) 손해배상채권에 기한 시행부지 등에 대한 가압류

실제 있었던 사례를 들어 설명해 보고자 한다. 세종시에서 다세대형 도시형 생활주택 29세대 신축사업을 진행하는 현장이 있었다. 선분양으로 모든 세대가 완판되었다. 그런데 건축주(시행사)와 건설사 간의 공사비 증액 문제에 대한 다툼으로 공사가 중단되는 경우가 많았다. 그러한 이유로 공사완공기한이 도과해 버렸고 수분양자들은 계획대로 입주를 못 해서 입주지연에 따른 손해를 보는 상황이 되었다.

수분양자들에게 약속한 준공기한이 1년 이상 경과하자 29명의 수분양자들은 건축시행사를 상대로 분양계약해제 및 이미 납부한 계약금의 반환과 손해배상을 청구하면서 건축부지에 대한 가압류를 신청하게 되었다.

그리고 또 다른 사례는 경기도 양평군 내에 한옥마을을 조성하면서 토지주(시행자)는 선분양을 진행하였다. 분양 대상인 한옥은 주택이 아닌 도시형생활숙박시설로 건축허가를 낸 관계로 서울에 거주하는 사람들도 1가구 2주택에 해당되지 않고 수분양자가 이용하지 않는 경우에는 운영수익을 수취할 수 있는 것이었기 때문에 선호하는 분양상품이었다. 1채당 가격은 5억 원, 분양조건은 계약금 1억 원, 중도금 2억 원, 잔금 2억 원(준공과 동시에 잔금납부)이었다. 계약금을 받아서 분양 수수료로 지불하고 중도금을 받아서 공사기성금으로 지불하였다. 그런데 건설사는 공사대금을 기성대로 지불하지 않으면 공사를 못 하겠다고 주장하면서 중도에 공사를 중단시키고 유치권을 행사하였다.

수분양자들은 몇 년이 지나도 건물 준공이 나지 않아서 분양계약을 해제하고 계약금 및 중도금 반환, 그리고 손해배상을 청구하면서 건축부지 전체를 대상으로 가압류를 신청하게 되었다.

이러한 사태가 발생한 원인은 초보 시행자에 의한 분양전략 실패 때문이다. 원래 양평군 산속의 한옥은 분양 성공 사례가 없었기 때문에 은행으로부터 분양에 대한 의구심으로 공사비 PF대출을 받을 수 없다. 그래서 건축주는 선분양대금으로 공사를 완성시킬 의도로 사업을 진행시킨 것이다. 그런데, 중도금을 1차, 2차, 3차 등으로 나누어서 지급받아 건설사에 기성대로 공사비를 지불했어야 했는데 잔금을 2억씩이나 유보해 놓은 상태에서는 늘어나는 공사비를 지불할 돈이 없었던 것이었다.

현재 건축사업부지에는 수분양자들에 의한 가압류, 공사대금채권에 기한 가압류들이 설정되어 있다. 이러지도 못하고 저러지도 못하는 상황이 된 것이다.

(3) 공사대금채권에 대한 가압류

건축주 甲은 건설사 乙과 공사도급계약을 체결하였고 乙은 甲의 서울시 영등포구 신길동 건축사업 현장에서 공사를 진행하고 있었다. 그런데, 어느 날 건축주 甲은 법원으로부터 제3채무자 甲(채권자 丙, 채무자 乙)을 상대로 한 공사대금채권의 가압류 통지서를 송달 받게 되었다. 이 가압류 통지서의 의미는 "丙 자신은 乙에게 하도급공사대금을 받아야 되는 채권자인데, 제3채무자 甲(건축주)은 기성금지급시기가 도래하더라도 乙에게 공사비를 지불하지 말고 지급을 보류해 달라"는 통지였다. 즉 "나 丙이 추후 확정판결을 받아서 나 丙이 직접 받아 갈 예정이다"라는 통지이다. 즉 乙(건설사)의 甲(건축주)에 대한 공사대금채권의 가압류 내지 지급정지된 것이다.

이러한 일은 공사비 급등사태나 분양 경기 침체 시 비일비재하게 발생하는 일이다. 가령 건설사 乙이 제3의 건축주 丁과 공사도급계약을 체결하고 서울시 강동구 길동에서 丁이 시행하는 주상복합 아파트 건물을 완성시켜 준 바 있었다. 그런데 丁은 경기 침체로 선분양실적도 저조하고 준공 후 대환대출도 성공하지 못하게 되자 준공 후 지불을 약속한 공사대금의 상당액을 건설사 乙에 지불하지 않았다. 이에 따라 건설사 乙은 길동 현장에서 공사를 하도급받아 진행한 丙에게 하도급 공사비의 일부를 지급하지 못하게 되었다. 추후에 건설사 乙이 진행하고 있는 영등포구 신길동 현장을 알게 된 丙은 신길동 현장의 건축주 甲(제3채무자)에게 공사대금을 乙에게 지불하지 말아 달라면서 공사대금채권의 가압류를 신청하게 된 것이다.

경기 침체기에 공사대금채권의 가압류 사태가 많이 발생한다. 소규모 건축을 전문으로 하는 건설사가 자금을 쌓아 놓고 사업을 하는 여유 있는 업체는 아니기 때문에 건축주로부터 지불 받지 못한 공사비를 하도업체에 전부 내려 줄 수는 없는 것이다. 과거에는 경기가 어려우면 공사 하도업체들이 원청인 건설사와 함께 고통을 분담하면서 좋은 시기를 기다려 주었던 시절도 있었다. 그러나 요즘의 하도급업체들은 조금의 돈이라도 못 받으면 바로 원청을 상대로 법 조치를 취하는 경향에 있다.

이러한 경우 부동산 분양 경기가 살아나서 건축주 丁이 건설사 乙에 공사비를 지불하게 되거나 성실했던 건설사 乙이 죽을힘을 다해서 자금을 조달해 가압류 채권자 丙에게 변제하는 식으로, 길지 않은 시간 내 해결이 되는 경우가 많다.

문제가 되는 경우는 종합건설 면허를 대여받아서 공사를 진행하는 자에게 도급을 준 경우이다. 건설업 면허를 빌려주는 회사는 장차 여의치 않으면 언제든지 폐업을 하고자 하는 의도가 있다. 면허를 빌려 받은 자들은 자신들의 현장에서 공사대금을 하도급업체에 내려주지 않고 떼어먹으려는 의도가 있다. 결국에는 하도대금을 내려받지 못한 수많은 하도급업체들이 건축주 甲을 제3채무자로 하여 공사대금채권의 가압류를 진행한다면 甲의 현장은 장기간 공사중단사태에 빠지게 된다. 공사비를 지급 받지 못한 乙이나 乙의 면허를 빌린 업자는 돈이 없어서 공사를 진행하지 않기 때문이다. 결국에는 시공사 교체까지 가는 경우가 생긴다. 이러한 과정에서 발생하는 금융비, 기회비용 등을 甲은 보전받을 곳이 사실상 없게 된다.

c. 예방책

공사 현장에 대한 가압류 채권자가 발생하는 것은 돈을 못 받은 건설사나 하도급업체, 분양피해를 보는 수분양자들 때문이다.

따라서 공사비를 100% 사전에 확보하여 건설사에게 기성에 따라 온전히 지급하고 하도급업체에도 자금이 온전히 내려갈 수 있도록 관리 감독하는 시스템이 필요하다. 즉 건축주가 기성율 평가 및 품질관리를 외주 맡겨서라도 정확히 하고 그에 따른 공사비의 정확한 지불이 필요하고 자금의 유용을 예방하기 위한 건축주의 하도업체에 대한 직불 시스템도 필요하다. 신탁관리(관리신탁, 자금관리 대리사무 위임)를 맡겨 신탁사로 하여금 기성평가 및 공사대금을 지불하는 시스템도 있다.

공사대금을 제대로 적시에 지불하였음에도 불구하고 추가 공사비를 주장하면서 도급계약서나 하도급계약서를 법원에 제출하면서 허위로 가압류를 신청하는 건설사나 하도급업체도 있다. 따라서 도급계약서나 하도급계약서의 특약으로 '어떠한 경우에도 현장에 대한 가압류 조치를 하지 못한다'는 약정도 필요하다. 나아가 공사 현장에 대한 가압류를 막기 위한 좀 더 확실한 방법은 착공 이전에 신탁사에 신탁, 또는 개인에게 신탁이 있다. 즉 계약의 당사자가 아닌 제3자(신탁사, 또는 개인)에게 신탁을 해놓고 공사를 진행하는 방법이 있다.

채권자(공사대금채권자 또는 분양물의 소유권 이전을 주장하는 채권자인 수분양자)는 채무자(기성금 채무자 건축주, 분양물을 완성시켜 인도해야 하는 채무자인 건축주)의 재산에 가압류를 신청할 수 있는 것이고 제3자(신탁사 내지 수탁자)의 명의로 된 재산에는 사해신탁(詐害信託)이 아닌 한 가압류 조치를 할 수 없기 때문이다. 다만 신탁해지를 원인으로 하는 이전등기 청구권에 대한 가압류가 들어올 수는 있다.

참고로 공사비를 대여하는 은행 채권자가 담보신탁이 아닌 근저당권을 취득하는 경우에는 후순위로 가압류가 들어올 수 있다. 따라서 이러한 경우에도 근저당권의 후순위로 이어서 신탁등기를 해 놓는 것이 바람직하다.

다. 건설사에 의한 현장 권리침해 및 예방법

a. 건설사에 의한 건축주 재산권의 침해사례

경기도 양평의 강 조망이 잘되는 요지에 땅을 소유하고 있던 건축주가 총공사비 100억 규모의 도시형 생활주택을 시공하고자 건설사와 공사도급계약을 체결하였고 지역은행 2곳으로부터 사업비 대출을 승인받았다. 공사계약금을 지불하고 건축허가 시 얼마, 기초공사 완료 시 얼마, 골조 중간층까지 공사 완료 시 얼마, 골조공사 6층 완료 시 얼마 이런 식으로 공사대금을 지불하기로 약정하였다. 그런데 골조가 완성된 시점에 공사비 80억 원이 지불된 상태가 되었다. 일반인의 눈으로 볼 때에도 기성율이 80%는 안될 것 같은데, 공사대금은 80%까지 초과 지불된 것이다. 이에 더해서 건설사는 나머지 잔금을 지불해 주면 2개월 내로 공사를 끝내 준다고 말하면서 계속적인 자금집행을 요구당하였다. 이를 거절하자 건설사는 수개월간 공사를 진행하지 않고 있다고 한다. 이를 어떻게 해야 되겠냐고 하면서 건축주가 닥터빌드에 상담 신청을 한 바 있다.

상담 내용은 간단하였다. 기성율 평가기관을 정해서 제대로 된 기성평가와 품질 평가를 하고 그에 따른 공사비를 지불했어야 했는데, 이러한 시스템을 사전에 갖추지 못했기 때문에 기성금 초과 지불 사태가 벌어진 것이다. 나머지 20억을 건설사의 요구대로 지불한다고 하여도 50% 이상 남은 공정을 건설사 측이 완수할 확률은 제로에 가깝다.

이행보증서도 발행하지 않았고 상황을 파악해 보니 면허대여를 받아서 시공을 수주한 것으로 보인다. 건축주 스스로 수십억 원의 초과 기성금을 날릴 정도로 자산이 있다면 시공사 교체 후 공사를 완수하면 될 것이고 그러한 자산이 전혀 없다면 이쯤에서 건축사업을 멈추고 빚도 갚지 마시라고 자문하였다. 즉 도급계약을 해지하고 초과 지불된 공사비 반환을 청구해 봤자 변호사비만 날리게 될 것이고 그들은 반환할 자력도 현재는 없다고도 자문하였다. 경매 처리되어 양평의 수백 평이나 되는 땅을 잃게 되겠지만 추가적인 손해를 막을 수 있고 초기에 손절매하는 것이 본인과 가족의 건강의 유익한 일이라고 상담하였다.

이렇게 첫 단추를 잘못 꿰게 되었다는 것을 나중에라도 알게 된다면 건축사업은 초기에 손절해야 한다. 수십억씩이나 공사비를 초과 지불했고 초과 지불한 수십억 원을 건축주가 개인적으로 충당하여 다른 능력 있는 시공사에게 맡길 정도로 큰 손해를 보면서 재산을 지켜야 되는 다른 합당한 이유가 없는 한 더 이상 건축사업을 진행할 이유는 없는 것이다. 앞서 건축하다가 토지를 경매로 날리고 건축주가 자살한 사례까지 본 적이 있다. 이러한 현장들도 초기에 사업을 포기했었다면 살아서 다시 새로운 행복을 다시 찾을 수 있지 않을까….

이외에도 건설사가 건축주로부터 처음부터 시공을 덤핑 수주하여 공사를 진행하다가 나중에 현장을 세워 놓고 추가 공사비를 요구하다가 건축주가 감당하지 못하게 될 즈음에 유치권을 행사하여 유치권에 기한 경매를 청구하거나 미준공건물 전문 대부업체를 알선하여 독을 마시게 한 다음 현장경매를 진행하여 시공사나 대부업체가 날로 먹는 경우도 경매시장에서 많이 볼 수 있는 사례이다.

b. 예방책

이 책은 건설사업으로 수익을 얻는 방법을 가르치려는 목적보다는 주로 건설 관련 다양한 리스크를 소개하고 그 예방책을 설명하는 데 주목적이 있다. 다양한 예방책에 대해서는 뒤에서 상설하겠지만 평판도 높은 올바른 시공사를 선정하고 기성율 평가를 제대로 하여 공사자금을 관리하는 것이 중요하다. 현장에 대한 소유권을 착공 이전에 타인에게 신탁하여 재산을 보관시켜 놓고 사업을 진행하는 방법도 있다.

라. 준공기한의 연장에 의한 건축주의 재산권 피해와 예방책

a. 준공기한 연장의 원인

부실한 시공사가 덤핑 수주 후 추가 공사비를 요구하면서 공사를 중단하거나 외상 공사 약속 후 나중에 현금 요구하면서 공사를 중단하는 경우에는 공기가 당연히 연장된다. 그리고 설계가 부실하거나 물량내역서가 없거나 부실한 경우에도 공사 견적의 오류를 발생시키고 추후 공사 진행 과정에서 추가 공사비 발생의 원인이 된다. 추가 공사비에 대한 다툼이 있게 되면 결국에는 공사중단사태까지 가게 될 수 있다.

우크라이나 전쟁사태가 발생한 경우와 같이 공사 중간에 원자잿값 폭등으로 예상치 못하게 공사비가 폭등하는 경우가 있다. 대기업 시공사라 하여도 공사중단 후 추가 공사비를 요구한다. 대기업이 공사비 폭등을 이유로 추가 공사비를 요구하는 경우에는 시행사나 일반인들은 그럴 만한 이유가 있겠거니 하고 양해하는 경향이 있다. 그러나 소규모 건설을 주로 하는 중소 건설사가 물가상승을 이유로 추가 공사비를 요구하면 그야말로 건설 양아치 취급을 당한다.

공사비 폭등 사태 때에 자잿값 폭등을 예상하고 공급업체에서 자재 공급을 지체하여 공기가 지연된 현장이 발생은 하였지만 닥터빌드가 수주한 현장들도 상당수 적자를 감당해야 했지만 단 한 곳도 개인 건축 현장에서 추가 공사비는 청구하지 않았다.

공기연장의 원인이 건축주에게 있는 경우도 의외로 많다. 건축 상식은 부족하지만 너무나 꼼꼼한 성격을 가지고 있는 건축주들은 하도업체들이 마음에 들지 않는다는 이유로 건설사에게 업체 교체를 강하게 요구한다든지 아무 문제없는 시공임에도 불구하여 시공품질에 의심만 들어도 공사를 못하게 지시하기도 한다. 그리고 내장공사를 진행할 때 특히 건축주의 히스테리는 극에 달한다. "벽지 간의 간격이 맞지 않는 것 같다", "벽지에 손톱자국이 생겼으니 다시 시공하라", "신발장, 서랍장 상판들의 규격이 이상하다", "타일 줄무늬 시공에 하자가 있다", "실리콘 색이나 모양이 마음에 들지 않는다", "하수도 배관 위치를 바꿔라", "화장실이나 발코니 바닥의 경사가 맞지 않다", "물 빠지는 속도가 너무 빠르다, 느리다", "콘센트 위치를 바꿔라", "마루색이나 무늬가 자신이 생각한 것이 아니니 교체해라" 등 공정 전반에 관여하면서 신경질적인 간섭을 하는 건축주들이 있다. 공사 일정이 당연히 늦어질 수밖에 없다.

또한 이전에 이웃들이 신축공사를 진행할 때마다 극성스러운 민원을 넣어서 이웃의 공사를 방해한 전력이 있는 분이 이제 와서 자신의 건물이 노후화되어 자신의 부지에 신축사업을 하고자 할 때는 전에 괴롭힘을 당했던 이웃들은 참지 않고 더 극성스러운 민원을 넣는 경우가 발생한다. "밤에 일하고 오전에 잠을 자야 되기 때문에 오전 10시부터 공사를 시작하라", "토요일에는 공사를 하지 마라", "소음 분진피해에 대한 보상금 수천만 원을 지불하라", "내 집에 그늘이 지어 가구가 썩을 것이니 그에 대한 보상으로 내 집의 인테리어 공사를 전반적으로 해 달라"는 등 예전에 괴롭힘을 당한 바 있는 것 그대로를 돌려주는 현장들이 있다.

이런저런 사정으로 건축주가 원인이 되어 한두 달 공기가 불가피하게 연장된 경우 공기연장의 원인을 제공한 건축주들은 건설사를 상대로 지체배상을 청구하는 것이 순서이다. 그러나 건축주가 원인이 되어 공기가 연장된바, 이에 따른 현장 관리비 등을 시공사로부터 반대로 청구당할 수 있다.

b. 공기연장에 따른 피해

공기가 연장되면 건설사 입장에서도 시공관리비(현장소장, 반장 인건비, 보험비)가 늘어나게 된다. 건축주의 입장에서는 대출이자를 그만큼 더 부담하게 된다. 대출만기 이후까지 공기가 연장된다면 대출연장에 따른 수수료와 연장에 따라 폭등하는 금리는 부담해야 된다. 그리고 공기가 연장된 기간만큼의 임대 수익 상당의 손해를 보게 된다. 공사중단사태가 일어나고 공기가 장기간 연장되면 현장 건물에 대한 평판도도 추락한다. 건물 품질에 대한 의심을 가지게 되고 주변 중개사 사장들도 문제 현장으로 인식하여 분양이나 임대 중개를 꺼리는 경우도 발생한다. 따라서 분양 시기나 임대 시기를 놓치는 경우도 발생한다. 나라의 금융정책에 따라 준공 후 대환대출도 막히는 일이 생길 수도 있다.

c. 공기연장 예방책

무조건 저렴하게 수주하려고 하는 부실 건설사는 피해야 한다. 시세에 맞는 적정한 공사비를 제시하는 평판도 높은 건설사를 선택해야 한다. 외관에서 보이는 자료보다는 시공실적을 살펴보고 제때에 준공을 냈었고 품질도 문제없는 건물인지를 살펴봐야 한다. 이렇게 건설사 선정은 까다롭게 하되 전문적인 시공 진행은 믿고 맡겨야 한다.

그리고 추가로 소규모 건축사업에도 관여하는 전문 CM(Construction Management)사를 선정하여 건설사는 CM의 통제를 받도록 해야 한다. 즉 설계 품질부터 검증받고 공사 일정 관리, 기성율 평가와 시공 품질 검증도 공사 진행 과정에서 주기적으로 받도록 해야 한다.

발생 예상되는 민원인들을 사전에 접촉하여 충분한 양해를 받아야 한다. 이때는 건축주가 직접 이웃을 만나서 설득하는 것이 바람직하다. 이웃들은 건설업자가 아닌 건축주의 얼굴을 보고 싶어 한다. 충분한 민원발생 예방조치를 취해서 공사민원으로 인해 공기가 늦어지는 것을 방지해야 한다.

마. 안전사고 발생으로 인한 현장피해와 그 예방책

a. 빈번한 안전사고 발생

공사 현장에서는 안전사고가 빈번히 발생한다. 소규모 건축 현장에서도 마찬가지이다. 크레인이 넘어지는 장비 전도사고, 골조가 붕괴되는 사고, 공사 현장의 화재, 이웃이나 행인에게 상해나 재산상의 피해를 입히는 사고, 공사 인부의 추락 등으로 인한 부상과 사망사고 등이 일어나게 되면 1차적으로 건설사의 책임이다. 다만 건축주 직영으로 운영하는 소규모 현장이나 면허대여 업체가 시공하는 현장에서 대인, 대물사고가 발생한 경우 건축주에게도 법과 판례는 민형사상의 책임을 지우고 있다.

서울시 성북구 수유동은 구릉지나 경사가 있는 지역이 많다. 이곳의 건축 현장에서 크레인 전도사고가 발생한 적이 있다. 공사 현장의 인부 2명이 크게 부상을 입었고 이웃집의 지붕이 파손되는 대물사고도 있었다. 현장소장이 크레인 설치와 작업과정을 관리감독해야 했었다. 그런데, 현장소장은 오전에 현장에 얼굴만 비추고 퇴근한 이후에 크레인 장비가 들어왔던 것이 밝혀졌다. 현장소장의 과실은 건설사의 과실인 것이다.

서울시 중랑구 묵동의 소규모 건축 현장에서는 포클레인 삽과 머리를 부딪힌 인부 한 명이 사망하는 사고가 있었다. 이러한 안전사고가 발생한 경우 대인보상이나 대물보상의 협의가 원만하게 이루어지지 않는 경우 인허가청에 의한 공사중지명령이 떨어지기도 한다. 그렇게 되면 공기는 무기한 연기될 수밖에 없고 건축주는 큰 손해를 입게 된다.

그런데, 위 두 사례의 현장에는 4면에 CCTV가 설치되어 있었다. 건설사는 현장소장의 관리감독상의 고의, 과실을 입증해서 현장소장에게 구상권을 행사할 수 있는 증거를 확보한 것이고 포클레인에 의한 인부의 사망원인도 밝혀 낼 수 있었다. 이유 없이 포클레인과 부딪힌 것은 인부였다. 즉 자살로 밝혀진 것이다. 현장에서 사망한 인부는 안전사고를 위장해서 자살하게 되면 산재보험 등 각종의 보상금을 남은 가족들이 수령할 수 있을 것이라고 생각하고 그런 행동을 한 것으로 추정된다.

b. 안전사고 예방책

법이 정하고 있는 안전교육, 현장 규모에 따른 안전 감독원의 배치는 필수적이겠지만 소규모 건축 현장에서 무엇보다 강조하고 싶은 것은 현장의 4면에 CCTV를 설치하는 것이다. 현장소장의 근태 및 공사 진행상황을 감시할 수 있고 안전사고 발생 시 사고원인 규명에 유용하다. 그리고 위험한 현장에 아무나 출입할 수 없도록 출입통제를 철저히 해야 한다. 작업에 필요한 중장비 반입 때에는 대인, 대물배상 보험 가입 여부도 확인해야 한다. 위 성북구 현장 사례에서 크레인이 전도된 결과 대인, 대물사고가 발생 하였지만 불행 중 다행으로 삼성화재에 충분한 보험을 가입한 장비였다. 삼성화재의 적극적인 노력으로 피해자들과의 원만한 합의가 이루어졌다.

바. 저품질 시공으로 인한 건물의 가치 하락

a. 저품질 시공으로 인한 피해

서울시 송파구 위례 신도에 위치한 단독주택 부지를 소유하고 있던 건축주 甲은 2019년 자신 소유의 부지 위에 상가주택을 신축하기 위해서 건설사 乙과 공사도급계약을 체결하였다. 건설사 乙은 주변 공인중개사로부터 추천받은 곳이고 가장 저렴하게 공사금액을 제시한 곳이기도 하였다. 건설사 사장의 인상은 호감형이었고 무엇보다 예의가 바른 사람 같아 보였다. 참고로 대개 사기꾼들의 특징은 몸매 관리하고 키 크고 잘생기고 목소리 좋고 특히 예의가 바른 것이 특징이다. 사기 유전자를 그렇게 만들어 온 것이다.

그런데, 이 현장의 문제는 허가도면을 가지고 상세 견적은 없이 부실한 물량내역서를 가지고 개략 견적을 산출한 후 공사도급계약을 체결한 것이었다. 성실한 건설사의 경우 약속한 견적대로 자신이 손해를 보더라도 성실 시공을 해 주겠지만 의도가 나쁜 대부분의 부실 건설사는 반드시 추가 공사비를 청구하는 행태를 보이는 것이 순서이다.

위와 같은 현장의 경우 가령 10억이 들어가는 공사 견적임에도 불구하고 오로지 수주를 위해서 6억 원에 공사를 해 주겠다고 제안한 건설사와 초보 건축주는 도급계약을 체결한 것이었다. 이후 건설사는 공사 진행과정에서 물량내역서에 없는 시공이다. 내역서상의 물량보다 훨씬 많은 자재가 들어간다. 물가가 폭등하였다는 등 각종의 이유를 들어 추가 공사비를 요구한다.

공사중단 및 유치권 행사와 재개를 반복하는 모습에 지친 건축주는 결국 시공사의 공사비 증액 요청을 수용하게 되었다. 즉 남이 하던 현장을 중간에 인수받아 시공해 줄 제대로 된 시공사는 없다는 것을 나중에 알게 된 건축주는 현재 건설사를 내보내지도 못하고 믿지만 설득해 가면서 공사를 진행시킬 수밖에 없었다.

결국에는 최초 약속한 공사비의 두 배인 총공사비 12억 원을 들여서 준공을 내게 되었다. 문제는 건물의 하자가 준공 이후에도 끈임 없이 발견되었고 발생하였다. 골조 하자, 방수 하자, 외벽 하자, 창호 하자, 원목마루 하자, 타일시공 하자, 전기공사 하자, 난방 배관 하자, 승강기 하자, 상하수도 배관 하자, 주차장의 물 빠짐 하자, 심지어는 동호수 표시를 잘못 부착해 놓은 하자까지 발견되었다. 건설폐기물을 인근지에 불법으로 매립한 것까지 알게 되었다.

건축주는 건설사에게 하자보수를 요구하였지만 잔금을 완납 받은 건설사는 사라지고 연락도 두절되었다. 어쩔 수 없이 건축주는 하자를 보수해 줄 다른 업체들을 찾아 나섰지만 남이 시공한 신축 현장의 하자보수 공사를 맡아서 공사해 줄 업체를 찾기 쉽지 않았다. "괜히 송장 만졌다가 살인죄의 누명을 뒤집어쓴다"는 말처럼 부실하게 지어진 건축물에서 추가적으로 발생할 하자, 즉 하자보수업체의 과실에 의하지 않은 하자까지 책임지는 사태를 우려하여 업체들이 부실 신축 현장의 하자보수 공사를 꺼리는 경향이 있기 때문이었다.

b. 예방책

평판도 좋은 성실한 건설사와 도급계약을 하는 것이 가장 중요하고 이에 대해서는 후술하겠지만 하자이행보증서의 확보도 중요하다. 공동주택이라면 하자이행보증서가 준공서류에 해당 되지만 단독주택이나 상가주택의 경우 준공 시 요구되는 서류가 아니기 때문에 말만 믿고 보증서 확보를 소홀히 하는 경우가 있다. 그리고 최초 도급계약체결 시 자재 스펙을 상세히 명기하여 브랜드 본사에서 제공하는 정품자재로 시공해야 한다. 그래야 추후에 본사로부터 직접 AS를 받을 수 있기 때문이다. 그리고 원래는 공사의 완성과 공사잔금의 지불은 동시이행관계에 있지만 도급계약체결 시 하자보수에 필요한 상당 금액은 후불로 약속하여 하자보수가 완전히 이루어진 이후에 최종잔금을 지불하는 것으로 약정하는 것도 방법이다.

내 집 짓고 하자가 발생하면 어떻게 해야 하나?

내 집을 완성했는데 하자보수 문제가 발생했다. 도대체 어떻게 해야 할까? 노후화된 단독주택을 철거하고 여러 문제를 극복하며 집을 지어 어렵게 준공이 난 후 가장 크게 맞닥뜨리는 고민이 바로 하자보수책임이다.

두 가지 사례를 보자. 첫 번째, 종합건설면허가 없는 일반 건축업자에게 단독주택의 신축을 의뢰했다가 준공 13개월 만에 건물에 누수현상이 발생하였다. 시공사에게 하자보수를 요구했으나 이에 응하지 않는다. 단독주택의 하자담보책임기간은 민법 제670조, 제671조의 수급인의 담보책임 규정에 의해 목적물 인도 후 1년간만 담보책임을 부담하게 되어 있어서 법상 하자담보책임을 시공사에게 주장할 수 없는 상황에 직면하게 되었다.

두 번째, 다세대 빌라를 신축 준공 후 몇 개월이 되지 않아 여기저기에서 하자가 발생하였다. 입주민들은 분양계약상의 매도인인 건축주에게 하자보수를 요구했고 이에 건축주는 법적으로 하자담보책임은 시공사에게 있으니 시공사에게 연락하라고 했다. 하지만 시공사는 준공 시 하자이행보증금을 공탁했기 때문에 서울보증보험에 보험금을 요청하라고 한다. 다시 서울보증보험에 연락해 상황을 설명을 해도 이해되지 않는 각종 서류만 우선 준비해 오라고 한다.

이러한 일들을 예방하기 위해서는 도급계약서를 작성할 때부터 신축건물 인도 이후의 담보책임기간을 계약서에 명확히 규정해야 한다. 즉, 종합건설업체 시공대상이 아닌 단독주택이어도 일반규정인 민법 제670조, 671조와 달리 목적물 인도 후 1년보다 장기간의 하자담보책임기간을 명문화해야 한다. 그리고 준공 후 하자보수와 하자이행보증증권의 교부를 잔금과 동시이행으로 약정해야 한다. 잔금을 지불하기 전에 하자감정을 철저히 해 하자보수 공사를 마친 후 하자이행보증증권과 동시이행으로 잔금을 지불하기로 계약서를 쓰는 것이다. 또한 건설산업기본법에 따라 종합건설업체 시공대상인 경우 하자담보책임은 공종에 따라 1년에서 5년까지 시공사가 부담하게 되므로 이를 활용해야 한다.

그러나 직접 하자보수에 응하지 않고 보증보험에 연락하라는 등 문제에 성의를 보이지 않는 경우가 대부분이다. 이 경우 수분양자들은 복잡한 보증보험 청구 절차를 밟을 수밖에 없다. 따라서 시공사의 성실성을 철저히 검증하여 준공 후 뒷마무리까지 성의 있게 해 줄 믿을 만한 시공사를 선택하는 게 중요하다.

보통 도급계약을 체결할 때 국토교통부가 고시한 민간건설표준도급계약서를 이용한다. 국토부도 고시로 표준도급계약서를 만들어 권장하고 있다. 즉, 국토부는 민간부문 건설공사를 발주함에서 발주자와 건설업자가 상호 대등한 입장에서 공정한 계약체결을 권장한다. 건설공사계약의 표준 모델을 보급하기 위하여 건설산업기본법 제22조 제3항에 따라 민간건설공사 표준도급계약서를 고시하고 있다. 그러나 건축 경험이 없는 일반건축주와 건설 현장에서 수많은 경우의 수를 경험한 시공자가 공평도급계약을 체결한다는 것 자체가 모순이다. 표준도급계약서에 관한 상세한 설명은 후술한다.

〈서울경제 기고문〉

V.
건축사업의
성공법칙

내 집을 건축할 때 만나게 되는 사람들

건축주 A는 오랫동안 내 집을 지어 보고 싶은 생각을 하고 있었다. 경험은 없지만 정년 퇴직 후 퇴직금으로 다세대주택을 지어 월세 수입으로 노후생활을 하고자 한다. 이때 건축주 A는 직접 주택 건축을 하기 위해서는 어떤 사람들을 만나고 어떤 서비스를 받아야 하며, 또 무엇을 알고 있어야 할까. 과정별로 만날 사람과 할 일을 정리하면 각 과정마다 전문가의 도움이 왜 필요한지 알 수 있다.

맨 처음 건축기획 단계에서 컨설턴트(자문)를 만나게 된다. 여러 유형의 자문역들이 있지만 개발사업 성공 경험자에게 자문을 받는 것이 가장 좋다. 공인중개사도 대지를 구매하거나 분양할 때 필연적으로 만나게 된다. 계약 관련 전문적인 검토를 매번 받을 수 있는 건설 전문 계약관리자를 알아두는 것이 좋다.

건축사는 계획설계, 인허가, 실시설계 부분을 담당한다. 건축사무소는 직원 1,000명이 넘는 곳부터 1인 건축사까지 다양하다. 규모가 있다고 꼭 우수한 설계 서비스를 받는 것은 아니고 담당자의 경력과 실력이 중요하다. 작품성을 추구하는 아뜰리에 사무소는 설계 기간이 길고 설계비가 높은 경향이 있다. 그렇다고 설계비가 저렴하다고 반드시 좋은 것만은 아니다. 그만큼 결과물의 서비스가 줄어들 수 있다. 최근에 설계한 결과물과 현장을 보고 3곳 이상의 견적을 비교한 후 선정하는 것이 좋다. 시공자가 직접 추천하는 건축설계사무소는 고르지 않는 것이 좋다. 유착의 가능성이 있다. 우리나라는 설계와 시공의 분리 발주를 원칙으로 하고 있다.

시공자와 하도급업체는 설계도서대로 시공하는 사람이다. 절대 마음대로 구조나 재질을 변경할 수 없다. 도면에 표기되어 있지 않거나 서로 상충하는 시공은 감리자 또는 설계자에게 확인하여야 한다. 실제 시공하는 사람은 하도업체(전문건설업체)이고 현장대리인(현장소장)은 시공관리만 한다. 그들은 건축주를 도와주는 자선사업자가 아니고 이윤을 추구하는 기업인임을 유념해야 한다.

자금력이 부족할 경우, 은행 대출 관계자가 필요할 경우도 있다. PF(Project Financing)를 받을 때 프로젝트의 사업성을 검토해 주는 역할을 한다. 최근에는 P2P(Peer to Peer) 대출이 급부상하고 있다. 다만 기성관리에 소홀한 경우가 많아서 연체 발생에 우려가 있다.

감리자는 시공자가 설계도서대로 시공하는지를 감독하는 사람이다. 소규모 건축물은 상주감리가 아니므로 철근배근과 콘크리트 타설 시에만 현장을 방문한다. 따라서 구조체의 품질만 관리된다. 이러한 이유로 CM이나 감독관이 필요하다. 과거에는 설계자가 주로 했으나 최근에는 감리공영제로 지역 감리자가 하기도 한다.

그밖에도 구청 등의 허가권자가 있다. 건축주를 대신해 설계, 시공을 전문지식하에 관리 감독하는 감독관은 감리자와 달리 기술적인 면을 관리한다. 상황에 따라 대지 주변의 민원인 등도 만날 수 있다.

이렇듯 많은 사람을 만나야 하고 사람들을 검증하기 위해 많은 수고와 노력이 들어가는 것이 건축이다. 시공 기술 감독관이나 설계 감리자에 개별 용역을 맡기는 것 또한 비용이 상당하다. 따라서 관련 서비스를 통합 관리해 주는 시스템을 활용해 비용과 시간을 절감하는 편이 유리하다.

1.
미래가치 있는 건축 입지의 선정

가. 임대사업과 집값 상승에 유리한 입지

농업사회에서는 곡식이 산출되는 농지의 가치가 높았다. 서울 같은 도시의 땅값이나 농지의 가격이나 큰 차이가 없었던 것이다. 2차산업의 발달로 도시화가 진행됨에 따라 직장이 있는 서울과 같은 대도시의 부동산 가치가 높아지게 되었다. 앞으로는 어떻게 될 것인가? 연봉 높은 직장과 가까운 곳, 연봉이 높은 지역으로 교통망이 연결된 곳, 그리고 국가에서 육성하는 업종의 미래 산업체가 들어설 핵심지의 부동산 가격은 계속 오를 것이다. AI, 로봇 관련한 IT 산업의 중심지, 바이오산업의 중심지 그리고 여전히 금융산업의 중심지가 유망하게 되었다.

서울시가 발표한 '서울비전 2030' 프로젝트를 살펴보면 6대 융복합 산업거점과 신성장 산업거점을 포함한 서울시내 19개 중심지와 4대 혁신축의 활성화 계획을 볼 수 있다. 관련 회사들이 입주해 사업을 영위할 수 있는 여건, 즉 교통시설, 기반시설, 업무시설 등을 조성하고 기업지원 정책을 펼치겠다는 계획이다. 이곳을 중심으로 양질의 직장들이 계속 모일 것이다. 아파트는 양질의 직장과 출퇴근 거리가 30분 내 위치해 있는 직주근접의 입지가 유망할 것이고 자녀가 없는 1~2인 가구가 거주하는 소형주택은 19개

권역별 중심지

19개의 중심지를 집중육성하여 4대 혁신축 활성화

중심지 도보거리가 되는 배후지가 유망할 것이다.

  본인이 오랜 기간 거주한 동네가 가장 좋아 보이겠지만 건축행위도 개인적으로 볼 때는 큰 사업인 만큼 객관적인 관심을 가질 필요가 있다. 양질의 직장과 거리가 멀지만 생활환경 내지 자연환경은 양호한 노후주택에 거주하고 계시는 분들과 신축 상담을 하는 경우가 많다. 건축의 목적이 실거주 목적이라면 그 자리에서 신축하셔도 되겠지만 월세를 받는 임대사업을 할 목적으로 신축하는 경우라면 임대사업도 사업인 만큼 그 자리를 처분하고 다른 유망지에 부지를 매입하여 건축하는 것이 바람직하다는 상담을 한다.

  나. 주택이 아파트로 바뀔 수 있는 입지

  신축의 목적은 여러 가지가 있다. 신축 후 월세 등의 수익을 얻을 목적, 다세대나 나홀로 아파트 신축 후 분양사업을 할 목적 등 다양하다.

구축인 단독주택을 매입하여 철거 후 다세대주택을 신축 후 일부는 분양하고 일부는 실거주할 목적으로 신축하는 사람들도 많다. 그렇다면 분양도 잘되고 실거주에 적합한 지역은 어디일까? 서울시내 19개 중심지 인근은 분양은 잘되겠지만 경기 침체기에는 분양이 전혀 안 될 수 있다. 항상 분양이 잘되는 지역은 어디일까? 재개발 정비사업의 가능성이 있는 지역이다. 그중에서도 위 19개 중심지로의 이동이 편리한 전철 역세권일 것이다. 이러한 지역을 파악하기 위해서는 정비사업의 요건을 공부해야 한다. 역세권 개발의 종류와 요건, 민간재개발, 공공재개발, 신속통합재개발, 도심복합사업, 가로주 택정비사업, 모아타운 정도는 정밀하게 공부할 필요가 있다. 내가 신축한 다세대주택에서 월세를 받고 있다가 모아타운으로 지정된다면 대박사건이다. 조합설립 이전에 다물 권자는 2~3채를 남겨 놓고 나머지는 어느 정도 프리미엄을 받고 처분할 수 있다. 두어 채 남은 물건은 추후에 아파트로 바꿔 탈 수 있기 때문에 자산 가치는 서너 배가 더 오르는 것이다. 사전증여의 수단으로 쓰기에도 유용하다. 세대 분리된 자녀들에게 한 채씩 증여한다면 추후에 아파트로 변경되기 때문이다.

그리고 본 서의 앞부분에 중랑구 망우동 신축 사례에서 일부 언급했듯이 정비사업 가능지를 선점하여 신축사업 후 임대사업을 하다가 추후에 그 지역이 정비사업지로 지정된다면 신축건물의 자산 가치는 서너 배 이상 오를 것이다.

이러한 입지에 대한 분석을 위해서 닥터빌드 아이콘 프로그램을 구축한 것이다. 재개발, 재건축, 모아타운, 신속통합재개발, 종류별 역세권 개발 등의 요건을 검토하고 사업성까지 분석할 수 있는 대부분의 기능을 무료로 이용할 수 있다. 그리고 닥터빌드 유튜브로 아이콘의 이용 사례를 영상으로 촬영하여 업로드하였다. 닥터빌드 유튜브와 친하게 되면 정비사업 전문가가 될 수 있을 것이다.

2.
가설계를 통한 규모 검토

가. 부실한 가설계의 문제점

건축부지를 매입하여 다세대주택 등을 건축을 하고자 하는 예비 건축주나 자체 소유 부지에 소규모 건축을 하고자 하는 지주는 먼저 가설계 내지 건립 규모 검토를 해 보는 것이 일반적이다. 즉 토지를 매입하여 건축사업을 할 수 있는 여건이 되는지, 부지를 소유하고 있다면 시세대로 매각하는 것과 건물을 지어서 분양하는 것 중 어느 쪽이 이익이 되는지를 가설계를 통한 수지분석 결과로 판단하고자 한다. 그런데, 가설계에 오류가 있다면 건축규모 검토의 오류가 생기게 되고 수지분석까지 영향을 주게 된다. 일반적으로 진행되는 무료 가설계의 경우 충분한 연구 없이 탁상에서 기본적인 건축법만을 근거로만 작성하여 부정확한 경우가 대부분이다. 그리고 소규모 재건축에서 부지 사이즈가 작고 구시가지에서는 부정형의 토지가 많기 때문에 건축사의 실력에 따라 주차장 한 대 정도는 부족하게 설계하는 경우가 있다. 그런데 주차장 한 대를 추가로 구성할 수 있다는 것은 세대수를 한두 세대 더 설계할 수 있다는 의미이고 사업의 성패를 좌우할 정도로 중요한 영향을 미친다.

또한 평면구성을 어떻게 하느냐에 따라서 분양성에 지대한 영향을 미친다. 가령 다세대 8세대를 설계한 가도면의 경우 4세대의 거실을 북향으로 내었고 식탁 놓을 자리가 마땅치 않고 양문형 냉장고를 설치할 공간도 안 되고 부엌 공간 옆에 다용도실도 전혀 없고 화장실 공간이 안방 공간에 기형적으로 앉혀져 있는 도면이 많다. 이를 조금만 손본다면 북향 세대는 동향으로라도 배치할 수 있고 식탁공간과 냉장고 공간도 확보할 수 있다, 부엌 옆에 다용도실을 배치하고 화장실 공간도 다시 배치해서 안방이 사각형으로 나올 수 있게 구성할 수 있다. 건물의 코어배치를 조정하면서 주차공간도 추가로 그려 내게 되면 건립세대수가 늘어날 수 있다. 일정 높이 이상 경사진 땅이라면 이를 잘 활용한다면 1층 같은 지하층도 추가로 구성할 수 있다. 지하층은 용적률에 포함되지 않는다.

그리고 평범한 건축사들은 빌라를 설계할 때 다세대형 도시형생활주택으로 거의 설계를 한다. 좀 더 연구하는 건축사는 필지가 나뉘어 있는 것에 힌트를 얻어 자율주택정비사업으로 구성하거나 결합 건축을 시도해서 세대수를 더 많이 구성한다. 사업성이 전혀 안 나오는 현장이라도 가설계 계획에 따라 사업매출을 수억에서 수십억 이상 더 나올 수 있게 할 수도 있다.

외관 디자인도 마찬가지이다. 빌라촌의 빌라 스타일이 아닌 유럽 스타일로 모던한 디자인을 추구하거나 레트로 타입을 입혀서 수분양자의 감성을 자극하는 디자인도 있다. 건축사에 따라서 주차 동선도 큰 차이가 난다. 주차공간은 확보되어 있으나 스타렉스 같은 차량은 주차 각이 맞지 않아서 도저히 주차할 엄두도 안 나게 구성된 가도면도 있다. 지역에서의 선호도나 수요에 따라서 2룸이 평단가가 높은 경우가 있고 3룸이 평단가가 높은 지역도 있다. 매출에 큰 차이가 날 수 있다.

결국은 지역에서 가장 평 단가가 높은 평형으로 구성하고 거주하기에 가장 편리한 평면구조로 설계하고 주차 동선을 최대한 배려하고 세대수를 최대한 확보하고 인테리어나 익스테리어 감각도 있는 건축사를 선정해야 한다.

같은 부지를 놓고 3개 건축사에게 가도면을 그리게 하고 이를 사업수지표에 대입을 시켜 분석해 보면 3개 스타일 별로 수억 원씩 사업성의 차이를 보이는 경우가 많다.

다시 요약하면 해당 사업부지의 건축 규정에 어긋난 오류 설계나 무성의한 설계로 사업의 수지분석을 진행할 경우 분양매출, 전세매출 등의 손실이 보게 된다. 특히, 사업 성패를 좌우하는 요소 중 분양면적, 분양 세대수, 주차대수 등의 오류는 사업상 치명적 손실의 원인이 된다.

나. 대안

일반적으로 진행되는 무료 가설계의 경우 충분한 연구 없이 탁상에서 기본적인 건축 법만을 근거로만 작성하여 부정확한 경우가 많다. 부정확한 가도면은 수지분석의 오류를 일으켜 소규모 건축사업에서 향후 수억 원에서 수십억 원 상당의 재산적인 미래가치 손실을 가져오는 원인이 된다. 즉 해당 사업부지의 건축 규정에 어긋난 오류설계로 사업의 수지분석을 진행할 경우 분양매출, 전세매출 등의 손실이 불가피하게 된다. 특히, 사업성패를 좌우하는 요소 중 분양면적, 분양 세대수, 주차대수 등의 오류는 사업상 치명적 손실의 원인이 된다.

따라서 사업성 분석에 따른 가설계 또는 건축계획안 작성 시 성실한 가설계업체 선정하여 현장 방문 후 지형을 실사하고 인·허가를 위한 해당 관청의 규정을 해당 지자체 건축과 책임자와 직접 소통하여 확인하도록 하여야 한다.

사업규모 및 건축물의 용도에 적합한 전문적인 건축사무소 여러 곳(2~3곳)에 가설계 이상의 디테일을 요구하는 건축계획안 작성을 유료로 의뢰하여 사업부지에 해당하는 건축법령의 규정과 외관 디자인 또는 동선 등의 자문을 의뢰하는 것이 바람직하다. 다만 강남급 건축사무소가 아니라면 틀림없이 부실한 가설계 결과를 얻을 것이다. '닥터빌드'는 오랜 경험을 통해서 부지와 건축 용도에 특화된 전문 건축사 풀을 가지고 있다.

노후 빌라 재건축(신축 2개 동) 대상인 동일한 부지에 대한 A 건축사 가도면과 B 건축사의 가도면 비교

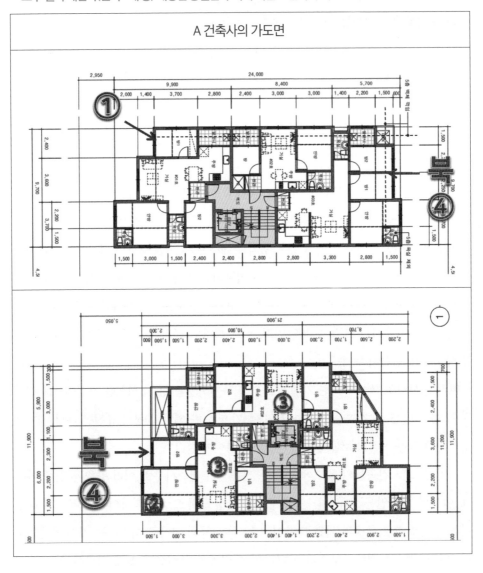

B 건축사의 가도면

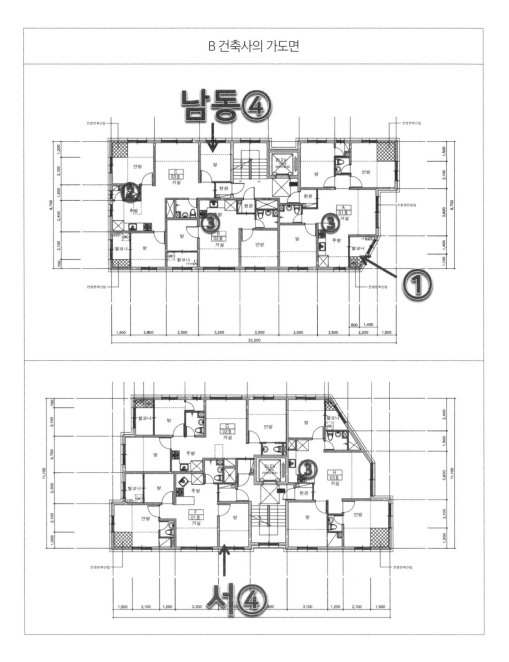

※ A 건축사의 가도면보다 B 건축사의 가도면이 우월한 점

① A 건축사의 설계안은 5층 외벽 부분이 안쪽으로 꺾여 있지만 B 건축사의 설계안은 5층 부분 벽체 꺾임이 없음. 1호 라인 남향으로 10세대가 위치

② 1호 라인 안방의 욕실 위치 변경으로 안방이 넓어짐

③ 주방에 식탁 놓을 수 있는 공간이 생김

④ 주방 옆에 발코니가 있어 공간 활용도가 높아짐

⑤ 작은방 드레스룸으로 쓸 수 있는 공간 확보

⑥ 3호 라인의 경우 기존 북향 대신 남동향과 서향으로 배치되어 일조권이 좋아짐

다. 이른바 허가방 설계도면의 문제점과 대응방안

건축허가를 "득(得)"하기 위한 최소한의 도면 분량으로 저렴한 설계비로 본 설계가 진행되는 경우가 많다. 대개의 경우 건축주는 "건축허가도면"을 기준으로 시공비 산출을 의뢰하여 공사비의 개략 금액을 산출한다. 그런데 **개략 금액으로 공사비를 확정하여 계약하는 것은 추후 설계에 없는 시공을 이유로 한 추가 공사비 요구 원인이 되고 상세도면이 없어 품질검수 불능의 원인**이 된다.

보통 그렇게 하듯이 건축 인·허가도면만으로 건축시공을 진행할 경우 다음과 같은 문제점이 발생할 수 있다.

마감 상세도면의 누락으로 정성적 견적에 따른 시공 업체별 금액 차이가 발생하여 부실시공의 원인이 된다. 설계도 불충분으로 부실시공의 원인이 되고 책임의 한계가 불분명해진다.

공사 진행 중 건축주의 기본 요구에도 불구하고 공사금액 증액 요청을 할 확률이 높다. 도면의 불충분으로 품질관리의 어려움이 있다. 허가도면만으로는 상세도 및 마감자재 등급의 별도 표기가 없어서 공사비 산정에 어려움이 있다.

건축허가도면 이외에 실제 시공이 가능한 마감도면 추가와 내역서, 수량산출서 작성이 필요한데, 이 경우에는 설계비가 증가하게 되며, 연면적에 따라 설계사무소마다 다소 차이가 있다. 다만 설계비는 총사업비에서 차지하는 비중이 크지 않기 때문에 상세설계도서를 작성하는 것이 사업상 유리하다. 참고로 건축설계를 하는 경우 건축사사무

소는 여러 협력업체와 공동작업을 하게 된다. 필요시 토목설계업체, 구조설계, 기계설계, 전기, 소방설계업체, 디자인업체, 물량산출업체들과 협업하게 된다. 허가도면만 작성하는 경우 이러한 전문업체들과의 협업이 제대로 이루어지지 않는다.

허가도면 외 실시설계도서를 추가로 작성하고, 그에 따른 물량산출서를 근거로 내역서를 작성해야 한다. 건축주 요구사항을 설계도면 및 특기시방서에 반영 후 내역서와 계약 특수조건을 작성하여야 한다.

내역서를 근거로 정확한 견적 산출이 가능하게 되면 설계도서를 바탕으로 품질관리 및 기성율 평가가 용이하다는 효과가 있다. 내역서를 근거로 공사 진행 시 부당한 추가 공사비 지출을 줄일 수 있다. 내역서를 근거로 계약할 경우 시공사의 불법행위에 따른 공사중단 시 시공비 정산 및 하자 관련 소송제기 시 대응하기 유리하다.

결론적으로 어디 소개로 무료로 받아 본 가설계를 기준으로 수지분석을 한 후 부지매입을 결정하면 안 된다. 여러 곳의 건축사무소로부터 유상으로 가설계를 받아 본 후 규모 검토의 정확도를 판단하거나 닥터빌드의 자문을 받아야 한다. 그리고 허가도면으로는 시공 견적 자체가 불가능하다. 그리고 건축 시 물량을 산출할 수 있는 상세도면이 필요한 것이다.

> ### 초보 건축주를 위한 건축 네비게이션, 건축계획안
>
> 내 토지에 집을 짓고 싶은데 과연 어떤 규모와 형태로 얼마나 비용이 소요될지 궁금하다. 그런데 도대체 어떻게 해야 할지 방법을 모르겠다면 어떻게 해야 할까?
>
> 먼저, 건축하려는 목적을 정해야 한다. 분양목적인지, 임대수익목적인지, 실거주를 목적으로 하는 주택인지에 따라서 건축물의 외관과 자재가 정해지고 구조가 달라지기 때문에 물을 지으려면 그 목적을 명확히 할 필요가 있다.

두 번째로 법령을 정확히 검토해야 한다. 지자체별로 다른 법령검토를 잘못해서 용적률의 손실을 보는 건축물이 의외로 많다. 앞에서 정한 목적을 가지고 주거용 건축물인지, 분양대상 건축물인지, 상가건축물인지, 임대목적 건축물인지 해당 용도에 따라 전문 건축설계사 사무소와 건축물 디자인 전문가를 찾아 건축계획안을 작성해야 한다.

세 번째로는 예상되는 비용을 잘 정리해야 한다. 건축할 때 공사비 이외에 들어가는 비용들이 상당하다. 보통 세세한 비용 항목에 대해서는 놓치는 경우가 있어서 낭패를 보기도 한다. 따라서 건축 시작부터 보존등기할 때까지 전체적인 관점에서 예산을 작성해야 한다.

이런 예산작성의 시작은 정확하게 만들어진 건축계획안에서부터 시작된다. 다음과 같은 건축계획안 실패 사례를 보고 반면교사 삼아야 한다.

(1) 가설계를 받아서 설계사무소에서 허가도면을 만들어서 건축허가를 신청했다. 소개받은 시공사를 통해 시공했는데, 나중에 알고 보니 5층을 지을 수 있는 땅에 4층밖에 짓지 못한 것을 알게 됐다.

(2) 200% 용적률이 적용되는 부지에 건축사사무소의 검토 결과대로 설계했다. 나중에 알고 보니 북쪽에 3m 폭의 도로가 있었는데 이를 후퇴선까지 고려하여 4m 도로폭이 인정된다는 걸 몰라 건축주는 결국 용적률 10% 이상을 손해 보고 말았다.

(3) 어렵게 준공해 임대사업을 하고 있다. 그런데 지은 지 3년밖에 안 된 집이 지은 지 10년은 된 것처럼 급격히 노후해 보인다. 건축물 외부 디자인과 외장재에 덜 투자한 결과였다. 건축주는 건축계획 단계에서부터 주택의 목적에 맞는 건축계획을 했다면 임대수익률을 더 높일 수 있을 거란 아쉬움을 삼켰다.

(4) 빌라를 어렵게 준공해 분양을 개시했다. 그런데 투룸에 비해 쓰리룸이 분양 성과가

좋지 않았다. 그 지역에서 쓰리룸이 거래가 잘 이루어지지 않는다는 것을 사전에 파악하지 못했기 때문이다. 분양을 위한 건축물은 지역에 맞는 구조와 외관을 건축계획해야 했던 것이다.

이처럼 건축주의 의도, 건축의 목적, 확보 예산이 적정한지 판단하기 위해서는 합리적이고 과학적인 건축계획안을 작성해야 한다. 건축계획안은 전문 건축사와 충분한 의사소통을 통해서 이뤄진다. 집 짓다가 10년 늙지 않기 위해서는 시작을 잘 준비해야한다.

〈서울경제 기고문〉

3.
사업수지분석

소규모 건축사업에서도 지출되는 항목과 분양을 통한 매출을 비교해서 남은 이익은 얼마일지를 계산해 보고 건축사업 여부를 결정해야 한다. 초보 건축주들은 부동산 집값은 무조건 오르는 경향이 있고 집 장사로 손해 보는 경우는 없다고 생각하여 사업부지를 무리하게 구입하여 사업을 진행하는 경우가 너무나 많다. 소규모 건축사업을 하려고 할 때에도 사업성을 분석하기 위해서 수지분석표를 작성해야 한다. 수지표를 어떻게 작성해야 하는지 방법을 알아보자.

예를 들어 대지 69평짜리에 8세대의 다세대주택을 신축하고자 했을 때, 신축사업 시 검토에 필요한 항목은 무엇이 있으며 어떻게 각 항목을 검증해야 하는지에 대하여 설명해 보겠다. 이번에는 토지비와 공사비에 대하여 설명한다.

첫째, 토지 매입 시 발생하는 비용으로는 토지원가, 취등록세, 부동산 수수료, 법무사 비용, 토지 잔금 대출 시 수수료 등이 있다. 토지를 구입하는 경우 토지 위에 구건물(철거대상)이 있다면 이에 따라서 취등록세가 달라진다. 나대지인 상태로 토지를 매입 시 4.6%를 지불하지만, 구축이 10개의 다세대라면 각 세대별 가격에 따라서 1%~3%로 달라진다. 따라서 토지의 총 구입원가가 달라진다. 또한 지주작업을 통해서 토지를 매입하는 경우에는 지주작업을 한 측에서 지주 작업비를 추가로 요청하는 경우도 발생하므로 이를 비용으로 고려해야 한다.

두 번째, 공사비를 수지표상 반영해서 검토해야 한다. 공사비는 보통 직접공사비와 간접공사비로 나누어진다. 직접공사비는 인건비+재료비 등 실제 건물을 신축하는 데 발생하는 설계상의 건축물 공사에 들어가는 금액이며 간접공사비는 각종 인입비, 각종 보험료, 분담금, 철거비 및 지장물 처리비 등이 있다. 이 부분에 대하여 추가로 설명하면 은행별로 대출 실행 시 직접공사비만 기준으로 대출을 하는 경우도 있고 직접공사비와 간접공사비 합계 금액을 기준으로 대출을 진행하는 곳도 있다는 것에 주의해야 한다. 따라서 수지표상 구별해서 기재한다.

마지막으로 공사를 함에 있어서 발생하는 설계비 및 감리비 등도 건축원가에 포함이 되는 것이므로 수지표상 반영이 되어야 하며, 이런 금액들은 건축물의 가격에 가산이 된다. 상기에서 언급한 내용들은 사업수지표상 반영이 되어 사업성을 판단하는 기준이 되므로 이에 대하여 반드시 숙지하고 있어야 한다.

이번에는 수지분석표상 '매출'에 해당하는 분양가의 조사 및 분석에 대하여 설명하겠다.

대지 69평짜리에 8세대의 다세대를 신축한다고 가정해 보자. 신축사업 시 분양가의 조사는 사업의 매출을 결정하는 중요한 항목이므로 이를 객관적으로 조사하고 분석하는 것은 사업의 성패를 결정한다.

먼저 건축도면을 중심으로 전용면적, 실사용면적에 대한 정확한 파악을 해야 한다. 보통 전용면적은 허가를 받는 면적이며 실사용면적과는 다르다. 실사용면적의 개념은 발코니 확장을 포함한 면적으로 실거주자가 실제로 입주를 하여 생활을 하는 경우 사용하는 모든 면적을 의미한다. 분양가의 조사에 있어서 기준이 되는 것은 전용면적이라기보다는 실사용면적이 된다.

또한 평수가 동일하다고 해서 분양가가 항상 동일한 것은 아니다. 일반적으로 층과 향이 분양가에 영향을 미치지만 주택 내부의 옵션사항, 즉 부엌 가구는 어디 제품인지, 냉난방기 설치 여부, 각종 붙박이 가구의 설치 여부 등을 잘 파악해야 한다. 수분양자나 임차인의 선호도에 영향을 미치는 부분이므로 이런 부분에 대한 정확한 조사 및 분석이 이루어져야 정확한 매출의 산정이 가능하다.

마지막으로 토지의 지분이 얼마나 포함되어 있는지가 분양가에 영향을 미치게 된다. 보통 주택의 분양가는 토지비+건축비+기타사항으로 구성되는데 이 가운데 토지비는 토지지분이 많을수록 상승하므로 분양가가 상승한다. 따라서 같은 평수라면 토지지분이 높은 주택이 분양가도 높은 것이다.

상술한 바와 같이 수지표상 매출을 구성하는 분양가에 영향을 미치는 많은 요인이 있으므로, 이를 잘 이해하고 분양가의 조사 및 분석을 해야 정확한 사업수지를 알 수 있다.

다음의 수지분석표는 소유주가 자신의 노후 주택을 철거하고 다세대 빌라를 신축하는 사업의 수지표이다.

수지표는 다음 QR코드에서 다운 받을 수 있다.

구축이 3개 필지(112.23평)로 나뉘어 있었다. 구축을 철거하고 다세대 빌라로 신축하는 사업이다. 부지의 현황과 공법적 제한, 즉 용도지구, 설계상 가능한 규모인 해당 부지의 용적률과 건폐율, 가설계상 나온 건물의 연면적, 건축규모, 세대수, 시장 조사를 통해서 산출된 신축건물의 평당 분양가, 그리고 건축비를 기재하였다.

매출표는 다음 QR코드에서 다운 받을 수 있다.

매출표에는 가설계상 나타난 세대수와 세대별 평형대 그리고 시장 조사를 통한 예상 분양가를 곱하여 총매출 합계 49억 6천 2백만 원이 산정되었다.

투입원가표는 다음 QR코드에서 다운 받을 수 있다.

투입원가표에는 신축건물의 취등록세 법무사비용, 보존등기비용 등을 기입한다.
그리고 직접공사비를 기입하고 간접공사비 즉 가스수도 등의 인입비, 상하수도 분담금, 철거비, 토목공사비, 진입로 공사, 주변도로 개설 공사, 공원조성 공사등 인허가 조건부 공사비를 1억 정도 예상하여 기입한다.

공사비 부분은 섭외 중인 건설사의 가견적을 기초로 기입한다.

예상되는 설계비는 건축면적 평당 13만 원, 감리비는 평당 10만 원을 기입하였다.

일반 분양분을 분양하기 위한 세대별 분양보수는 2천만 원, 분양 광고비도 기입하였다. 공사민원이 예상되기 때문에 예상되는 소정의 민원 처리비도 기입하였다. 소규모 건축사업인 관계로 시행사 일반관리비는 건축주의 무상노동으로 입주관리비는 분양보수 안에 포함시켜서 비용을 계산하지 않았다.

제세 공과금 즉 준공 이후 보존등기비는 취득세 부분으로 투입원가에 3.2%를 곱했고 대환대출 시 근저당권설정비용은 원래 대출기관에서 부담하기 때문에 비용으로 계상하지 않았다. 등기 시 납부하는 주택채권매입비, 소규모 사업이기 때문에 구옥이 철거된 나대지에 대한 종부세는 부과되지 않는 것으로 판단하였다. 농어촌특별세는 취득세에 부과 되는 세금이다. 그리고 토지분 대출에 대한 이자, 건축사업을 위한 시설대 대출에 대한 이유를 기입하였다.

이렇게 산출된 지출 총합계는 16억 1천 6백만 원이다. 분양매출은 69억6천 2백 원으로 세전이익은 33억 4천 5백만 원이다.

본 수지표는 구옥건물을 이미 소유하고 있는 건축주가 신축사업을 하고 매각처리했을 경우에 대한 사업수지표이다.

만약 이 땅을 매입하여 사업을 진행할 경우 그리고 토지비와 토지취득비용이 23억 4천 5백만 원이 들어간다면 가정하면 주택신축판매사업을 통한 세전이익은 10억 원이 된다.

보통의 경우 주택신축사업을 하는 건축주는 자신의 부지를 그대로 매각하자니 다주택자로 양도세가 부담되고 기대출금이나 전세보증금을 내주고 나면 손에 쥐는 금전이 별로 남지 않기 때문에 신축사업을 진행한다. 사업소득세를 내더라고 수억 원에서 수십억 원의 사업수익이 나온다면 이러한 사업을 당연히 진행하게 된다.

원룸 신축 시 가전 및 가구는 취득가액이 될까?

오래된 원룸 건물을 매입하여 도배, 장판 등 깨끗이 정비하고 세탁기, 냉장고, 침대, 책상 등을 신형으로 추가하여 건물을 몇 년간 운영, 임대료 수익을 확보한 이후 매각해 차익을 얻고자 한다.

보통 노후화된 원룸 건물을 매입할 경우 어느 정도의 정비 비용은 들어가기 마련인데, 그렇다면 매각 시 이런 투자비용은 취득원가에 가산되어 양도차익에서 공제를 받을 수 있을까? 세금이 많이 발생할 수도 있으므로 임대사업을 하려고 계획하고 있다면 공제 여부를 반드시 알아야 한다.

먼저 양도소득에서 공제 받을 수 있는 경비는 부동산 등의 취득에 소요된 비용임을 알아야 한다. 이에는 토지나 건물 전세권, 지상권이나 임차권의 취득에 소요된 비용이 있다. 이런 부분은 취득가액에 가산이 되므로 당연히 양도소득에서 공제가 된다.

다음으로, 자본적 지출이라는 항목이 있다. 건물의 내용연수를 연장시키거나 건물가치를 증가시키는 데 소요된 비용을 뜻한다. 예를 들어 엘리베이터 설치, 냉난방 설비 설치, 건물의 증축 등에 소요된 비용이 이에 해당한다. 추가적으로 부동산의 소유권 확보에 소요된 소송비용이나 용도변경에 소요된 비용 등도 광의적 의미의 자본적 지출로 볼 수 있다. 부동산을 취득하는 데 발생한 비용, 법무사 수수료 및 취득세 및 부동산 수수료, 양도 시 발생한 부동산 수수료 등도 양도소득의 공제대상이 된다.

그러나 일반적으로 노후화된 건물을 구입해서 냉장고, 에어컨, 신발장 등을 설치하는 경우 이에 해당하는 비용은 양도소득에서 공제되는 항목이 아니다. 그러므로 이를 예상하지 못하고 과도하게 비싸게 돈을 들여 설치했다면 추후에 양도 시 과도한 세금을 부담하게 될 수 있음에 유의해야 한다.

그러므로 건물을 매입해서 리모델링 또는 수선 등을 할 경우 전문가의 도움을 받아 꼼꼼히 예산을 작성하고 집행하여야 하겠다.

〈서울경제 기고문〉

내 집 짓는 데 3.3㎡(1평)당 건축비는 얼마나 들까?

집을 지으려고 하는데 3.3㎡(1평)당 건축비용이 얼마나 될까? 응당 건축주라면 3.3㎡당 공사비가 과연 얼마나 될지, 그 밖의 부대비용은 얼마나 들어가는지 파악을 해야 한다.

우선 집을 짓는 데는 공사비 이외에도 설계비, 감리비, 인입비 등의 비용들도 발생한다. 보통 공사비라고 하는 직접적으로 집을 짓는 데 들어가는 비용만 생각하면 낭패를 보기 십상이다.

먼저, 집 짓는 첫 단계에서 설계비가 발생한다. 건축뿐만 아니라 기계, 전기, 소방, 구조 부분의 설계비가 발생한다. 이는 주택에 들어가는 전기나 기계, 소방 등은 건축사가 직접 설계를 하지 않고 전문 외주업체에서 작업하기 때문이다. 또한 건축설계에도 철근, 콘크리트 물량이 얼마인지 내부 마감재료는 어떤 브랜드, 어느 수준의 품질로 하는지 구체적인 내용을 반영하면 그 수준에 맞는 설계비가 발생한다.

반면 허가도면 수준으로 설계하면 설계비는 많이 저렴해지지만 이런 도면은 누락된 부분이 많을 수밖에 없다. 따라서 부실한 도면을 기준으론 정확한 공사비를 산정할 수 없으니 적정한 설계비를 지급하고 제대로 된 도면을 납품받아야 한다.

두 번째, 건축공사비가 발생한다. 건축공사비를 산정할 때 보통 3.3㎡당 500만, 600만 원이라고 하지만 이런 방식으론 건축공사비는 정확히 계산할 수 없다. 건축물의 규모, 지역, 도로 여건 등에 따라 공사비가 천차만별이기 때문이다. 일반적으로 건축물의 규모가 작고, 도로 여건이 나쁜 관계로 공사 여건이 좋지 않으면 평당 공사비는 3.3㎡당 500만 원에 가능한 공사비도 600만~700만 원으로 증가하곤 한다.

또한 건폐율, 용적률, 일조권 등만을 고려해 산정한 면적을 가지고 3.3㎡당 공사비로 계산하면 안 된다. 발코니 확장, 다락 등의 면적까지 공사비에 포함되기 때문에 이와 함께 건축공사비를 산정해야 한다.

세 번째, 토목공사비가 발생한다. 보통 건축공사비는 고려해도 토목공사비도 들어간다는 건 생각하지 못하는 경우가 많다. 신축공사를 하려고 하는데 구옥을 철거했는데 대지에 예상하지 못한 문제가 발생하는 경우가 많다. 따라서 반드시 토목설계나 토목공사에 대한 비용도 건축공사와는 별도로 예산을 잡아야 한다.

네 번째, 철거비가 있다. 철거비는 보통 대형 철거 장비 반입이 가능한지, 폐자재 반출의 난이도에 따라서 크게 달라질 수 있다. 만약 도로가 비좁아서 대형 장비 반입이 어려울 때 순수 인력으로 철거하고 반출해야 한다면 얼마나 큰 비용이 발생하겠는가. 따라서 철거비도 건물의 규모만으로 판단할 순 없다.

또한, 건축행위에 반드시 부담해야 하는 비용들이 존재한다. 인입비, 감리비, 사용승인 특별검사비, 도로점용부담금 등이 있는데 이러한 비용들은 앞에서 언급한 금액에 비하면 절대 금액은 아니지만 항목이 다양하므로 충분한 예산을 확보해야 전체 건축비용을 파악할 수 있다.

집을 지으려면 위에서 언급한 모든 항목에 따른 비용을 산정해 예산을 잡아야 하므로 경험이 없는 사람이 건축계획을 하면 시행착오가 많을 수밖에 없다. 따라서 이런 시행착오를 줄이기 위해서는 전문가의 도움을 받아 건축예산을 결정해야 누락된 항목 없이 예산이 모자라는 문제가 없을 것이다.

〈서울경제 기고문〉

건축설계 계약할 때 주의할 것은?

집을 지으려는 계획을 실행하려면 건축사와 건축설계 계약을 맺어야 한다. 그런데 잘 모르는 부분이라 어떻게 체결해야 할지 고민이 이만저만 아니다. 어떻게 해야 할까?

먼저, 건축물의 설계표준계약서를 활용한다. 국토교통부에서 행정규칙으로 고시한 '건축물의 설계표준계약서' 양식이 있다. 표준계약서상 소규모 건축에서 해당 없는 부분은 제거하고 건축주 요구사항을 추가하면서 계약을 체결하면 된다. 계약체결 시 책임소재를 분명히 하기 위해 사업자등록증에 기재된 건축사의 인적사항을 확인 후 오류가 없도록 기재하고, 건축사가 아닌 대리인으로 사무원이 계약할 경우 건축사의 위임장도 꼭 확인해야 한다.

두 번째, 이행보증서를 받아야 한다. 건축사가 계약이행보증서를 건축주에게 내주지 않는 경우가 많은데, 이행보증서는 계약의 이행을 보증하기 위해 건축주가 반드시 받아야 한다.

세 번째, 용역기간의 변경 및 해지 상황에 대비해야 한다. 수익형 건물이나 분양물의 경우 기간의 연장에 따른 지체 손해가 큰 편이다. 따라서 용역기간의 연장이 해당 건축 행위에 끼치는 영향을 고려하여 지체 배상책임을 명확히 해야 한다. 건축 PF(Project Financing)를 받아야 하는 현장은 건축주의 신용도와 정부 정책에 따라 대출승인이 나오지 않을 수도 있다. 즉, 설계도서 완성 및 건축허가나 사업승인 이후에도 공사에 착공하지 못하는 상황도 생길 수 있어 이에 따른 설계비 지급 지체 책임문제, 설계비 정산 문제를 미리 특약한다.

네 번째, 설계용역과 납품도서의 범위를 정한다. 가령 면적 198㎡(60평) 규모를 생각하고 합의했는데, 실시설계 단계에서 396㎡(120평) 규모로 변경하려고 하면 설계사와 다툼이 생기기 마련이다. 설비, 전기, 토목, 통신 등을 설계에 포함할 것인지를 정하고, 나아가 익스테리어, 인테리어 설계까지 포함할 것인지, 실시설계의 범위까지 명확하게 한다. 3D 모형이나 투시도 등을 제시할 의무가 있는지도 표기할 수 있고 건축물의 사용승인도서 작성업무도 포함해야 한다.

다섯 번째, 대리권의 범위를 확정한다. 건축사가 건축주를 대리할 수 있는 업무의 범위를 정하고 초과하는 행위는 건축주의 인감을 첨부한 승낙서가 없는 한 무권대리임을 정해야 한다. 건축주가 신경 쓸 시간이 없을 때 시공사와 짜고 임의로 설계변경하는 문제가 발생할 수 있기 때문이다.

여섯 번째로 설계비 지급방법 및 시기, 추가 견적을 정한다. 설계비는 일시불 또는 분할해 낼 수 있으며, 표준계약서에는 계약 시 20%, 계획설계도서 제출 시 20%, 중간설계도서 제출 시 30%. 실시설계도서 제출 시 30% 지급으로 표기되어 있으나 일반적으로는 계약 시 30%, 건축허가 시 40%, 공사 완료 시 30% 지급한다. 물론 특약에 따라서 달리 정할 수도 있다.

또한, 추가 견적 문제를 명확히 해야 한다. 즉, 5% 설계 범위 초과 시 어떻게 정산한다고 미리 정해야 한다. 그리고 설계 하자로 인한 추가 견적 문제는 발생하지 않음을 명확히 하고 설계 하자 여부는 건축주의 주도에 따라 다른 전문가가 판단한다고 특약한다.

일곱 번째, 현황 측량 및 지질조사비에 대한 부담을 명확히 해야 한다. 표준계약서에는 건축주가 부담하는 것으로 기재하곤 하는데 건축에 대한 지식이 없는 상황에서 설계사무소에서 일처리를 대행하고 비용에 대한 합리적인 협의를 하기로 한다.

마지막으로 수량산출서나 공내역서의 제공을 정한다. 수량산출서란 레미콘, 철근, 유리, 페인트 등과 같이 모든 공정의 필요 수량을 산출한 서류다. 공내역서란 수량과 규격까지 기입되어 있고 가격 부분만 공란으로 만든 서류이다. 차후 시공 견적 산출 및 기성검사 시 반드시 필요하다. 일반적인 허가용 도면을 전문으로 만드는 업체에서 작성한 도면에는 수량산출서나 공내역서 등이 없다 보니 이러한 상태로 견적을 받으면 추후에 분쟁이 생길 수밖에 없다.

〈서울경제 기고문〉

4.
부지 매매계약 방법

건축주의 사업목적에 적합하고 개략적인 사업수지분석 결과 사업성도 좋은 부지를 선택하였다면 부지 매매계약을 진행해야 한다. 참고로 닥터빌드 아이콘에서는 소규모 주택의 사업성분석도 가능하다. 건축부지 매매계약을 진행시킬 능력이 있는 동네 공인중개사가 드물기 때문에 이에 대한 설명을 하고자 한다.

가. 신축건물에 따른 부지 매매계약 방법

건축목적의 부지를 매입하여 다세대주택이나 다가구 단독주택을 신축하고자 하는 예비 건축주는 희망 부지에 건축사업을 한 경우 사업수지가 잘 나오는 땅인지를 먼저 검토해 보아야 한다. 사업수지가 잘 나오는 부지라면 매도인과 부지 매매계약을 체결해야 하는데, 건축사업에 소요되는 모든 자금을 자기자본으로 충당한다면 보통의 매매계약 방법에 의하겠지만 건축자금을 대출 받아 사용하고자 하는 경우에는 부지 매매계약체결 단계부터 주의하여야 할 부분이 있다. 즉 단독주택을 신축하고자 하는 경우에는 부지 소유자와 건축허가 명의자가 달라도 되지만 집합건물, 가령 다세대 빌라를 신축하고자 하는 경우에는 대지 소유자와 건축허가 명의자가 동일인이어야 한다. 집합건물은 분양의 목적이 될 수 있기 때문에 건물의 소유자 내지 건축허가 명의자와 대지 소유자가 세트로 동일해야 하는 것이다.

나. 다세대주택 등 집합건물의 신축을 위한 부지 매매계약 시 특약사항

신축목적이 공동주택과 같이 분양이 가능한 집합건물을 신축하고자 한다면 건축주와 대지 소유자가 동일인이어야 한다. 건축사업에 자기자본이 100% 투입하는 경우라면 별 문제가 없겠지만 사업자금의 일부를 대출을 받아서 진행하는 경우라면 부지 매매계약 시 주의할 점이 있다. 즉 계약 시 계약금이나 중도금은 자기자본으로 치르고 중도금 또는 잔금부터 대출을 받고 건축비도 대출로 충당하고자 하는 경우 매매계약 시 특약사항을 기재할 때 다음과 같은 방식에 의한다. 즉 매도인 명의로 건축인허가를 신청한 후 잔금 이후 관계자 명의변경을 통해서 매수인이 건축주의 지위를 승계하는 방식으로 계약한다. 매매계약서 작성 시 특약으로 "매도인 명의로 건축인허가를 진행하기로 한다", "잔금 지불과 동시에 건축주 명의변경에 협조한다", "이에 필요한 서류의 교부에 매도인은 협조한다"라는 특약을 매매계약 시 특약사항으로 기재해야 한다. 그리고 건축허가에 필요한 서류와 건축주 명의변경에 필요한 서류는 건축사를 통해서 확보하면 된다.

계약금만 치른 상태에서는 부지의 소유권자가 매도인이기 때문에 매도인 명의로 건축허가를 신청하고 잔금 시점까지 건축허가를 받아서 사업자 대출을 실행한 후 대출금으로 잔금을 치르고 대지 소유권과 건축허가명의를 매수인 이름으로 가져오면 되는 것이다. 참고로 건축허가가 나와야 사업자 대출의 실행이 가능하다.

다. 다가구 내지 단독주택 신축사업을 위한 부지 매매계약 시 특약사항

다가구주택, 단독주택이나 근린주택처럼 공동주택이 아닌 단독 소유의 건물인 경우에는 건축주와 대지 소유자가 동일할 필요가 없다. 따라서 부지 매매계약서 작성 당시에 매도인으로부터 토지 사용승낙서를 받아 매수인 명의로 건축 인허가 절차를 진행해도 된다. 즉 매매계약서 작성 시 특약으로 "매도인은 매수인에게 건축인허가를 위한 토지사용승낙서 등 필요서류를 교부해야 한다"라는 약정을 기재 한다. 토지사용승낙서 등의 양식은 건축사사무소로부터 확보하여 사용한다. 위와 같은 특약을 매매계약체결 시 하지 않았다면 추후에 매도인과 매수인 간의 건축인허가 관련 서류확보를 놓고 다툼의 여지가 많을 것이다. 이러한 다툼을 방지하기 위해서 계약 시 특약사항을 명확히 하여야 한다.

라. 신축사업 목적의 소유명의가 다른 여러 필지 부지 매매계약 방법

가령 아파트 건축목적으로 10필지의 부지를 매입하는 경우 필지별 소유자에게 순차적으로 계약금을 치르는 경우가 많다. 이러한 경우 나중에 매도하는 필지의 소유자는 터무니없는 비싼 가격으로 매도하겠다는 등의 소위 알박기를 하는 경우도 생긴다. 이렇게 되면 사업수지는 악화되고 사업이 무산될 수 있으며 사업이 무산된다면 그동안 치른 계약금 등은 모두 매도인들로부터 몰수당하는 경우가 생긴다. 따라서 여러 필지 부지의 매매계약을 체결하는 경우 특약사항으로 "계약금은 사업목적부지인 10필지 매매계약이 모두 체결된 이후에 일시 지불한다"라는 특약을 해야 한다. 그리고 "잔금은 사업승인 이후 금융PF 기표 이후 10일 내로 지불한다"라고 특약한다. 잔금을 치르는 경우 확정 기한을 정해 놓으면 사업승인이 미루어지는 경우 낭패를 보는 경우가 있기 때문이다.

마. 현 점유자(세입자 등) 명도 문제

구건물을 매수해서 건축을 하자니 현 점유자에 대한 명도가 걸림돌이 될 수 있다. 어떻게 매매조건을 정해야 할까? 그리고 명도는 매도자가 해야 하는지 매수자가 해야 하는지, 특약사항은 어떻게 정해야 하는지 혼동스럽다. 이런 경우 체크해야 하는 부분은 어떤 것들이 있을까?

건축의 시작은 철거와 착공으로 시작이 되는데 건축을 시작하려면 결국 매수하고자 하는 건물이 명도가 마무리되어야 한다. 구옥의 매수와 건축공사 착공 전 이 사이에는 무슨 일들이 일어나는지 알아야 한다.

먼저 계약을 할 때 계약금을 지급하고 잔금은 조건부로 하는 것이 좋다. 다시 말하면 명도가 되는 것을 확인하고 잔금을 지급하도록 특약을 하는 것이 일반적이다. 즉 임차인과 처음 보는 매수인이 명도를 진행하는 것보다는 상당한 기간 동안 임차인을 관리해온 매도자 측에서 명도하는 것이 수월하다. 이렇게 되면 명도의 책임은 매도자에게 있으며 잔금을 받기 위해서는 매도인의 책임으로 명도를 마무리해야 하는 것이다. 그리고 만약 잔금일 이전에 매도인이 명도책임을 다하지 못하는 경우에 대비해서 계약금 상당의 금액을 위약금으로 약정하는 것도 바람직하다.

두 번째로, 임차인이 나가는 경우 전기, 수도, 가스요금 등 미납이 있을 수 있다. 이러한 부분은 잔금을 지급하는 날 미납내역을 확인해서 공제한 후 지급해야만 한다. 따라서 임차인이 모두 퇴거를 완료했는지 확인한 후에 전기, 수도, 가스 등에 대한 요금을 정산해야 한다. 만약 미납된 요금이 있다는 것을 잔금 이후에 알게 되었다면, 대부분 소액인 경우가 많으므로 이를 받자고 소송을 할 수도 없으니 미리미리 정산해야 한다.

세 번째로 임차인에게 이사비나 전세보증금을 지급하게 되는 경우, 매도인이 잔금을 매수인으로부터 받고 임차인에게 지급하지 않는 경우가 발생할 수 있으므로 이러한 경우를 위해서라도 임대차계약서를 확인하고, 잔금일에 퇴거하는 임차인의 동의를 받고 임차인에게 직접 지급하는 것도 방법이 될 수 있다. 보통 계약일 이후에 중도금을 지급한다면 이를 기준으로 전세보증금을 돌려주는 경우가 많지만 일부가 남아 있을 수도 있으므로 각별히 주의해야 하는 것이다.

네 번째, 현 임차인과 매도인의 전입신고 퇴거를 확인한 후 잔금을 지불해야 한다. 상가 임차인이 있는 경우 사업자등록지를 이전하든지 폐업신고를 해야 한다. 전입신고나 사업자등록이 남아 있는 경우 잔금대출이 실행되지 않을 수 있기 때문이다.

토지 매매계약 시 가짜 소유주, 대리인, 법인이 등장한다면?

건축을 하기 전 가장 먼저 해야 하는 것은 토지를 확보하는 것이다. 보유하고 있는 토지가 있다면 바로 건축을 시작할 수 있지만, 토지를 매매해야 한다면 토지를 확보하는 과정에서 주의해야 하는 점들이 있다.

토지를 매수하고자 하는데 소유주라고 주장하는 사람이 실제로는 소유주가 아닐 수 있다면? 소유주가 아닌 다른 사람이 대리인 자격으로 등장한다면? 소유주가 개인이 아닌 단체라면? 이런 경우에는 어떤 점들을 챙겨야 할지 점검해 보겠다.

먼저, 소유주와 직거래를 할 경우 주의해야 할 점이 있다. 등기부등본상 기록된 소유주와 계약자가 동일한지 확인해야 된다. 인터넷 등기소에서 등기부등본을 (계약 시, 중도금 및 잔금지급 시마다 이중매매가 발생할 수 있으니 반드시 확인해야 한다.) 민원 24를 통해서 확인해야 한다. 주민등록증 진위 여부도 확인해야 한다. 이런 이유들로 직거래를 하는 것보다는 중개사를 통해서 거래하는 것이 더 안전하다.

두 번째, 대리인을 통해서 계약을 하는 경우 주의해야 하는 부분은 다음과 같다. 소유주의 인감증명서, 위임장, 대리인의 신분증을 반드시 확보해야 한다. 그리고 대금을 이체하는 경우에는 계약금, 중도금, 잔금을 모두 소유주 명의의 계좌로 입금해야 한다.

세 번째, 전원주택 건축을 위한 토지 매매의 경우에는 건축이 안 되는 경우도 있으니 주의해야 한다. 우선 토지이용규제서비스에서 개발이 가능한 토지인지 확인하고 전문가와 함께 현장을 방문해서 개발이 가능한지 확인해야 한다. 또한 해당 관공서 담당 공무원에게 개발이 가능한지 확인하고 지역 설계사무소에도 개발이 가능한지 확인해야 한다.

마지막으로 매도자가 개인이 아닌 법인이나 재단 등의 단체의 경우에는 재산을 처분할 수 있는 권한이 확보된 자와 거래를 하는 것이 맞는지도 확인을 해야 한다. 이처럼 토지를 확보하는 과정에서 여러 가지 상황이 발생할 수 있어 반드시 주의해서 매매계약을 진행해야 하므로, 전문가의 자문을 받아서 건축의 첫 단계인 토지 확보를 해야 하겠다.

〈서울경제 기고문〉

5.
사업비 조달을 위한 금융대출

가. 건축비 대출 취급 은행과 대출 진행 방법

우리은행, 신한은행, 기업은행 등 1금융권으로부터 소규모 건축을 위한 사업비를 조달하는 경우 주로 토지 담보가치 범위 내에서 대출금이 정해지며 취급수수료 없고, 금리가 2금융권보다 저렴하다.

다만 건축허가 후 구옥을 멸실한 후 나대지 상태에서 대출을 진행해야 하며, 토지가치를 감정평가한 후 LTV를 적용해서 대출하기 때문에 은행은 대출금 회수에 대한 리스크가 작다. 따라서 대출금을 전부 일시불로 대여한다.

수협, 지역수협, 마을금고, 신협, 지역농협 등의 담보대출과 건축사업비 대출금은 토지 시세 감정액의 70~80%, 시설자금대출(즉 건축비)은 건축비의 70~80% 정도 실행한다. 단, 담보대출의 경우 건축허가 이후에 대출 진행하고 시설자금대출(건축비 대출)은 기존 건물의 철거 이후에 대출을 진행되는 경향에 있다.

금리는 1금융권보다 높지만 1금융권과 달리 중도 상환 수수료는 없는 경우가 많다. 취급수수료 1% 전후 정도이고 밀어내기식 일시불 대출이 아닌 기성금에 따른 마이너스 통장식 대출이다. 결과적으로 사업기간 전체의 이자 부담액수를 계산해 보면 1금융권 대출과 큰 차이는 없는 경우가 많다.

건축부지의 담보가치가 크고 대환해야 되는 기대출금의 액수가 크지 않아서 전체 사업비 규모의 대출이 가능하다면 1금융권 대출이 유리하고 기대출(저당권, 압류, 가압류 등)금이나 전세보증금을 상환해야 하고 1금융권 대출로 전체 사업비 충당이 곤란한 경우에는 2금융권 대출을 받아야 한다.

1금융권 대출로 전체 사업비 충당이 안 됨에도 불구하고 이자 절약 목적으로 1금융권 대출을 이용하고 건설사 측의 준공 후에 잔금을 받겠다는 등의 말에 속아서 사업을 진행하면 절대로 안 된다. 틀림없이 중간에 현금요구 및 추가 공사비를 청구하는 업체이다. 능력 있는 건설사가 남의 현장을 외상으로 공사해 주지는 않는다.

대출규제가 많아지면 당연히 소규모 건축 시의 대출실행도 어려워진다. 그러나 은행별로 상품이 다양하게 있으므로 이에 맞는 상품을 잘 선택하는 것도 요령이다. 그러자면 소규모 건축 대출 시 주의해야 하는 부분 또한 알고 있어야 한다.

나. 대출 진행 시 유의할 점

먼저 주택을 건축하는 것인지 상가를 건축하는 것인지에 따라 대출 기준이 다르다. 보통 근린상가가 같이 있는 점포주택의 경우 건물 전체에서 상가가 차지하는 비율에 따라 대출 시 기준이 달라질 수 있다. 물론 이런 면적 기준은 법적으로 허가를 받는 면적을 기준으로 판단을 한다. 따라서 건물의 구성이 어떠한지를 먼저 보고 소규모 건축 간 대출 상품을 선택해야 한다.

두 번째, 건축 대출의 경우 일반 담보대출과 다르다는 것을 알고 있어야 한다. 일반적으로 담보대출이라고 하는 것은 건물을 매입할 경우 매입자금을 매입하는 물건을 담보로 차용하는 것을 떠올린다. 그러나 정확하게 이야기하면 신용대출을 제외한 것, 특히 토지나 건물 등이 연관되면 모든 것을 다 담보로 제공하고 받는 대출이므로 담보대출이라고 할 수 있다. 따라서 건축자금대출의 경우는 현재의 담보력 이상을 대출하는 것이므로 우리가 일반적으로 생각하는 담보대출과는 다른 개념이라는 것을 알아야 한다.

세 번째, 건축자금대출은 사업계획서와 건물 준공 후 사업수지표를 제출해야 한다. 사업수지표가 담고 있는 정보는 분양가, 전세가, 공사원가, 토지비, 각종 사업비 등이라 할 수 있다. 이런 부분에 대하여는 금액을 부풀려서는 안 되며 정확한 시장 정보를 바탕으로 작성해야 한다.

마지막으로 정확한 도면(허가도면이 있으면 좋지만), 정확한 건축계획안을 가지고 사업수지표를 작성해서 건축자금대출을 진행해야 한다. 일반 담보대출과 분명히 다르므로 건축사업비 대출과 준공 후 대환대출을 진행할 시에는 전문가의 도움을 받아서 수지표를 작성하고 진행해 보는 것이 좋다.

여론으로 닥터빌드에서 진행하는 소규모 건축사업장의 대출을 닥터빌드의 소개로 연간 1천억 이상 진행해 왔던 것 같다. 건축사업비 대출을 위한 사업계획서를 작성하고 규모 검토 후 사업수지분석을 해서 연계된 은행에 요청을 한다. 이는 건축주가 진행해야 하는 업무지만 전문적인 영역이기에 무상서비스로 진행해 왔다. 그런데, 최근 닥터빌드가 이상 없이 준공을 낸 현장인데, 공사잔금이 입금되지 않고 있었다. 이유를 들어보니 공사잔금을 받기 위해서는 준공 후 대환대출이 나와야 공사잔금을 갚을 수 있는 현장 이었는데, 준공 후 대환대출을 건축주 스스로 알아보다가 대출승인이 부결되어서 공사잔금도 못 준다는 것이었다. 왜 본인들이 스스로 알아보려고 하고 닥터빌드는 대출은행을 못 알아보게 했는지 물으니 닥터빌드에서 대출주선료나 취급수수료의 일부를 먹는 것 아니냐? 그래서 내가 알아보려고 했다고 말하였다. 선의로 그동안 단 1원도 받은 적 없고 오로지 건축주를 위해서 조금이라도 금리를 깎고자 노력했고 수수료를 절감하고자 부단히 영업했던 더 그동안의 노력들이 주마등처럼 스쳐 지나갔다. 그렇다면 그 수많은 현장의 건축주들이 그런 오해를 하고 있었나? 그놈의 오지랖은 왜 이렇게 지금까지 버리지 못하는 것인지….

초등학생도 알 수 있는 LTV, DTI, DSR

윤석열 정부는 2022년 8월부터 생애최초 주택구매자들의 경우 투기과열지구 내에서도 즉 주택의 소재지가 어디든 주택의 가격이 얼마든지 LTV 80%까지 완화하기로 하였습니다.

그렇다면 10억짜리 주택을 생애최초로 구입하게 된 경우 8억 원까지 대출을 받을 수 있을까요?

아닙니다. 생애최초 주택구입자금대출한도는 6억 원까지입니다.

그렇다면 7억 원짜리 주택을 생애최초로 구입하는 경우 80%인 5억 6천만 원까지 대출이 나올까요? 반드시 그렇지는 않습니다.

DSR이 적용되거든요.

그렇다면 이놈의 LTV, DTI, DSR이 도대체 무슨 의미일까요?
하나하나 차근차근 살펴보도록 하겠습니다.

#주택담보대출비율(LTV)
주택담보대출비율 LTV(Loan To Value ratio)라는 친구는 주택(부동산)담보인정비율을 의미합니다. 즉 집값(Value) 대비(To) 대출(Loan) 비율(ratio)입니다.

가령 시세 감정가 1억 원(실제 구매가 1억 1천만 원)짜리 집을 구입할 경우 LTV 80%인 경우 8,000만 원까지 대출이 일단은 가능하다는 뜻입니다.

아파트의 경우 KB시세가 집값의 기준이 됩니다.

#DTI(Debt To Incom ratio)

DTI(Debt To Incom ratio)라는 친구는 소득(Incom) 대비(To) 대출(Debt) 비율(ratio)을 뜻합니다.

가령 다른 빚이 없는 홍길동의 연봉(실수령액)이 5천만 원인 경우 집을 구입할 때 DTI 60% 적용을 받는다면 1년에 3천만 원만 빚 갚는 데 쓰라는 의미입니다.

즉 상환원리금(=원금+이자)이 연 3천만 원이 넘지 않는 선에서 주택구입자금을 빌릴 수 있다는 의미입니다. 너무 적지요?

그래서 20년, 30년 상환으로 상환기간을 늘려서 약정을 합니다.

만약 20년 상환으로 빌리면 연 2천만 원×20년=4억 원까지 빌릴 수 있습니다.

4억 원은 상환원리금(=원금+이자)의 합산액입니다.

따라서 빌릴 수 있는 원금은 4억보다 적겠지요. 20년간의 이자합산액을 뺀 금액을 빌릴 수 있을 것입니다.

DTI가 높을수록 대출금액이 많아지고 상환기간이 길수록 대출금액이 많아집니다.

그리고 다른 대출이 없는 장길산의 연봉(실수령액)이 1억 원인 경우, 집을 구매할 때 DTI 50%를 적용받는다면 1억 원×50%=5천만 원, 즉 상환원리금(=원금+이자)이 연 5천만 원이 넘지 않는 선에서 빌릴 수 있다는 의미입니다.

20년 상환으로 약정한다면 10억까지 빌릴 수 있다는 의미입니다. 다만 이자합산액을 제하면 빌릴 수 있는 원금은 10억보다는 적겠지요. 금리가 높아지면 대출 가능액수가 적어집니다.

#DSR(Debt Service ratio)

총부채원리금상환비율을 뜻합니다.

가령 서울에서 대출금액 1억이 넘는 경우 DSR을 적용합니다.

DTI는 주택담보대출(원금+이자) 상환액+기타대출(이자)상환액÷연간소득액입니다.

DSR은 주택담보대출(원금+이자) 상환액+기타대출(원금+이자)상환액÷연간소득

기타대출의 원금에는 모든 대출 즉 자동차 할부금, 학자금대출, 신용대출 등의 모든 대출을 포함합니다.

가령 부부합산 연봉 1억 원(실수령액)인 홍길동 부부가 집을 구입할 때 DSR 40%의 적용을 받는다면 주택구입 상환원리금(=원금+이자) 그리고 기타 대출 상환원리금(원금+이자)의 합계가 연 4천만 원이 넘지 않는 선에서 빌릴 수 있다는 의미입니다.
즉 홍길동의 기타대출 원리금(원금+이자) 상환액의 연간 합계가 1000만 원이라면 홍길동은 주택구입자금으로 연 3천만 원이 넘지 않는 선에서 빌릴 수 있습니다.

20년 상환으로 약정한다면 6억까지 빌릴 수 있다는 의미입니다. 다만 주택자금 이자합산액을 제하면 빌릴 수 있는 원금은 6억보다는 적겠지요.
결국에는 기존의 빚이 적고 연봉이 높은 사람이 LTV 완화(80%)의 혜택을 보는 것이겠습니다.

참고로 아주 신기한 놈이 생겼는데요, 구글플레이에서 주택금융포털이라고 검색한 후 다운로드하시면 자신의 소득과 자산, 그리고 대출 가능한 액수까지 살펴볼 수 있답니다.
보금자리론, 디딤돌 대출 등의 혜택이 많으니 살펴보시기 바랍니다.

6.
적절한 건설사 선정

가. 무자격(면허대여) 시공업체의 현황과 문제점

a. 건설업 면허대여 현황

서울시 동대문구 회기동 준주거 지역에서 다세대 빌라 건축사업을 하는 건축주가 닥터빌드 사무실에 상담 신청해 온 적이 있다. 건축 리스크를 예방해 주는 곳이라고 해서 찾아왔고 자신이 선정했던 시공사가 건설업 면허대여 업체인 것을 나중에 알았고 이것이 발각돼서 건축주인 자신이 형사처벌을 받게 되었는데, 공정율 90%인 상태에서 장기간 공사중단 상태에 있다는 것이다. 이 현장의 사태해결방법을 물어 온 것이다. 그러나 우리 회사는 건축 관련 리스크를 예방하는 회사인 것이지 사고 난 현장을 해결하는 회사는 아니다. 즉 건축에 관한한 예방주사는 있어도 사후치료제는 없는 것이다. 사고가 난 현장을 손해 없이 해결할 수 있는 방법은 사실상 없다. 그래서 일괄 매입을 제안을 하는 정도로 상담할 수밖에 없었다. 건설업 면허를 대여받은 자가 기성고 이상의 초과 공사비를 챙긴 후 다른 곳에 받은 자금을 유용하고 하도급업체에도 공사비를 제대로 지불하지 못하고 공사가 중단된 현장이 전국적으로 너무나 많다.

이러한 현장의 해결방법은 건축업자가 유용한 자금을 민사소송으로 찾아오는 것은 쉽지 않고 유용한 금액은 건축주가 포기한다는 마음을 가지고 정상적인 업체와 재계약을 체결하고 준공을 낼 수밖에 없다. 면허대여업자가 자금을 유용한 액수를 순순히 반환하는 경우는 거의 없다. 건축주가 건강을 회복하고 앞으로 살아 나가려면 현실을 정확히 파악하고 포기할 돈은 포기하고 최선을 방법으로 사후 대처를 하는 것이 중요하다.

대규모 건설사업의 경우 규모의 경제로 건설사는 영업이익을 낼 수 있다. 그러나 소규모 건축사업의 경우 대부분의 영세건설사들이 수주경쟁에 참여하는 경향에 있는데, 저가 수주후 추가 공사비를 청구하는 행태를 보이고 있다. 따라서 정상적인 시공사도 의향이 있다면 영업이익이 거의 남지 않는 저가 수주경쟁을 할 수밖에 없는 것이다.

이러한 시장환경에서 다세대 빌라 신축공사 현장의 상당수를 건설업 면허대여를 받은 업자들이 저가로 수주하는 경향에 있다.

b. 건설업 불법면허대여 행태

다세대 빌라 신축 등의 소규모 건축 현장의 경우 건설업 면허를 불법으로 대여받아 무자격 일반 업자가 건축을 진행하는 경우가 많다. 부실한 종합건설업체는 관급공사 등을 수주하기 위한 매출규모를 만들기 위해서 그리고 면허대여 수수료 매출을 위해서 건설업 면허가 없는 이른바 실행소장이나 일반 업자들에게 건설업 면허를 대여해 주는 경우가 많다. 통장과 사용인감, 인감증명서, 사용인감증명서를 교부하는 방식에 의한다.

無자격자는 면허대여료 지급과, 개인유용 자금으로 사용하기 위해, 무지한 건축주로부터 저가로 공사를 수주한 다음 선급금 이행보증서 없이 선급금을 요구하고, 어느 정도 공사가 진행되면 부족한 공사비를 충당하기 위해 추가 공사비를 요구하면서 일방적으로 공사를 중단하고 유치권을 행사한다. 건설사에 대한 법적인 문제가 다수 발생하는 경우 면허를 대여했던 종합건설사는 고의 부도 사태를 유발하는 등의 사례가 빈번히 일어나고 있다

경찰청 통계에 의할 때 법원에 하자소송 및 공사비에 관한 쟁송 원인의 하나로써 60~70% 이상이 건설면허 불법 대여로 이루어지고 있는 것으로 추정된다.

건설업 면허대여 업체 솎아내는 방법은?

노후화된 주택을 소유하고 있던 甲은 수익성이 좋은 다가구 원룸주택이나 분양목적의 빌라주택을 신축하고자 하였다. 이에 인근 설계사무소의 소개를 받아 乙이라는 종합건설사 회장을 만나서 도급계약을 체결, 공사를 진행하였다.

그런데 총공사비 10억 원을 대출 받고 시공사의 요구에 따라 금 8억 원을 지불하면서 공사를 진행하였는데, 어느 날 갑자기 공사가 중단되고 시공사는 연락이 두절되었다. 수개월이 지난 후 연락이 닿은 乙이 그때서야 하는 말은, 계약 시 견적 산출을 잘못하였고 공사비가 턱없이 부족하여 더 이상 공사를 진행하지 못하겠다고 하는 것이다.

건축주는 전문가에게 자문을 얻어 기성고 평가를 해 보니 기성율은 40%라고 한다.

무려 4억 원 이상을 초과 지불한 것을 알게 된 건축주 甲이 알아보니, 건설업체 대표이사는 丙이라는 사람이고 도급계약을 체결한 회장 乙은 건설업 면허를 대여받은 사람임을 알게 되었다.

이렇게 건설업 면허를 대여하는 수단은 부실한 종합건설업체가 대리권수여에 필요한 서류, 즉 법인사용 인감도장, 인감증명서, 사용인감증명서와 공사대금인출에 필요한 법인통장과 인출카드를 무면허 업자에게 교부하고 일정한 수수료를 취하는 방법에 의한다. 조만간 망할 운명에 있는 건설업체가 이러한 행위를 하는 경우가 많기 때문에 주의를 요한다.

그렇다면 도급계약 시 건설업 면허가 있는 진정한 건설업체를 구분하기 위해서는 어떻게 해야 할까?

건설업 면허가 없어도 사업자등록증상에 종합건설로 표기가 가능하고 법인등기부에도 건설회사로 상호등기가 가능하다. 따라서 사업자등록증이나 법인등기부를 믿으면 안 된다. 종합건설업체의 4대 요건 중, 건설공제조합에의 가입이라는 요건이 있다. 즉 **건설공제조합의 홈페이지 상에 검색을 하거나 전화 등의 문의를 하여 계약하고자 하는 업체가 조합원인지의 여부를 확인하는 것이 중요**하다. 즉 법인등기부에 기재되어 있는 대표이사, 주소, 상호가 건설공제조합의 정보와 일치하는지 확인하는 것이 중요하다.

그리고 건설업등록서류를 확인하면서 건설회사의 대표이사와 직접 면담을 해야 한다. 신분증상의 정보와 법인등기부등본상의 정보가 일치하는지 여부를 확인해야 한다. 종합건설업체 사장이나 대표이사 또는 회장, 부회장의 명함을 가지고 종합건설업체의 임원으로 행세를 하는 경우가 많기 때문에 명함이 아닌 공적 서류로 당사자를 확인해야만 한다.

〈서울경제 기고문〉

c. 건설업 면허 불법 대여 시 문제점

공사 완성 이전에 면허를 대여한 종합건설사의 재무구조가 악화되어 하자이행보증서 발생능력을 잃는 등의 문제가 생길 수 있고 중도에 부도 처리되는 사태를 겪을 수 있다. 불법면허로 공사를 진행하면서 건설사의 고의 부도의 경우 법의 한계를 이용한 책임회피로 모든 건축 관련 리스크를 건축주가 부담해야 되는 경우가 생긴다. 시공자는 무자력하고 공사의 일부 착수를 근거로 시공사는 사기수주 등의 형사책임을 면제받는다.

추후 민사문제로 전환될 경우 장기적 쟁송으로 건축주가 금전적인 추가여력이 없는 경우 건축사업을 더 이상 진행될 수 없어 결국 사업을 포기하는 상황이 발생한다.

종합건설사에 대한 다른 현장에서의 미수금 채권자들이 당 현장의 공사대금채권과 공사비 계좌에 가압류하는 사례가 발생하기도 한다.

무자격자의 기술, 기능 미숙으로 안전시설물을 제대로 설치하지 않아 현장 인력의 중대 재해 발생 시 건축주도 민·형사상 처벌될 수 있다.

그리고 면허대여 사실이 발각된 경우 건설산업기본법에 의한 발주자(건축주)도 형사처벌될 수 있다.

사후관리가 제대로 이루어지지 않아 건축, 소방, 전기 등에 대한 하자보수를 받기가 어렵다. 다세대 등의 공동주택의 경우 하자이행보증서를 발행받을 신용이 되지 않아서 건축주가 수천만 원에서 수억 원의 현금을 공탁을 하는 경우가 생길 수도 있다.

따라서 소규모 건축사업을 진행하고자 하는 건축주는 믿을 만한 곳으로부터 비교적 우량한 업체를 추천받아 건설사 사장과 직접 도급계약을 체결하여야 한다. 우량한 업체임을 판별하는 방법은 여러 가지가 있으나 도급계약체결의 전제가 되는 물량내역서를 산출해서 제대로 된 견적을 산출하는 업체를 선택하는 것이 바람직하다. 대부분의 면허대여 불량업체들은 수주에만 급급한 나머지 산출내역서도 없이 허가도면만을 가지고 견적을 산출하는 경향에 있다.

그리고 시공사를 선정한 경우에도 공사 일정 관리, 기성관리, 자금관리를 철저히 해야 하며 경험이 없는 건축주의 경우 소규모 건축 전문 PM사 나 CM사에게 의뢰하여 사고 없는 건축을 진행해야 한다. 서울시내 최저 시공비를 구성하고 제3의 중립적인 기관을 통한 전문 PM 시스템을 갖추고 있는 업체가 바로 국내 유일무이의 닥터빌드이다.

고무줄 같은 시공 견적 금액, 정확하게 산출하려면?

보유한 토지에 주상복합건물을 건축하려고 한다. 그런데 이상한 일이 발생했다. 여러 시공사로부터 견적을 받는데 업체별 금액이 크게 차이 나는 것이다. 도대체 이유가 무엇이었을까.

일반적으로 건축한다고 하면 다들 시공사가 견적을 산정하고 이 중에서 최저가 업체와 계약하면 된다고 생각한다. 하지만 이는 100% 맞는 방법이 아니다. 시공업체가 견적을 틀리게 뽑았을 수도 있고, 이렇게 산정한 견적으로 바로 계약을 하면 누락된 항목이나 잘못 산출된 물량으로 인해서 공사 집행 시 견적 금액과 달라질 수도 있다. 이런 경우 보통은 사전 고지가 충분하지 않았다면 건축주와 시공사 간 얼굴 붉힐 일이 발생하기 마련이다. 지금부터 이런 일이 발생하는 몇 가지 원인을 설명하겠다.

첫째, 건축설계가 굉장히 중요한데, 설계 단계에서 적산 요소를 고려하지 않은 경우이다. 설계에는 건축, 전기, 설비 등의 설계 도면이 포함되지만 추가로 반드시 적산을 거쳐야 한다. 적산 물량을 뽑아서 건축자재 등이 도대체 얼마가 들어가는지를 도면을 근거로 정확하게 산출을 해야 한다. 정확한 적산 물량이 산정이 되어 있지 않으면 시공사들이 정확하게 물량에 근거해 견적 내기가 어렵다.

두 번째, 건축주가 시공사에 견적을 무료로 요청하기 때문이다. 대부분 '통계적으로 이 정도 건물을 지으면 평당 얼마나 소요가 되느냐?'는 질문을 많이 하곤 한다. 그러나 이 부분은 경험에 의한 견적이기 때문에 당연히 조건마다 공사비는 달라진다. 그런데 무료 견적을 요청하는 의뢰자 대부분은 평당 공사비 개념으로 견적을 쉽게 산출할 수 있다고 생각한다. 공사 견적은 자재나 노무비가 계속 변동하고 물량도 정확한 도면을 근거로 뽑아야 하므로 실시도면이 없는 한 무료 견적은 쉽지는 않은 일이다. 전문 시공사에서도 상당한 시간과 노력을 투입해야 하기 때문에 결국 공짜 견적은 부정확할 가능성이 크다. 따라서 후술하는 적산 회사에서 유상으로 작성한 물량표를 근거로 작성된 공내역서를 건축주 측에서 건설사에 제공해 주어야 한다.

세 번째, 시공사는 '본래' 견적을 정확히 낼 수 있는 곳이 아니기 때문이다. 시공사는 구입된 자재 및 장비를 사용하여 공사를 수행하는 것을 본업으로 하는 업체이다. 따라서 시공사 입장에서 견적만 내달라고 한다면 역시 대략적으로 금액을 산정할 수밖에 없는 것이다. 정확한 견적이 궁금하다면 정확하게 만들어진 도면(허가도면 외)을 가지고 적산 업체에 비용을 지급하고 금액을 산정해 보는 것도 방법이다.

마지막으로, 허가도면을 가지고 견적을 내는 경우다. 허가도면은 일반적으로 공사용 도면의 3분의 2 수준의 완성도를 가지고 있는 도면이다. 따라서 누락된 항목이 많다. 이런 도면으로 공사 견적을 산정하면 과연 정확한 견적이 나올 수 없다. 당연히 누락된 항목과 잘못 산정된 물량을 기준으로 손익 계산에 있어 큰 오류를 범하게 된다.

위처럼 여러 업체에서 견적을 받아 보면 견적 금액이 크게 차이가 나는 이유는 다양하다. 항상 공사에서 정확한 견적 산정은 성공적인 건축사업의 첫 단추이므로 100% 완성된 공사용 도면, **적산 업체에서 뽑은 물량으로 가격이 없는 공내역서를 만든 후 이를 이용하여 견적을 받아야만 정확한 견적**이 만들어진다.

〈서울경제 기고문〉

다세대, 빌라 건축비는 얼마일까? 앞으로 건축비는 계속 오를 것인가?

2022년과 2023년의 일

다세대 빌라 등 소규모 주택 공사비 시세를 먼저 언급하면 강남권역은 평당 공사비 900만 원에서 1천만 원, 그 밖의 **지역은 평당 공사비 800만 원 전후이다.** 국토교통부 공동주택 표준건축비는 750만 원이 훨씬 넘는 것으로 알고 있다.

그러나 닥터빌드는 우크라이나 전쟁 여파로 인한 자잿값 폭등 속에서도 평당 공사비 680만 원 선을 지키고 있다. 골조, 토목, 실내건축 등을 직영으로 운영하거나 오랜 기간의 시공 노하우를 가지고 우수한 협력사를 가지고 있기 때문이다. 저렴한 건축비 대출과 건축 인허가 준공 그리고 대환대출까지 토탈 서비스에 대한 용역비 포함이다.

그리고 닥터빌드는 유례없는 건자잿값 폭등 사태 속에서도 개인 건축주에게 추가 공사비를 청구한 적이 한 번도 없었다. **약속과** 신용이 돈보다 더 중요하기 때문이다. 현대건설, GS건설도 추가 공사비를 청구하는데, 닥터빌드가 뭐라고 그러냐고 걱정하는 주변 분들이 많았지만 신용을 더 중시하는 원칙을 고수하기로 하였다.

2022년, 2023년 건자잿값 폭등

코로나19 사태 당시 경기 부양 차원에서 통화량이 급증한 관계로 물가가 큰 폭으로 상승하였다. 그리고 작년 우크라이나 러시아 간의 전쟁으로 인해서 원자재 가격이 폭등하였다.

다른 산업 분야에서도 원자잿값 상승이 있었지만 건축비와 관련한 자재비 인상은 체감상 연간 40% 정도는 오른 것 같다. 다른 산업 분야보다 건자잿값이 큰 폭으로 가격이 상승된 이유는 지난 수년간 건자재 가격이 그다지 오르지 않았기 때문이다. 오르지 않은 자잿값이 통화량 급증과 우크라이나 전쟁을 계기로 한꺼번에 폭등한 것이다. 필자는 IMF 때나 리먼사태, 이명박 박근혜 정부 때의 건설경기 침체를 모두 겪었지만 2022년과 2023년에 걸친 공사비 폭증의 사태는 체감상 가장 고통스럽게 다가왔던 것 같다.

중소 건설사의 부도 행진

작년에 영업활동을 열심히 한 결과 시공 수주 현장이 많았던 건설사는 거의 파산 상태이거나 법정관리를 준비 중이다. 결국 남는 건설사는 사내 유보금을 많이 쌓아 놓고 보수적인 수주활동을 한 건설사나 조합사업을 많이 수주한 대형 건설사일 것이다. 건축주가 1명이 아니라 수백 명에서 수천 명인 조합사업의 경우 공사비 상승분을 세대당 추가부담금으로 나누어서 부담시키기 때문에 비교적 용이하게 추가 공사비 협상 진행이 가능했었다.

그러나 전 재산을 투입해서 건축사업을 진행하는 개인 건축주 현장의 경우 추가 공사비를 청구할 여건이 되지 않았다. 건축주도 추가 공사비를 지출할 여력이 되지 않고 건축비 대출을 진행한 금융사의 경우에도 추가로 대출을 해 주지 않기 때문에 추가 공사비를 감당해야 하는 곳은 오로지 시공사였다. 이를 감당하지 못한 시공사는 파산이나 법정관리로 갈 수밖에 없었다. 아직도 많은 중견 건설사들이 법정관리를 고려하고 있다. ㈜닥터빌드의 경우 스스로 그 리스크를 감당했었고 이게 가능했던 이유는 건설사업부의 적자를 정비사업부나 분양사업부, 그리고 대표자가 개인적으로 자금을 투입해 주었기 때문이다. 현재는 받을 가망성이 높은 돈이 내릴 돈보다 훨씬 많은 상태가 되었다. 어려운 시기를 잘 견딘 것이다.

신탁사 책임준공 현장의 경우

보통 공사비 대출의 경우 에쿼티 20%을 맞추면 시공 관련 사업비 대출을 진행했었다. 가령 토지비 10억 원 건축사업비 10억 원이라면 총사업비 20억 원의 20%인 4억 원만 자기자본으로 가지고 있으면 총사업비의 80% 대출을 승인받고 건축사업의 진행이 가능했었다.

따라서 건축주는 토지를 매입하면서 계약금과 중도금 일부를 납부하면 그 이후부터는 금융사 특히 새마을금고나 지역 수협, 지역 농협, 신협 등으로부터 나머지 사업비 80%는 대출을 받아서 사업을 진행했었다.

그런데, 에쿼티가 낮은 현장의 경우 시공비의 90%는 기성대로 지불하지만 나머지 10%는 준공 이후 즉시 담보 잡혀서 지불하거나 분양이나 전세를 놓고 나서 공사잔금을 지불하는 식으로 사업구도를 짜는 경향에 있었다.

그런데, 공사비는 올라갔고 추가 공사비를 청구하지 못하는 상황에서 시공비 10% 역시 분양상황이 저조해서 또는 대환대출이 아예 불가능해서 받지 못하는 상황이 되었다. 시공사들이 재정난을 겪게 되는 큰 원인 중의 하나가 신탁 대출의 구조이다.

2024년 공사비는 어떻게 되나?

국토교통부 공동주택 표준건축비는 750만 원이 훨씬 넘는 것으로 알고 있다.

소형주택인 다세대, 빌라 신축의 경우 강남권역의 경우 평당 공사비 900만 원 전후, 외곽 지역의 경우도 평당 공사비 800만 원 전후대로 시공이 가능하다(닥터빌드는 여전히 시공비 680~700만 원 선). 그런데 집값은 떨어졌거나 오르지 않은 상태이기 때문에 주택신축사업자들은 개점 휴업상태이다. 여기에 빌라왕 사태까지 터지다 보니 소형주택은 거래나 신축이 거의 전무한 상태이다. 즉 주택공급은 거의 이루어지지 않고 있는 것이다. 그런데 가로주택정비사업, 모아타운 등 소규모 주택정비사업의 활성화로 인해서 철거 멸실되는 소형주택은 많아질 전망이다. 이러한 정비사업은 사업출발 후 2년 내 철거이주가 가능한 사업이다. 따라서 조만간 어느 순간부터는 소형주택인 다세대, 빌라 공급 중단의 영향으로 아파트의 대체재인 소형주택의 가격 폭등이 예상된다.

빌라 수요자들을 보면 아파트와 같은 관리비나 보유세가 부담스러워하는 알뜰한 신혼

부부나 보유하고 있는 아파트를 처분하고 자식들에게 일부 증여하고 일부의 금액으로 빌라를 구매하여 입주하는 은퇴자들이 주 수요층이다.

주택의 품질, 보안시설, 승강기, 주차여건 등 아파트와 차별이 없지만 유지비(보유세, 관리비, 지역의료보험료 등)를 절감하고 절감된 돈은 미국 주식을 장기 투자하거나 목돈 마련 저축을 하거나 여유 있는 소비를 하는 현명한 수요층들이 있다. 분명 아파트의 대체재로 빌라와 다세대가 필요하다. 쌀이 부족했던 시절에는 대체재인 보리가 귀했었다. 아파트 가격이 너무 올라 있다 보니 대체재인 빌라 수요가 분명히 존재한다. 그런데, 2023년과 2024년 현재 빌라 신축이 거의 전무한 상태이다. 어느 순간이 빌라 가격의 강세가 예상된다.

나. 다가구, 빌라 건축업체의 실태와 적합한 건설회사 선정 방법

대규모 건설사업의 경우 능력 있고 신용 좋은 건설사들이 수주하는 경향에 있기 때문에 공사 도중 부당한 추가 공사비 요구나 미준공 사태가 일어날 가능성이 적을 것이다. 그러나 다가구주택, 빌라와 같은 소규모 건축사업의 경우 영세 시공사들이 수주 경쟁을 하다 보니 여러 가지 문제를 발생시키는 경우가 많다. 따라서 내 땅에 안전하게 건물을 지어줄 적합한 건설사 선정 방법이 중요한 문제이다.

a. 저가 시공과 부실한 건설사의 문제점

저가 시공업체가 공사를 진행할 경우 공사 관리 미흡으로 근본적인 단열, 누수 문제가 발생한다. 그리고 조잡한 시공기술에 의한 저급 품질 시공이 이루어져 기능상, 마감상 생활에 불편을 초래할 하자가 생기고 이를 보수하기 위한 추가 비용이 발생할 가능성이 높다. 무자격자들의 기술, 기능 미숙으로 공사 중 안전시설물을 제대로 설치하지 않아 현장 인력의 중대재해가 발생할 수 있고 직영건축의 경우 건축주도 민·형사상책임의 주체가 될 수 있다.

특히 건설업 면허대여를 받아서 공사를 진행하는 경우가 많은데, 명의를 대여한 건설사의 고의 부도 시 책임의 주체가 없어지는 경우가 많다. 법의 한계를 이용한 건설사의 책임 회피로 하자 문제, 수분양자에 대한 책임 등 건설사업에 관한 모든 리스크를 오롯이 건축주만 부담하게 된다. 공사 중도에 건설사 리스크가 발생하는 경우 장기적 쟁송으로 건축사업을 더 이상 진행될 수 없게 되어 결국 건축주는 사업을 포기하는 상황이 발생하기도 한다. 또한 부실 건설사를 이용할 경우 건설사의 타 현장에서 생긴 미수금 채권자들이 당 현장의 공사대금채권과 공사비 계좌에 가압류 하는 사례가 발생하는 경우도 있고 건설업 불법면허대여 사실이 발각된 경우 건설산업기본법에 의해 발주자(건축주)도 형사처벌될 수 있다.

b. 영세건설업체의 추가 공사비 요구 행태

지역에서 활동하는 소규모 건축 전문건설업체 중 영세건설사나 건설업 명의대여를 받아 활동하는 브로커 업체들은 평당 공사금액 시세보다 훨씬 저렴하게 공사를 진행할 수 있다고 건축주를 현혹시켜 수주한 이후 다음과 같은 사유로 추가 공사비를 요구한다. 허가도면을 기준으로 산출한 견적이기 때문에 정확한 견적이 아니라며 공사 도중에 추가 공사비를 요구한다. 그리고 토목공사비를 여러 가지 이유 즉 암반, 토사, 지하수 등의 이유를 들어 공사 도중 과다한 추가 공사비를 요구하면서 일방적으로 공사를 중단한다. 또한 선급금, 초기자금을 타 현장 및 개인적으로 유용한 후 추후 공사비 부족을 이유로 추가 공사비를 요구한다. 그리고 사용승인 직전 덤핑 수주, 인건비 및 자잿값 폭등 등을 이유로 추가 공사비를 요구한다.

c. 적정 건설사의 선정 방법

허가도면을 근거로 평당 얼마에 시공을 해 주겠다는 업체는 사절해야 한다. 추가 공사비를 요구하면서 공사를 중단시킬 확률이 대단히 높다. 즉 허가도면은 견적 산출이 불가능하다. 따라서 허가도면 외 실시설계도서를 추가로 작성하고, 그에 따른 물량산출서를 근거로 내역서를 작성해야 한다. 내역서를 근거로 건설사들에게 견적 요청을 받은 후 적절한 건설사를 선정해야 한다. 건축사무소 임원의 추천, 동네 중개사무소의 추천을 받은 건설사를 선정하는 것은 피해야 한다. 건축 전문가가 아닌 자들로부터 추천받은 업체는 검증되지 않은 업체이다. 사실 소규모 건축사업을 수주경쟁을 통해 수주한 후 공사 진행 시 건설사는 영업이익을 남기기가 용이하지 않다. 6개월에서 12개월에 걸친 공사기간 중 자재비, 인건비 등의 상승이 흔한 일이고 이에 따라 수주 당시 계획한 영업이익을 내지 못하는 경우가 대부분이다. 따라서 정상적인 업체라도 추후에 물가상승을 이유로 추가 공사비를 청구할 확률이 높은 것이다.

이러한 상황에서 추후에 추가 공사비를 청구하지 않고 적정한 품질로 성실하게 시공해 줄 업체를 건축 경험이 일천한 건축주가 스스로 찾는 방법은 있기나 할까? 우선 건축주의 마음가짐을 바꾸어야 한다. 즉 저렴한 공사비를 제시하는 건설업체보다는 실적과 성실성을 증명할 수 있는 건설사를 찾아야 한다. 면허대여를 통한 수주일 수도 있는 매출 기준의 실적보다는 우수한 품질의 건물을 직접 시공한 실적을 낸 업체를 찾아야 한다. 그리고 저품질 시공을 방지하기 위해서는 법이 요구하고 있는 건설기술자들을 직접 고용하고 있는 건설사를 찾아야 한다.

문제는 우량한 건설사라고 하여도 시장 상황에 따른 물가상승, 안전사고 등의 원인으로 중도에 문제가 생길 수 있는 것이 바로 중소규모 건설사인 것이다. 따라서 책임준공 구도를 짤 수 있는 업체의 선정이 바람직하다. 신탁사의 관리신탁과 책임준공제도를 이용하는 방법이 있다. 신탁사는 적정한 건설사를 선정하여 제때에 준공이 날 수 있도록 하는 구조를 짜준다. 중도에 건설사의 부도나 신용악화의 사태가 생긴다면 책임준공을 약정한 신탁사의 책임으로 타 업체를 섭외해서 준공을 낸다. 다만 신탁보수가 부담될 수 있고 신탁사가 건설기술자가 아니기 때문에 품질관리에 문제가 생길 소지가 있다. 그리고 다세대 빌라와 같은 소규모 건축사업에 신탁사는 참여를 꺼리는 경향이 있다. 즉 보수가 적은 사업을 기피하는 경향에 있다.

그렇다면 건설사 선정을 위한 다른 적합한 방법은 없을까? 시공사의 평판도가 가장 중요하다고 생각된다. 기존에 시공한 실적을 살펴보고 기한 내에 품질 좋은 시공을 진행했는지 하자보수관리는 제대로 하고 있는지를 조사해 보아야 한다. 닥터빌드의 경우 직영시공사가 시공하는 경우도 있지만 협력사와 협업구도를 구성할 때에는 면허대여 매출일지 모르는 매출상의 외형보다는 현장 실사를 통한 검증 절차를 거쳐서 협력사를 선정한다.

다세대, 빌라주택 등 소규모 건축사업에서 공사비증액 청구 가능 여부

아파트 단지나 지식산업단지 등 대규모 건설공사는 부지를 매입하는 단계부터 사업성 검토를 위한 전문가, 개발 PM(Project Manager)사가 개입을 한다. 목적 부지의 개발사업을 하고자 하는 경우 분양성 검토 전문가 집단이 분양 시점의 예상 분양매출금을 산정한다. 즉 인근지 거래 사례 등을 분석하고 거시경제 상황까지 고려하는데, 다양한 통계기법을 사용하여 예상 가능한 분양매출규모를 도출해 낸다. 그리고 개발 전문 PM사는 부지에 적합한 부동산 상품은 어떤 것인지 등을 분석하고 시공사, 금융사, 신탁사 등과 협의하여 최소한의 사업비용을 구성한다. 인허가 관청, 주택보증공사 등의 대관(對官)업무도 담당한다.

이렇게 대규모 개발사업의 경우 각 분야의 전문가 집단이 개입하는 경우가 많아서 공사비 증액의 문제나 추가 공사비 청구 문제를 비교적 합리적으로 통제할 수 있다.

소규모 건축사업에서 공사비가 증액되는 경우

그러나 다세대, 빌라 건축사업과 같이 소규모 건축사업의 경우 건축주가 건설사업 경험이 부족하고 사업비용의 문제 때문에 사업자금을 관리 통제하는 역할을 하는 신탁사의 개입이나 전문 PM사가 개입하는 경우가 드물다.

건축주는 시공사로부터 허가도면을 가지고 견적을 받는 경향에 있다 보니 정확하고 확정적인 견적이 아닌 개략적인 견적을 받고 계약을 하게 된다. 건축주는 도급계약서를 작성했으니 계약서상의 금액으로 공사를 진행할 수 있다고 믿었겠지만 나중에 내역에 없는 시공을 이유로 시공사로부터 추가 공사비를 청구 당하게 된다. 상상하지 못한 추가 공사비 청구에 건축주가 응하지 않는다면 유치권 포기각서를 제출했던 시공사라도 실력으로 유치권을 행사하게 되고 결국에는 시공사의 요구를 건축주가 전부 수용할 수밖에 없는 상황이 된다. 어렵게 건축사업을 진행하였지만 적자사업이 되는 경우가 많은 것이다.

표준도급계약서상의 공사비 증액규정

국토교통부 홈페이지에서 '민간건설표준도급계약서'를 검색하게 되면 국토교통부가 고시하고 권장하고 있는 도급계약서를 다운로드 받을 수 있다. 본 계약서 제22조에는 물가변동으로 인한 계약금액의 조정에서 "계약체결 후 90일 이상 경과한 경우에 잔여공사에 대하여 산출내역서에 포함되어 있는 품목 또는 비목의 가격 등의 변동으로 인한 등락액이 잔여공사에 해당하는 계약금액의 100분의 3 이상인 때에는 계약금액을 조정한다. 다만, "도급인"의 책임 있는 사유, 태풍·홍수·폭염·한파·악천후·미세먼지 발현·전쟁·사변·지진·전염병·폭동 등 불가항력의 사태, 원자재 수급불균형, 근로시간단축 등의 사유로 계약이행이 곤란하다고 인정되는 경우에는 계약체결일(계약체결 후 계약금액을 조정한 경우 그 조정일)부터 90일 이내에도 계약금액을 조정할 수 있다"라고 규정하고 있다. 그리고 이어서 "계약금액에서 차지하는 비중이 100분의 1을 초과하는 자재의 가격이 계약체결일(계약체결 후 계약금액을 조정한 경우 그 조정일)부터 90일 이내에 100분의 15 이상 증감된 경우에는 "도급인"과 "수급인"이 합의하여 계약금액을 조정할 수 있다"라고 규정하고 있다. 따라서 건축주의 입장에서는 소규모 건설사업을 진행하는 경우 총공사금액의 3~5% 정도는 추가 공사비로 지출할 수 있음을 예상하고 사업수지를 구성하는 것이 바람직하다.

물량을 산출한 내역서를 근거로 견적을 받은 것이 아닌 부실한 허가도면을 근거로 부실한 시공사로부터 견적을 받은 후 공사를 진행하는 경우에는 위와 같은 물가변동으로 인한 도급금액의 조정 이외에 공사 내역에 없음을 이유로 하는 추가 공사비, 막무가내식의 이유 없는 공사비 증액을 청구당할 수 있어서 공사비가 두 배 이상 증가하거나 이를 감당하지 못해 건축주의 사업이 부도 처리되는 경우도 있다. 따라서 물량산출이 가능한 상세도면을 작성하여야 하고 견실하고 평판도 좋은 시공사 선정이 중요하다는 것은 아무리 강조해도 지나치지 않다.

물가변동으로 인한 공사비증액 배제특약의 효력

참고로 도급인과 수급인간에 표준도급계약서 위 제22조의 적용을 배제하는 약정을 한 경우 그 효력은 어떻게 되는가? 즉 "물가변동으로 인한 공사비 증액 청구를 인정하지 않는다"는 약정을 특별히 한 경우 시공사는 건축주에게 추후 물가변동으로 인한 공사비의 증액을 청구할 수 없을까?

최근 대한건설업협회가 국토교통부에 질의 회신한 바에 의하면 최근의 경제상황과 같이 비정상적인 물가변동 상황에서는 위와 같은 약정은 불공정한 약정으로 무효가 될 수 있다고 해석하고 있다. 즉 급격한 원자재 수급불안 등의 경제상황의 변동은 도급계약체결 당시 기초하였던 사정의 변경을 가져왔고 따라서 공사비 증액을 청구할 수 있는 여지가 있다고 국토교통부는 해석하고 있는 것이다. 이는 공사비 증액에 관한 법적 분쟁과정에서 중요한 참고자료가 될 수 있다.

결론적으로 위와 같은 조문 및 질의회신의 결과를 참조하되 소규모 건축사업을 진행하고자 하는 시행사 내지 건축주는 설계를 정밀하게 하고 시공사의 평판도 조사를 통해서 성실한 시공을 했던 경험이 있는 견실한 건설사를 선정하는 것이 추후 공사비 증액의 리스크를 줄이는 가장 중요한 방법인 것이다.

7.
시공관리 공정관리

가. 시공 감리제도의 한계

　다세대 빌라 신축사업의 경우 감리자를 선임하긴 하지만 비상주감리로서 사실상 시공감리 부실에 대한 충분한 책임을 묻기가 어렵다. 감리자가 제 역할을 다하고 있다면 전국적으로 부실시공의 문제나 공사중단의 사태가 벌어지기는 어려울 것이다.

　즉 일부 사례의 경우 지역 건설사와 감리자 간에 유대관계를 형성하여 시공관리가 제대로 이루어지지 않을 수 있다는 염려가 있을 수 있고 또한 건축설계사와 감리자가 다르더라도 같은 지역의 건축사로 서로 눈감아 주기의 우려가 일부 있을 수 있으며 특히 사용승인을 "得"하기 전에 이루어지는 준공검사도 경우에 따라서 봐주기식 검사가 이루어질 염려가 있는 것이 사실이다.

나. 전문 CM(Construction Management)사의 활용필요

　이러한 염려 상황에서 설계에 적합한 시공을 위해서는 어떠한 방식으로 공사 관리를 진행해야 할까? 건축시공은 설계도서를 바탕으로 진행하기 때문에 우선적으로 도면과 계약서를 세밀하게 작성하고 그에 따른 공사비를 산출해야 한다.

전문 CM업체를 활용하여 "설계도서"의 적정성을 검토하고 사업 전반에 걸친 공사 관리를 공사 진척도에 따라 다음과 같이 건축주의 요구에 맞게 사업관리업무를 진행해야 한다.

즉 공정율을 검수하면서 품질도 검수하고 원가절감 등의 활동을 전문적으로 진행 하는 믿을 만한 CM업체를 활용해야 한다. 건축주가 공사전문가가 아닌 한 공정관리와 품질관리를 해줄 수 있는 전문업체 선정은 필수적이다. 또한 CCTV 녹화, 공사일지, 각종 서류 등을 확보하는 시스템을 마련하여 매일같이 현장감리를 진행해야 한다.

품질관리와 더불어서 기성관리도 중요한 부분인데, 공사를 진행한 만큼 공사대금을 지불해야 하는 것은 아무리 강조해도 지나치지 않다.

다. 부실한 시공관리의 결과

앞서 언급한 사례인데 다시 언급하면 경기도 양평에서 공사비 백억 상당의 건축공사를 진행하는 건축주가 시공사의 추가 공사비 요구에 어떻게 대처해야 할는지에 대한 상담을 해 온 경우가 있었다. 즉 총공사비 100억 중에서 80억 상당의 공사비를 금융기관의 융자금으로 지불하였는데, 장기간 공사를 중단한 상태에서 추가로 공사비 지불을 요청하고 있다는 것이었다. 언뜻 보아도 현재 공정율은 30%를 넘지 않는 상태인데, 80억 원의 공사비를 지불한 것이다. 30% 공정율이라면 공사비 30억 이상을 지불하면 안 되는데, 공사 관리에 대한 전문지식이 없는 지역 금융기관에서는 시공사의 강력한 요청이 있었고 건축주도 어쩔 수 없이 동의하는 관계로 80억 원의 공사비를 지불한 것이었다.

이 경우 건설업자가 공사비에 투입한 돈은 10억도 안 될 것이다. 하도급업체에 계약금을 지불하면서 공사를 맡겼고 나머지 하도급대금을 지불하지 않고 있을 것이다. 이러한 상황에서 추가로 공사비를 지출할 수는 없는 것이다. 기존의 건설업자와 도급계약해지 및 중간타절을 진행하는 소송을 진행하자니 수년의 세월이 걸리는 상황이고 금융이자는 계속 불어날 것이고 일정 기간이 지난 후에는 원금상환압박도 받을 것이다.

건축주는 다른 재산이 전혀 없는 상황이었다. 이대로 공사를 진행하기 보다는 모라토리움을 선언하는 것이 합리적이라고 자문을 하였다. 추가로 공사비를 지불해도 시공사는 준공을 내줄 능력이 전혀 없는 경우였기 때문에 하도급업체, 금융사 등에게 더 이상의 피해를 입히기보다는 건축주가 부도선언을 하는 것이 합리적인 방법이라고 자문하였다.

100억 상당의 공사비라면 건축에 문외한인 건축주는 최소한 관리신탁을 맡겨 공사자금을 신탁사로 하여금 관리하게 하고 전문 PM(Project Management)사로 하여금 사업관리를 하게 하고 CM사로 하여금 품질관리와 시공사 관리를 맡겼어야 했다. 그렇다고 사업비가 시장가격보다 크게 늘어나지는 않는다. 공사비와 금융비, 신탁비를 줄이는 대신 보통 그 몫에서 PM비나 CM비를 책정하기 때문이다.

'매의 눈'으로 공사 관리하는 방법

시공사와 도급계약을 체결하고 공사가 시작되면 건축주는 이제 실제 공사 현장을 직면하게 된다. 도급계약서에는 아주 많은 내용이 있으며 소규모 건축공사라도 건축 공정이 다양하고 복잡해서 공사 현장을 전문가가 아닌 건축주가 관리하는 것이 현실적으로 어려운 일이다. 그렇다면 건축주는 어떻게 해야 할까?

먼저 시공사를 통제할 수 있는 서류들을 챙겨야 한다. 도급계약 후 시공을 시작하면 어느 순간 시공사가 자기 편의대로 공사를 진행하는 문제가 발생할 수 있다. 또한 갑자기 시공사의 하도급 협력업체나 민원인들로부터 부지에 가압류가 들어오는 경우도 왕왕 있다.

시공 현장에서 발생할 수 있는 다양한 상황에 대비해 서류들을 미리 검토해야 한다. 예를 들어 내 집을 짓는 업체가 각종의 보증서 발행능력이 있는지, 재무상태는 얼마나 건실한지 등을 파악하고 나서 도급해야 한다. 나아가 시공권포기각서나 수급인 및 하수급인들의 유치권포기각서를 빠짐없이 챙길 필요가 있다.

두 번째 공사대금의 관리 통제가 중요하다. 즉 도급계약 후 시공사가 기성금을 요구할 때 그대로 공사비를 내서는 안 된다. 가령 실제 공사는 2억 원 정도 시공한 상태인데 공사비로 4억 원을 지급해 버리면 이후에 시공사가 부당한 추가 공사비를 요구며 공사를 중단해 버리는 등 문제를 일으켜도 건축주는 시공사를 쉽게 내칠 수 없게 된다. 초과 지급된 공사대금을 되돌려받는 건 불가능에 가까워서 마음 아프게도 건축주는 시공사에게 계속 끌려다니게 된다.

따라서 시공사가 기성금을 달라고 할 때 건축주는 기성율을 평가한 후 실제 공사한 물량에 상응한 만큼만 지급해야 한다. 기성율에 따른 기성금이란 공사의 진행률에 따른 공정을 산출해 현재까지 시공된 부분만큼의 공사금액을 말한다.

통상적으로 약정 총공사비에 기성고율을 곱하여 산정한다.

* 기성고율=기시공 부분에 소요된 공사비/(기시공 부분에 소요된 공사비+미시공 부분에 소요될 공사비)
* 기성고=약정 총공사비×기성고율

이 산출식은 중간타절금 산출과 관련된 판례의 입장인데, 기성금을 지불하기 위한 평가에 참고가 될 수 있다.

가령 총공사비를 10억 원으로 도급계약했다고 하자. 현재 기성고율이 20%라면 2억 원 미만으로 기성금을 지급하는 게 맞다. 그런데 이미 지급된 금액이 1억 원이고 이번에 1억 2,000만 원의 청구가 들어와서 건축주가 이에 응하였다면 22%의 기성을 지급한 것이 되어 2,000만 원이 과다지급된 결과가 된다. 정확하게 기성율에 따른 기성고를 평가해 실제 현장에서 공사 진행이 된 것만큼만 지급을 해야 공사비 과다지급에 따른 피해를 예방할 수 있고 동시에 시공사를 통제할 수가 있다. 선급금보증서를 발행한 경우는 좀 다른데, 이는 후술한다.

세 번째로 공사 일정 관리가 중요하다. 공사 진행이 지지부진하면 계속해서 건축비 대출 이자를 내야 하는 건축주의 부담이 클 수밖에 없다. 따라서 공정표대로 공사가 진행되고 있는지 전문 CM사를 통해서 주기적으로 체크를 해야 한다.

마지막으로 안전사고에 유의하여야 한다. 건축주 직영공사를 한다면 더욱 그렇다. 직영공사 현장에서 사고가 날 경우 건축주가 직접 책임을 지는 것이 원칙이므로 각별히 주의해야 하며 경험이 많고 신뢰할 수 있는 업체와 거래를 통해 위험을 분산시켜야 한다.

건축은 나의 전 재산을 투자하여 진행하는 일생일대의 가장 큰 사업일 수 있다. 건축사무소나 시공사를 선택하고 공사를 진행하고 준공을 낼 때까지 한시도 긴장을 늦춰서는 안 된다는 것을 명심해야 한다.

〈서울경제 신문 기고문〉

내 집을 짓다가 불가피하게 도급계약이 중도 해지가 되면 기성고(Amount Of Work Completed)를 어떻게 평가할 것인가?

사고 없이 준공 된다면 좋겠지만, 건설 현장에서 너무 많은 사고가 있다 보니 기성고 산정방법에 대하여도 알고 있어야 한다.

첫 번째, 수급인이 요구하는 실제 투입된 비용이 기성고일까?

대개 수급인은 이미 시공한 부분에 실제로 투입한 비용을 기성고로 보려고 한다. 중간타절의 정산금액은 수급인 자신이 투입한 비용이 되어야 한다고 생각하는 것이 일반이다. 그러나 이 방법은 건축주에게 불리하다. 건축공사도급계약이 중도 해제된 경우 도급인이 지급해야 할 미완성 건물에 대한 보수는 특별한 사정이 없으면 당사자 사이에 약정한 총공사비를 기준으로 한다. 그 금액에서 수급인이 공사를 중단할 당시의 공사기성고 비율에 의한 금액이 되는 것이지 수급인이 실제로 지출한 비용이 기준은 아니다.

다시 말하면 도급인이 수급인(또는 하수급인)에게 약정된 공사도급금액 중 기성고의 비율에 따라 공사대금을 지급하기로 하였다면, 도급인이 지급하여야 할 공사대금은 약정된 도급금액에 기성고 비율을 곱하는 방식으로 산정해야 한다. 여기서 기성고 비율은 우선 약정된 공사의 내역과 그중 이미 완성된 부분의 공사 내용, 아직 완성되지 않은 공사 내용을 확정한 뒤, 공사대금지급의무가 발생한 시점을 기준으로 이미 완성된 부분에 관한 공사비와 미완성된 부분을 완성하는 데 소요될 공사비를 평가한다. 그 전체 공사비 가운데 이미 완성된 부분에 든 비용이 차지하는 '비율'을 산정하여 확정해야 한다.

* 기성고율=기시공 부분에 소요된 공사비/(기시공 부분에 소요된 공사비+미시공 부분에 소요될 공사비)
* 기성고=약정 총공사비×기성고율

예를 들어, 총공사비를 10억 원으로 약정했다고 하자. 중도에 공사도급계약이 해지될 때, 이미 시공된 데 든 공사비가 6억 원이고 미시공 부분에 들어갈 공사비가 6억 원이라면 기성고율은 6/12=0.5(50%)이고 기성고는 10억 원×0.5인 5억 원이다. 즉, 시공사가 투입한 비용이 6억 원이라고 주장하더라도 중간타절금액은 5억 원인 것이다.

두 번째, 기성고 산정에 관한 합의를 별도로 약정할 수 있을까?

건축공사도급계약에 있어 공사가 완성되지 못한 상태에서 상대방의 채무불이행을 이유로 계약을 해제하려는 경우를 보자. 공사가 상당한 정도로 진척돼 원상회복이 중대한 사회적, 경제적 손실을 초래하게 되고 완성된 부분이 도급인에게 이익이 될 때는 미완성 부분에 대해서만 도급계약이 실효성 있다. 수급인은 해제된 상태 그대로 그 건물을 도급인에게 인도하고 도급인은 인도받은 건물에 대한 보수를 지급할 할 의무가 있기 때문에 도급인이 지급해야 할 보수는 당사자 사이에 약정한 총공사비를 기준으로 한다. 그 금액에서 수급인이 공사를 중단할 당시의 공사기성고 비율에 의한 금액이 된다.

(참고-대법원 1992.3.31. 91다42630 판결, 대법원 1996.1.23. 선고 94다31631, 대법원 1993.11.23. 선고 93다25080)

〈서울경제 기고문〉

8.
분양마케팅

건축부지 선정 단계부터 여러 부동산 사무실을 탐문 조사하여 해당 지역의 거시경제 (주택수, 인구수 등)지표를 분석하여 수요가 있는 지역에 부지를 선정해야 한다.

샘플하우스에 소품, 가구 등을 전시하여 건물 사진 촬영을 전문으로 하는 업체 등과 협의하여 최대한 품질 좋은 사진을 촬영하고 분양 홈페이지를 꾸미면 좋다. 저렴하게 홈페이지를 제작하거나 분양 전문 홈페이지를 대여해 주는 곳도 있다. 홈페이지를 제작하여 네이버 키워드 광고를 홍보하는 전략은 분양에 많은 도움이 된다.

그리고 지역 공인중개사는 분양가를 낮게 책정하는 경향이 있다. 최대한 빨리 처분해서 중개보수를 받을 목적이 크다. 따라서 건축주 스스로 실거래가 조회를 통해서 인근지 유사 상품의 분양 가능한 가격을 조사해야 한다. 분양가표를 작성하고 홍보자료 제작 시 다세대 빌라와 오피스텔의 경우 전용면적 대비 서비스 면적이 상당히 크게 나오기 때문에 실제 사용 가능한 면적이 크다. 따라서 평면도를 그려서 인근지 소형아파트와 면적과 비교해서 설명해 주는 자료를 만들면 평형대별 집의 크기가 아파트보다 넓다는 것을 보여 줄 수 있다.

그리고 성실한 중개사무소에 사진 자료와 분양가표를 배포해야 한다. 즉 온라인 매물

홍보 사이트와 제휴하고 있고 인터넷 홍보에 적극적인 지역 공인중개사 사무소를 조사하여 매물의 판매를 의뢰해야 한다.

건축주의 사업목적에 따라 분양을 하지 않고 주택임대사업자등록을 해서 장기 보유해도 수익률 측면에서 상당히 유리한 경우가 있다. 다만 현재는 종부세 합산배제라든지 여러 가지 혜택이 많이 남아 있는 제도는 건설임대사업자 제도이다. 준공 이전에 건설임대사업자로 등록하고 의무임대사업기간 10년을 채웠을 때 가격이 두세 배 이상 상승 가능한 지역이라면 그리고 건축을 위한 사업비 대출금은 전세보증금의 일부로 상환이 가능한 조건이라며 수익률로 계산 시 굳이 싸게 분양할 필요는 없을 것이다.

VI.

민간건설표준
도급계약서
해설

1.
서론

　"민간건설표준도급계약서"는 경험 없는 건축주와 전문 시공업체 간의 평등하고 공정한 법률관계를 규율하기 위한 규정이라고 한다. 그런데, 경험이 많은 시행사와 대형 건설사 간의 도급계약서로 활용할 만한 가치가 크지만 무경험한 건축주와 영세건설사 간의 도급계약으로는 바람직하지 않은 것 같다. 즉 무경험 건축주와 양아치 건설사 간의 도급계약은 달라야 된다는 것이다. 따라서 본 서에서는 최신 개정된 "민간건설표준도급계약서"의 의미를 해석하고 소규모 건축사업에 특화된 내용들을 보완하거나 수정하는 안을 제시하고자 한다.

2.
공사명, 공사장소, 착공년월일, 준공예정년월일

가. 원문

<table>
<tr><td colspan="1" align="center">민간건설공사 표준도급계약서</td></tr>
<tr><td>
1. 공사명:

2. 공사장소 :

3. 착공년월일 :

4. 준공예정년월일 :
</td></tr>
</table>

나. 해설

<table>
<tr><td align="center">민간건설공사 표준도급계약서</td></tr>
<tr><td>
1. 공사명: 영등포구 신길동 근생 및 다세대주택 신축공사

2. 공사장소 : 서울특별시 영등포구 신길동 310-00
</td></tr>
</table>

3. 착공년월일 : 2023년 2월 5일

  (착공허가가 시공사 귀책사유 없이 지연되는 경우 수급인의 현장인수일로 수정 기재

  하며 연장된 일수 만큼 준공예정일도 연장됨)

4. 준공예정년월일 : 2023년 8월 5일 (준공 서류접수일 기준)

공사명과 공사장소를 위와 같이 기재한다. 착공이란 공사에 착수하는 것을 말한다. 착공을 하기 위해선 해당 관청에 착공허가를 받아야 한다. 착공허가를 받기 위해선 해당 관청에 착공허가신청서와 관련 서류를 첨부하여 제출하여야 한다. 착공허가는 건축설계계약체결 시 건축사의 업무대행 용역범위로 되어 있는 경우가 대부분이다.

준공예정년월일 옆에 시공자 측에 의해 준공기한 '협의조정 가능'이라는 문구를 부기하는 경우가 있다. 그러나 이는 건축주가 시공자에게 지체배상책임을 묻지 못하는 근거가 될 수 있기 때문에 부기하지 않도록 한다.

그리고 준공예정년월인을 준공 내지 사용승인을 득한 날로 해석한다면 시공자 입장에서 공사를 완성하였으나 행정관청의 사정으로 사용승인이 늦어지는 경우도 있기 때문에 다툼의 소지가 있다. 따라서 준공예정년월일은 준공서류접수일로 명기하는 것이 바람직해 보인다. 즉 준공서류접수를 하였다는 것은 공사를 이미 완성하였다는 의미이기 때문에 이의 문구를 명확히 부기하는 것이 좋다.

착공허가가 시공자의 귀책사유 없이 늦어지는 경우가 있기 때문에 실제 착공은 늦어질 수 있다. 따라서 이에 대비한 약정도 위와 같이 부기해야 한다.

3.
계약금액 기재방법

가. 원문

> 5. 계약금액 : 일금　　　　　원정 (부가가치세 포함)
>
> 　노무비[1] : 일금　　　　원정, 부가가치세 일금　　　　원정)
>
> 1) 건설산업기본법 제88조제2항, 동시행령 제84제1항 규정에 의하여 산출한 노임

나. 해설

> 5. 계약금액 : 일금 일십억 (₩ 1,000,000,000) 원정 부가가치세 포함)
>
> 　(노무비[1] : ₩282,642,369, 부가가치세: ₩10,018,612)
>
> 1) 건설산업기본법 제88조제2항, 동시행령 제84제1항 규정에 의하여 산출한 노임

　정확한 계약금액, 즉 총공사비를 기재한다. 예를 들어 '일십억 원(부가가치세 포함)'으로 기재하였다는 것은 공사비 관련 부가가치세는 건설사가 부담한다는 뜻이다. 보통 도급계약서는 시공사가 작성하여 건축주에게 확인받는 것이 일반적이기 때문에 건축주

의 입장에서는 건설사에서 '부가가치세별도'라고 기재된 계약서를 건축주에게 제시하여 날인받아 갈 수 있으니 건축주의 입장에서 주의를 요한다.

계약금액은 대규모 공사에서는 직접공사비만을 의미하지만 소규모 건축에서는 일괄적으로 공사금액에 포함시키는 약정을 하는 편이 건축주의 입장에서 편리하다. 따라서 '도급계약서상 계약금액 일십억 원은 각종의 철거비(별도로 약정하는 것이 일반적임), 공사 관련 공조공과금, 하자이행보증금, 폐기물처리비, 입주청소비, 전기, 가스, 수도 인입비 등(전기, 가스 인입비는 건축주 부담으로 특약하는 것이 일반적임)을 포함한 총공사비를 포함한다'는 특약을 특수조건 별지에 기재한다.

건축주의 입장에서는 금액이 조금 있는 철거비와 인입비를 포함시킨 공사비인지 제외시킨 공사비인지를 주의 깊게 확인해야 한다.

만약 추가 공사의 필요성이 발생하고 도급계약상의 근거가 있는 공사비 변경이 되는 경우라면 〈공사비 변경계약서〉를 별도로 작성해야 한다.

건설산업기본법 제88조(임금에 대한 압류의 금지)
① 건설업자가 도급받은 건설공사의 도급금액 중 그 공사(하도급한 공사를 포함한다)의 **근로자에게 지급하여야 할 임금에 상당하는 금액은 압류할 수 없다.**
② 제1항의 임금에 상당하는 금액의 범위와 산정방법은 대통령령으로 정한다.

제84조(압류대상에서 제외되는 노임의 산정방법 등)
① 법 제88조제2항의 규정에 의한 노임에 상당하는 금액은 **당해 건설공사의 도급금액 중 산출내역서에 기재된 노임을 합산하여 이를 산정한다.**
② 건설공사의 발주자(하도급의 경우에는 수급인을 포함한다)는 **제1항의 규정에 의한 노임을 도급계약서 또는 하도급계약서에 명시하여야** 한다.

이 규정에 따라 압류가 금지되는 근로자의 노임에 대한 제3자(공사 수급인의 채권자)의 압류는 무효가 된다. 노임 만큼은 지불해야 된다는 취지의 규정이다. 가령 공사대금에서 노임의 비율이 30%이고 공사기성금이 지불되기 전에 수급인의 공사대금채권에 대한 (가)압류통지서가 건축주나 공사비를 관리하는 신탁사에 도달하였다면 건축주나 신탁사는 압류가 금지되는 노임에 대해서는 지불해도 무방하다. 다만 공사비 중 노임을 제외한 부분은 지불하면 안 된다. 만약 건설사에게 노임 이외의 공사비를 지불한 경우에는 건설사 내지 수급인의 채권자에게 이중으로 지불해야 되는 사태가 벌어질 수 있다.

문제는 건설사와 그의 채권자간의 다툼이 장기화될 경우 건축주는 공사비를 건설사에 지불할 수 없고 공사대금에 대한 지연이자 발생을 막기 위해서 건축주가 나머지 공사대금을 공탁을 할 수 있다. 이 경우 현실적으로 건설사는 더 이상 공사를 진행 시킬수 없고 공사중단의 사태를 맞이하게 된다.

자력이 있는 건설사라면 자체 자금으로 공사를 진행시키겠지만 중소규모 건설사가 수주한 현장의 경우 어쩔 수 없이 공사가 중단될 수밖에 없는 것이다.

중소규모 건설 현장의 경우 종합건설업 면허를 대여받아서 수주하는 건설 브로커들이 아직도 많다. 이러한 현장에서는 특히 면허를 대여한 종합건설사의 채권자들(여기저기 면허대여 현장의 하수급인들)이 많을 수 있기 때문에 공사대금채권 (가)압류 사태가 비일비재하게 일어난다. 시공사 선정 시 특히 주의해야 할 이유가 된다.

[참고 판례] 대법원 2005.6.24. 선고 2005다10173 판결
대법원은 **도급계약서 또는 하도급계약서에 노임액 부분과 그 밖의 공사비 부분을 구분하지 아니함**으로써 압류명령의 발령 당시 압류의 대상인 당해 공사대금채권 중에서 압류금지채권액이 얼마인지를 도급계약서 그 자체의 기재에 의하여 형식적·획일적으로 구분할 수 없는 경우에는 위 **공사대금채권 전부에 대하여 압류금지의 효력이 미치지 아니한다**고 보아야 한다고 판단하였는바, 이러한 대법원의 판단에 따르면 **압류가 금지되는 노임액을 명시하지 않았다면 전체 공사대금에 대하여 압류금지의 효력이 미치지 않는다**는 것이다.

4.
계약보증금, 선금, 기성 부분금 지불방식

가. 원문

6. 계약보증금 : 일금   원정
7. 선   금 : 일금   원정(계약체결 후 일 이내 지급)
8. 기성 부분금 : ( )월에 1회

나. 해설

6. 계약보증금 : 일금 일억 (₩100,000,000) 원정 (계약이행보증서로 대체)
7. 선   금 : 일금 일억 원정 (₩100,000,000) 원정 (선급금이행보증서와 상환)
8. 기성 부분금 : 별지의 특수조건에지불방식을 정함

다. 건설공사 이행단계별 보증

계약체결	계약보증
선급금지급	선급금보증
하도급계약체결	하도급대금지급보증
공사 완료	하자보수보증

라. 계약보증

　민간건설공사에 적용되는 '민간건설공사표준도급계약서' 및 '건설공사표준하도급계약서'에서는 계약보증금을 현금 또는 보증서로 납부하도록 규정하고 있다.

　계약보증금을 납부하고 건설공사도급계약을 체결한 수급인이 정당한 이유 없이 계약상의 의무를 이행하지 않는 때에는 해당 계약보증금은 도급인에게 귀속된다. 만일, 계약보증금을 보증기관의 보증서로 제출한 경우에는 도급인은 보증기관을 상대로 계약보증금의 지급을 청구하게 된다.

　계약이행보증서는 건설공제조합이나 서울보증보험에서 발행한 보증서를 이용해야 한다. 소규모 건축 현장에서는 한국보증보험, 대한투자보증보험 등 들어 본 듯한 사설 보증서를 건축주가 믿고 수령한 후 계약금이나 선급금을 지불하는 경우도 발생하는데, 공사 관련 문제 발생 시 보험금을 수령하지 못하는 경우가 생길 확률이 높다.

　계약보증은 건설공사도급계약상의 의무불이행으로 인하여 도급인이 입게 되는 모든 손해에 그 효력이 미치는 것이 원칙이다. 계약보증의 효력이 미치는 범위를 구체적으로 살펴보면 다음과 같다.

a. 공사 지연으로 인한 손해

계약보증금은 건설공사도급계약의 수급인이 그 귀책사유로 도급계약을 불이행하는 경우에 그로 인한 수급인의 도급인에 대한 손해배상채무의 이행을 보증하기 위한 것이므로, 수급인의 귀책사유로 공사의 완공이 지연된 경우, 그 지연으로 인한 손해배상채무도 당연히 계약보증금으로 담보되는 손해의 범위에 속한다. 건설공사도급계약에서 계약보증금의 약정과 함께 공사 지연에 따른 지체상금의 약정이 있는 경우에 그 **지체상금액은 계약보증의 효력이 미치는 범위에 속하므로, 수급인의 동일한 의무불이행에 대하여 계약보증금을 청구하는 외에 별도로 지체상금의 지급을 청구할 수 없다.** 다만, 계약보증금을 초과한 지체상금을 배상한다는 규정이 있는 경우에는 그 초과된 부분에 대하여 계약보증금과 별도로 지체상금이 인정될 수 있을 것이다.

b. 수급인의 선급금 반환의무

수급인의 귀책사유로 인하여 계약이 해제 또는 해지되어 도급인으로부터 지급 받은 선급금을 반환할 의무가 발생한 경우에, 그 선급금 반환의무는 수급인의 채무불이행에 따른 계약의 해제 또는 해지로 인하여 발생한 것이므로, 특약이 없는 한 계약보증금으로 담보되는 손해의 범위에 속한다.

마. 선급금보증

도급인은 기성금을 지급할 때마다 **선급금 전체 금액에서 기성고 비율에 해당하는 선급금을 해당 기성금에서 공제한 나머지 기성금만을 지급**하는 방식으로, 순차로 선급금을 공사대금에서 공제하는데, 공사가 도중에 해제 또는 해지된 경우, 수급인은 도급인에게 기성금으로 공제되지 아니한 나머지 선급금을 반환할 의무를 부담하게 된다. 수급인은 선급금을 수령할 경우에, 이러한 선급금 반환채무를 보증하기 위하여 보증기관으로부터 발급받은 보증서를 도급인에게 제출할 의무가 있다. 선급금은 노임지급 및 자재

확보에 우선 지출해야 한다.

바. 하도급대금지급보증

　수급인은 도급받은 건설공사에 대하여 하도급계약을 체결하는 경우, 하수급인에게 하도급대금의 지급을 보증해 주어야 하는 것이 원칙이다(건설산업기본법 제34조 제2항, 하도급거래공정화에 관한 법률 제13조의 2 제1항). 하도급대금지급보증은 보증금 예치방식 또는 보증서 제출방식에 의할 수 있지만(하도급거래공정화에 관한 법률 제13조의 2 제2항), 거의 대부분 보증서 제출방식에 의하고 있다.

　하도급대금지급보증은 '하도급거래 공정화에 관한 법률'이 정한 바에 따라 보증대상 및 보증금액 등이 결정되며, 2개 기관 이상의 외부신용 평가기관으로부터 회사채 신용등급 A0등급 이상으로 평가된 경우와 하수급자와 **하도급대금직불에 동의한 경우**에는 이 보증서를 교부할 의무는 없다.

사. 하자보수보증

　건설공사도급계약의 수급인은, 당해 공사의 준공검사 이후 그 공사의 준공대금을 지급받기 전까지, 자신이 완성한 공사목적물에 발생할 수 있는 하자에 대한 보수의무의 이행을 보증하기 위하여, 하자보수보증금을 현금 또는 보증서로 납부하여야 한다. 하자보수보증금은 공사의 종류별로 각각 다른데, 계약금액의 100분의 2 이상 100분의 5 이하에 해당하는 금액으로 한다.

　도급인은 하자보수보증금을 하자담보책임기간 동안 보관하여야 하고, 하자보수보증금은 하자담보책임기간이 만료된 후 하자유무에 대한 최종검사를 실시하여 합격하면 수급인에게 반환된다.

　수급인이 하자보수의무를 이행하지 않는 때에는 당해 하자보수보증금을 몰취할 수 있다. 하자보수보증금을 보증기관의 보증서로 제출한 때에는 당해 보증기관으로부터 보증금을 지급 받게 된다.

5.
지급자재의 품목 및 수량

가. 원문

9. 지급자재의 품목 및 수량

나. 해설

9. 지급자재의 품목 및 수량 : 없음 또는 계약 특수조건에 명기

　지급자재의 품목 및 수량은 계약서 갑지에 작성하지 말고, "계약 특수조건에 명기"로 쓰고 계약 특수조건에 지급자재 목록을 첨부할 수 있다. 다만 관급공사와 달리 민간건설공사에서는 건축주의 입장에서 1회성 시공을 하는 경우가 많아서 지급 재재가 없는 경우가 많다.

　그런데, 실무에서 건설사가 제시하는 도급계약서에는 계약상 공사대금이 저렴한 것처럼 보이기 위해서 내장공사에 필요한 자재 등을 지급자재로 정해 놓는 경우가 있다.

즉 싱크대, 도기, 신발장 가구 등 내장공사에 필요한 자재는 건축주가 지급하는 것으로 별도로 약정하는 경우가 있다. 공사비의 함정에 빠지지 말아야 한다.

6.
하자담보책임

가. 원문

> 10. 하자담보책임(복합공종인 경우 공종별로 구분 기재)

나. 해설

> 10. 하자담보책임(복합공종인 경우 공종별로 구분 기재) : 별지의 공사계약 특수조건에
>   의함

복합공종인 경우 양식이 좁아서 내용을 전부 기재할 수 없어서 별지에 기재하고 별지
특수조건에서 해설한다.

7.
지체상금율

가. 원문

> 11. 지체상금율 :

나. 해설

> 11. 지체상금율 : 총공사대금×(0.1)%/日

    지체상금율은 건설사가 준공예정일보다 공사를 늦게 준공할 경우, 얼마의 율로 지체상금을 계산하는가이다. "0.1%/日"로 기입하는 것이 보통이다. 즉 3%/月의 지체상금이 부과되며, 공사비가 10억이고 1달을 늦게 준공했다면, 지체상금은 3,000만 원이다.

지체상금(지체보상금)

공사기간 내에 공사를 완공하지 못한 경우 수급인이 도급인(건축주)에게 지급하기로 하는 손해배상의 예정금액을 말한다.

계약금액에 지체한 날짜에 정해진 지체상금률(보통 1/1000~3/1000)을 곱하여 산출한다.

공사가 장기간에 걸쳐서 시행될 경우 그 사이에 공사완성에 장애가 되는 사정이 발생할 가능성이 높다. 때문에 손해에 대한 입증곤란을 덜기 위해서는 반드시 특약해야 한다.

지체상금약정과 별도로 손해배상을 약정한 경우 그 약정에 의한다.

가령 "공사완공을 준공약정일로부터 3개월 이상 지체하는 경우 공사대금의 10%를 감액한다"라는 특약을 별도로 할 수도 있을 것이다.

다만 지체상금액이 일반 사회인이 납득할 수 없는 범위를 넘어 부당하게 과다하다고 인정하는 경우에 이를 적당히 감액할 수 있다.(대판 2002.9.4. 선고 2001다 1386)

8.
공사비 지체에 따른 지연이자율

가. 원문

12. 대가지급 지연이자율 :

13. 기타사항 :

나. 해설

12. 대가지급 지연이자율 : 이행기 도래한 공사대금액×(0.1)%/月

13. 기타사항 :

　건축주가 공사비를 늦게 지급한 경우의 지연이자율이다. 일반적으로 3%/월로 책정되며, 가령 마지막 기성 1억 원을 1달 늦게 지급한 경우 대가지연이자는 300만 원이다.

9.
붙임서류

가. 원본

> "도급인"과 "수급인"은 합의에 따라 붙임의 계약문서에 의하여 계약을 체결하고, 신의에
> 따라 성실히 계약상의 의무를 이행할 것을 확약하며, 이 계약의 증거로서 계약문서를 2
> 통 작성하여 각 1통씩 보관한다.
>
> 붙임서류 : 1. 민간건설공사 도급계약 일반조건 1부
>
>   2. 공사계약 특수조건 1부
>
>   3. 설계서 및 산출내역서 1부
>
>   년   월   일

나. 해설

> "도급인"과 "수급인"은 합의에 따라 붙임의 계약문서에 의하여 계약을 체결하고, 신의에
> 따라 성실히 계약상의 의무를 이행할 것을 확약하며, 이 계약의 증거로서 계약문서를 2
> 통 작성하여 각 1통씩 보관한다.

붙임서류 : 1. 민간건설공사 도급계약 일반조건 1부

2. 공사계약 특수조건 1부

3. 설계서 및 산출내역서 1부(공사시방서, 설계도면, 물량내역서)

4. 견적 조건(별지)

5. 일정별 공정표

6. 유치권, 가압류, 압류 포기각서(인감증명서 첨부), 시공권포기각서(인감증
명서 첨부)

7. "도급인", "수급인"의 사업자등록증 사본 1부

8. "수급인"의 법인등기부등본

9. "수급인"의 통장사본 1부

2023년 1월 2일

"도급계약 일반조건"은 국토교통부에서 고시한 민간건설표준도급계약서의 내용이고 "공사계약 특수조건"은 당사자 간에 별도로 특약한 내용이다.

설계서는 공사시방서, 설계도면(물량내역서를 작성한 경우 이를 포함한다) 및 현장설명서를 말한다.

사전적 의미의 시방서(示方書)는 공사 따위에서 일정한 순서를 적은 문서를 의미한다.

견적 조건은 공사대금 산출내역서로 건설업체에서 견적 작성한 내역을 말하는데, 작업인력들의 4대 보험가입비용이 반드시 포함되어야 한다.

일정별 공정표는 공정률과 공정률 달성 연월일이 기재된 시트를 의미한다. 이는 공사대금 지불시기와 지체배상책임을 묻기 위한 자료가 된다.

시공권포기각서는 보통의 경우 챙기지 못하는 경우가 많은데, 건설사가 중도에 부당한 이유로 한 공사중단 등 도급계약해지 사유가 발생한 경우 건설사를 교체하기 위한 수단으로 필요한 서면이다. 인감증명서를 반드시 첨부해야 하는데, 3개월마다 기성금을 지불하면서 교체요구를 해야 한다.

10.
도급인 · 수급인 기재방법

가. 원문

도 급 인	수 급 인
주소 : 성명 :　　　　　　(인)	주소 : 성명 :　　　　　　　(인)

나. 해설

도 급 인	수 급 인
주소 : 서울시 영등포구 가마산로 61길 14 성명 : 김영훈　　(인) 주민등록번호 : 651115-1433614	주소 : 서울시 강남구 테헤란로63길26 성명 : 닥터빌드 대표이사 민경호(인) 법인등록번호 : 110111-3577000

도급인은 건축주(발주자)이고 수급인은 건설업자(시공사)이다.

주민등록번호나 법인등록번호는 표준도급계약서에는 없는 양식이지만 당사자 특정을 위한 계약서에서는 기재하는 것이 정상이다.

직영공사의 경우 종합건설업 면허가 없는 개인건설업자와 계약하는 경우가 있는데, 이러한 개인인 건설업자인 경우에는 신분증으로 당사자를 확인하고 사업자등록증을 첨부한다. 그리고 개인 인감도장을 날인하고 3개월 이내에 발행된 인감증명서를 첨부한다. 다툼이 생겨 계약이 해지된 경우 신분증이나 인감증명서상의 주민등록번호가 반드시 필요하다.

건설업자가 일반 법인인 경우에는 법인등기부등본상의 주소를 기재하고 법인명칭과 법인상호, 대표자 이름을 기재하고 법인인감도장을 날인한다. 그리고 사업자등록증, 법인등기부등본, 법인인감증명서를 첨부한다.

종합건설법인인 경우에는 법인등기부등본상의 법인주소를 기재하고 성명란에 법인명칭과 대표이사 이름을 기재하고 법인인감도장을 날인한다. 그리고 법인등기부등본과 인감증명서를 첨부한다.

규모가 너무 작은 소규모 현장공사의 경우 건설사도 영세하다. 이러한 경우 개인의 신용을 보강할 필요가 있는데, 이를 위해 건설법인 대표자 개인의 주소, 이름을 추가로 기재하고 개인 인감도장 날인 후 인감증명서를 첨부한다. 그런데, 신용이 있는 개인이어야 하기 때문에 대표자 개인의 신용확인이 필요하다. 즉 대표자 개인의 재산세 납부증명, 신용등급 입증 서면을 제출받는다.

11.
총칙, 정의

가. 원문

제1조(총칙) "도급인"과 "수급인"은 대등한 입장에서 서로 협력하여 신의에 따라 성실히 계약을 이행한다.

제2조(정의) 이 조건에서 사용하는 용어의 정의는 다음과 같다

1. "도급인"이라 함은 건설공사를 건설업자에게 도급하는 자를 말한다.

2. "도급"이라 함은 당사자 일방이 건설공사를 완성할 것으로 약정하고, 상대방이 그 일의 결과에 대하여 대가를 지급할 것을 약정하는 계약을 말한다.

3. "수급인"이라 함은 "도급인"으로부터 건설공사를 도급받는 건설업자를 말한다.

4. "하도급"이라 함은 도급받은 건설공사의 전부 또는 일부를 다시 도급하기 위하여 "수급인"이 제3자와 체결하는 계약을 말한다.

5. "하수급인"이라 함은 "수급인"으로부터 건설공사를 하도급받은 자를 말한다.

6. "설계서"라 함은 공사시방서, 설계도면(물량내역서를 작성한 경우 이를 포함한다) 및 현장설명서를 말한다.

7. "물량내역서"라 함은 공종별 목적물을 구성하는 품목 또는 비목과 동 품목 또는 비목의 규격·수량·단위 등이 표시된 내역서를 말한다.

8. "산출내역서"라 함은 물량내역서에 "수급인"이 단가를 기재하여 "도급인"에게 제출한 내역서를 말한다.

나. 해설

도급인은 건축주를 의미하고 수급인은 건설사를 의미한다. 도급인(건축주)과 수급인(건설사) 간에 도급계약을 체결하고 수급인(건설사)와 하수급인(하도급업체) 간에는 하도급계약을 체결하게 된다. 즉 도급인과 하수급인은 직접 계약의 당사자는 아니다.

설계서에는 **설계도면**(물량내역서를 작성한 경우 이를 포함한다)외에 **공사시방서**, 및 **현장설명서**를 포함하는 명칭이다.

사전적 의미의 **시방서**(示方書)는 공사 따위에서 일정한 순서를 적은 문서를 의미한다. 제품 또는 공사에 필요한 재료의 종류와 품질, 사용처, 시공 방법, 제품의 납기, 준공 기일 등 설계도면에 나타내기 어려운 사항을 시방서에 명확하게 기록한다. 시방서의 종류는 건축시방서, 도장공사시방서, 방수공사시방서, 유리공사시방서, 인테리어시방서 등등 각종 공사의 부분부분 상세하게 들어가며 공사의 종류에 따라 더 세세하게 나눠질 수 있다.

현장설명서란 시행하고자 하는 공사의 전반적인 사항, 즉 공사명, 공사목적, 현장위치, 공사개요, 공사범위, 지급자재, 공사기간, 특기사항 등에 대해 명시한 문서를 말한다. 공사기간을 명시할 때는 기간 연장의 인정 범위를 함께 기재하도록 한다. 그리고 공사를 쉽게 이해할 수 있도록 특기사항을 모두 표기하고, 설계변경사항 등 특히 발주기관이 필요하다고 판단되는 사항에 대해 추가로 명기한다. 현장설명서와 현장 여건 또는 설계내용이 상이할 때는 설계변경의 조건이 성립될 수 있다.

물량내역서는 전체 공종별 공사에 필요한 자재의 품명과 수량을 표시한 서류이다. 철근량, 레미콘량, 목재, 타일 등 도면에 의한 적산으로 공사에 투입될 자재물량을 제곱미터나 수량, 세제곱미터 등으로 산출한 자료이다.

산출내역서는 물량내역서를 근거로 전체 공사의 공종별로 사용되는 자재의 품명과 수량에 재료비, 노무비, 경비 등의 **단가**를 명시한 자료이다. 다만 내역서에 기재되는 단가는 표준품셈이나 물가정보지를 참고하여 작성하는 경우가 많아 실제 공사비와는 큰 차이가 있을 수 있다.

물량내역서와 산출내역서는 견적을 받을 때 필요한 서류이고 공사기성금액을 산정하는 근거가 되며 설계변경 시 그 기준이 된다.

보통 설계비에는 물량내역서 작성 비용이 들어가 있지 않는 경우가 많다. 따라서 설계계약을 할 때 반드시 물량내역서 작성 비용이 포함되어 있는지 확인할 필요가 있다.

견적을 받는 경우 평당 공사비 얼마에 해 주겠다는 시공사를 신뢰하면 안 된다. 물량도 모르고 계약을 하는 시공사는 추후 추가 공사비를 반드시 청구할 의도를 가지고 있다.

시방서, 물량내역서, 산출내역서 등은 인터넷 **검색**을 해 보면 양식을 찾아 참조해 볼 수 있다.

12.
계약문서

가. 원문

제3조(계약문서) ① 계약문서는 민간건설공사 도급계약서, 민간건설공사 도급계약 일
반조건, 공사계약 특수조건, 설계서 및 산출내역서로 구성되며, 상호 보완의 효력을 가
진다.

② 이 조건이 정하는 바에 의하여 계약 당사자 간에 행한 통지문서 등은 계약문서로서의
효력을 가진다.

③ 이 계약조건 외에 당사자 일방에게 현저하게 불공정한 경우로서 다음 각 호의 어느
하나에 해당하는 특약은 그 부분에 한하여 무효로 한다.

1. 계약체결 이후 설계변경, 경제상황의 변동에 따라 발생하는 계약금액의 변경을 상당
한 이유 없이 인정하지 아니하거나 그 부담을 상대방에게 전가하는 특약

2. 계약체결 이후 공사 내용의 변경에 따른 계약기간의 변경을 상당한 이유 없이 인정하
지 아니하거나 그 부담을 상대방에게 전가하는 특약

3. 본 계약의 형태와 공사 내용 등 제반사정에 비추어 계약체결 당시 예상하기 어려운
내용에 대하여 상대방에게 책임을 전가하는 특약

4. 계약 내용에 대하여 구체적인 정함이 없거나 당사자 간 이견이 있을 경우 그 처리방
법 등을 일방의 의사에 따르도록 함으로써 상대방의 정당한 이익을 침해하는 특약

5. 계약불이행에 따른 당사자의 손해배상책임을 과도하게 경감하거나 가중하여 정함으로써 상대방의 정당한 이익을 침해하는 특약

6. 「민법」 등 관계 법령에서 인정하고 있는 상대방의 권리를 상당한 이유 없이 배제하거나 제한하는 특약

④ 계약문서 작성에 따른 인지세는 각 50%씩 수급인과 도급인이 부담한다. 다만, 도급인과 공동수급체가 체결하는 공동계약의 경우는 공동 수급체의 구성원 간의 계약액의 지분율에 따라 부담한다.

나. 해설

제3조(계약문서) ① 계약문서는 민간건설공사 도급계약서, 민간건설공사 도급계약 **일반조건**, 공사계약 **특수조건**, **설계서** 및 **산출내역서**로 구성되며, 상호 보완의 효력을 가진다.

→ 다만 민간건설공사 도급계약 일반조건과 공사계약 특수조건은 일반법과 특별법의 관계를 가진다(특별법 우선의 원칙).

→ 해설: 일반조건과 다른 내용의 특약을 특수조건에 기재한 경우 특수조건의 내용이 우선한다는 내용을 추가하는 것이 좋겠다. 가령 하자담보책임의 내용을 일반조건 기재사항보다 강화하는 내용을 특수조건에 기재하는 경우도 있을 수 있다.

② 이 조건이 정하는 바에 의하여 계약 당사자 간에 행한 통지문서 등은 계약문서로서의 효력을 가진다.

③ 이 계약조건 외에 당사자 **일방에게 현저하게 불공정한 경우**로서 **다음 각 호의 어느 하나에 해당하는 특약은 그 부분에 한**하여 무효로 한다.

1. 계약체결 이후 설계변경, 경제상황의 변동에 따라 발생하는 계약금액의 변경을 상당한 이유 없이 인정하지 아니하거나 그 부담을 상대방에게 전가하는 특약

→ 해설: 설계변경 시 계약금의 변경은 당연한 것인데, 상당한 이유 없이 인정하지 아니한다는 약정은 무효가 될 수 있다. 계약 이후 경제상황의 변동(가령 자잿값의 현저한 상승)이 생기더라도 일체 계약금액의 변경을 인정하지 아니하는 취지의 약정도 무효가 될 수 있다.

2. 계약체결 이후 공사 내용의 변경에 따른 계약기간의 변경을 상당한 이유 없이 인정하지 아니하거나 그 부담을 상대방에게 전가하는 특약

→ 해설: 공사 내용이 변경되면 공사기간도 늘어날 수 있는데, 공기연장을 전혀 인정하지 아니하는 약정, 공기연장에 대한 책임을 도급인에게만 부과하는 약정은 무효가 될 수 있다.

3. 본 계약의 형태와 공사 내용 등 제반사정에 비추어 계약체결 당시 예상하기 어려운 내용에 대하여 상대방에게 책임을 전가하는 특약

→ 해설: 계약체결 당시 또는 지질조사 시 전혀 예측하지 못한 지하 암반이 발견된 경우 모든 추가 비용과 책임을 도급인에게 부과하는 약정은 무효될 수 있다.

4. 계약 내용에 대하여 구체적인 정함이 없거나 당사자 간 이견이 있을 경우 그 처리방법 등을 일방의 의사에 따르도록 함으로써 상대방의 정당한 이익을 침해하는 특약

→ 해설: 본 계약 내용에 대하여 정함이 없거나 이견이 있는 경우 도급인의 의사에 따른다는 식의 약정은 불공정한 약정으로 무효될 수 있다.

5. 계약불이행에 따른 당사자의 손해배상책임을 과도하게 경감하거나 가중하여 정함으로써 상대방의 정당한 이익을 침해하는 특약

6. 「민법」 등 관계 법령에서 인정하고 있는 상대방의 권리를 상당한 이유 없이 배제하거나 제한하는 특약

④ 계약문서 작성에 따른 **인지세는 각 50%씩** 수급인과 도급인이 부담한다. 다만, 도급인과 공동수급체가 체결하는 공동계약의 경우는 공동 수급체의 구성원 간의 계약액

의 지분율에 따라 부담한다.

→ 해설: 인지세법에 의하면 '국내에서 재산에 관한 권리등의 창설, 이전 또는 변경에 관한 계약서나 이를 증명하는 그 밖에 문서를 작성하는 자는 해당문서를 작성할 때 이 법에 따라 그 문서에 대한 인지세를 납부할 의무가 있다'라고 규정되어 있다.

따라서 부동산 계약 또는 건설관련 도급계약을 체결할 때에는 반드시 인지세를 납부해야 하고 그렇지 않으면 과태료가 부과될 수 있다. 도급금액에 따라 인지대 납부금액이 다른데, 건설관련 도급계약의 경우 10억이 초과 되는 경우가 많은데, 상한선인 35만 원을 납부하면 된다. 인지대 납부기한은 당사자 간 서명날인을 한 날이다. 지연 납부에 대한 가산세는 납부기간 경과시점이 3개월 이내는 미납세액의 100%, 3개월 초과에서 6개월 이내는 미납세액의 100%, 6개월 초과의 경우 미납세액의 100%이고 가산세 상한은 300%이다.

금액이 적지 않기 때문에 주의를 요한다.

납부방법은 전자수입인지 사이트(www.e-revenuestamp.or.kr)에서 결제 후 출력하는 방법과 우체국이나 은행에 방문하여 구매하는 방법이 있다.

13.
계약보증금과 계약보증금의 처리

가. 원문

제4조(계약보증금 등) ① "수급인"은 계약상의 의무이행을 보증하기 위해 계약서에서 정한 계약보증금을 계약체결 전까지 "도급인"에게 현금 등으로 납부하여야 한다. 다만, "도급인"과 "수급인"이 합의에 의하여 계약보증금을 납부하지 아니하기로 약정한 경우에는 그러하지 아니하다.

② 제1항의 계약보증금은 다음 각 호의 기관이 발행한 보증서로 납부할 수 있다.

1. 건설산업기본법 제54조 제1항의 규정에 의한 각 공제조합 발행 보증서

2. 보증보험회사, 신용보증기금 등 이와 동등한 기관이 발행하는 보증서

3. 금융기관의 지급보증서 또는 예금증서

4. 국채 또는 지방채

③ "수급인"은 제21조부터 제23조의 규정에 의하여 계약금액이 증액된 경우에는 이에 상응하는 금액의 보증금을 제1항 및 제2항의 규정에 따라 추가 납부하여야 하며, 계약금액이 감액된 경우에는 "도급인"은 이에 상응하는 금액의 계약보증금을 "수급인"에게 반환하여야 한다.

④ 제1항 또는 제3항에 따라 "수급인"이 계약의 이행을 보증하는 때에는 "도급인"도 수급인에게 공사대금지급의 보증 또는 담보를 제공하여야 한다. 다만, "도급인"이 공사대금지급보증 또는 담보 제공을 하기 곤란한 경우에는 "수급인"이 그에 상응하는 보험 또는 공제에 가입할 수 있도록 계약의 이행보증을 받은 날부터 30일 이내에 보험료 또는 공제료(이하 "보험료등"이라 한다)를 지급하여야 한다.

⑤ "도급인"이 제4항에 따른 공사대금의 지급보증, 담보의 제공 또는 보험료등의 지급을 하지 아니한 때에는 "수급인"은 15일 이내 "도급인"에게 그 이행을 최고하고 공사의 시공을 중지할 수 있다.

제5조(계약보증금의 처리) ① 제34조제1항 각 호의 사유로 계약이 해제 또는 해지된 경우 제4조의 규정에 의하여 납부된 계약보증금은 "도급인"에게 귀속한다. 이 경우 계약의 해제 또는 해지에 따른 손해배상액이 계약보증금을 초과한 경우에는 그 초과분에 대한 손해배상을 청구할 수 있다.

② "도급인"은 제35조제1항 각 호의 사유로 계약이 해제 또는 해지되거나 계약의 이행이 완료된 때에는 제4조의 규정에 의하여 납부된 계약보증금을 지체 없이 "수급인"에게 반환하여야 한다.

나. 해설

제4조(계약보증금 등) ① "수급인"은 계약상의 의무이행을 보증하기 위해 계약서에서 정한 계약보증금을 **계약체결 전까지** "도급인"에게 현금 등으로 납부하여야 한다. 다만, "도급인"과 "수급인"이 **합의**에 의하여 계약보증금을 납부하지 아니하기로 약정한 경우에는 그러하지 아니하다.

→ 해설: 소규모 건축사업처럼 건축주가 건축사업에 문외한인 경우 건설사는 계약보증금이나 계약이행보증서에 대해서 언급조차 하지 않고 넘어가는 경우가 있다. 이런 경우 추후 건축주가 알고 요구하면 단서와 같이 합의로 납부나 제출을 하지 않기로 했

다고 주장할 수 있다. 건축주가 미리 알고 계약 시 납부나 요구를 해야 한다.

다만 '소규모주택정비법'상 소규모 주택정비사업의 경우 시공사 선정 후 계약시점과 착공시점의 시간차이가 많이 나기 때문에 착공 시에 납부나 제출하기로 약정하기도 한다.

② 제1항의 계약보증금은 다음 각 호의 기관이 발행한 **보증서**로 납부할 수 있다.

1. 건설산업기본법 제54조 제1항의 규정에 의한 각 **공제조합** 발행 보증서

2. **보증보험회사**, 신용보증기금 등 이와 동등한 기관이 발행하는 보증서

3. 금융기관의 지급보증서 또는 예금증서

4. 국채 또는 지방채

→ 해설: 실무에서는 건설공제조합의 보증서나 서울보증보험의 보증서를 거의 이용한다.

③ "수급인"은 제21조부터 제23조의 규정에 의하여 계약금액이 증액된 경우에는 이에 상응하는 금액의 보증금을 제1항 및 제2항의 규정에 따라 추가 납부하여야 하며, 계약금액이 감액된 경우에는 "도급인"은 이에 상응하는 금액의 계약보증금을 "수급인"에게 반환하여야 한다.

→ 해설: 보통 계약이행보증은 도급금액의 10% 정도로 하는 것이 일반이다. 추후에 도급금액의 변경이 있게 되면 변경된 금액을 기준으로 보증금 조정이나 보증서의 보증금액을 보완해야 하는 것은 당연한 순서이다.

④ 제1항 또는 제3항에 따라 "수급인"이 계약의 이행을 보증하는 때에는 "도급인"도 수급인에게 **공사대금지급의 보증 또는 담보를 제공**하여야 한다. 다만, "도급인"이 공사대금지급보증 또는 담보 제공을 하기 곤란한 경우에는 "수급인"이 그에 상응하는 보험 또는 공제에 가입할 수 있도록 계약의 이행보증을 받은 날부터 30일 이내에 보험료 또는 공제료(이하 "보험료등"이라 한다)를 지급하여야 한다.

→ 해설: "도급인"이 수급인에게 제출하는 공사대금지급의 보증은 서울보증보험에 수수료를 납부하고 발급 받을 수 있다.

⑤ "도급인"이 제4항에 따른 공사대금의 지급보증, 담보의 제공 또는 보험료등의 지급을 하지 아니한 때에는 "수급인"은 15일 이내 "도급인"에게 그 이행을 최고하고 **공사의 시공을 중지**할 수 있다.

제5조(계약보증금의 처리) ① 제34조제1항 각 호의 사유로 계약이 해제 또는 해지된 경우 제4조의 규정에 의하여 납부된 계약보증금은 "도급인"에게 귀속한다. 이 경우 계약의 해제 또는 해지에 따른 손해배상액이 계약보증금을 초과한 경우에는 그 초과분에 대한 손해배상을 청구할 수 있다.

② "도급인"은 제35조제1항 각 호의 사유로 계약이 해제 또는 해지되거나 계약의 이행이 완료된 때에는 제4조의 규정에 의하여 납부된 계약보증금을 지체 없이 "수급인"에게 반환하여야 한다.

14.
공사감독원, 현장대리인의 배치, 공사 현장 근로자

가. 원문

제6조(공사감독원) ① "도급인"은 계약의 적정한 이행을 확보하기 위하여 스스로 이를 감독하거나 자신을 대리하여 다음 각 호의 사항을 행하는 자(이하 '공사감독원'이라 한다)를 선임할 수 있다.

1. 시공일반에 대하여 감독하고 입회하는 일

2. 계약이행에 있어서 "수급인"에 대한 지시·승낙 또는 협의하는 일

3. 공사의 재료와 시공에 대한 검사 또는 시험에 입회하는 일

4. 공사의 기성 부분 검사, 준공검사 또는 공사목적물의 인도에 입회하는 일

5. 기타 공사감독에 관하여 "도급인"이 위임하는 일

② "도급인"은 제1항의 규정에 의하여 공사감독원을 선임한 때에는 그 사실을 즉시 "수급인"에게 통지하여야 한다.

③ "수급인"은 공사감독원의 감독 또는 지시사항이 공사수행에 현저히 부당하다고 인정할 때에는 "도급인"에게 그 사유를 명시하여 필요한 조치를 요구할 수 있다.

제7조(현장대리인의 배치) ① "수급인"은 착공 전에 건설산업기본법령에서 정한 바에 따라 당해 공사의 주된 공종에 상응하는 건설기술자를 현장에 배치하고, 그중 1인을 현

장대리인으로 선임한 후 "도급인"에게 통지하여야 한다.

② 제1항의 현장대리인은 법령의 규정 또는 "도급인"이 동의한 경우를 제외하고는 현장에 상주하여 시공에 관한 일체의 사항에 대하여 "수급인"을 대리하며, 도급받은 공사의 시공관리 기타 기술상의 관리를 담당한다.

제8조(공사 현장 근로자) ① "수급인"은 해당 공사의 시공 또는 관리에 필요한 기술과 인력을 가진 근로자를 채용하여야 하며 근로자의 행위에 대하여 사용자로서의 모든 책임을 진다.

② "수급인"이 채용한 근로자에 대하여 "도급인"이 해당 계약의 시공 또는 관리상 현저히 부적당하다고 인정하여 교체를 요구한 때에는 정당한 사유가 없는 한 즉시 교체하여야 한다.

③ "수급인"은 제2항에 의하여 교체된 근로자를 "도급인"의 동의 없이 해당 공사를 위해 다시 채용할 수 없다.

나. 해설

제6조(공사감독원) ① "도급인"은 계약의 적정한 이행을 확보하기 위하여 스스로 이를 감독하거나 자신을 대리하여 다음 각 호의 사항을 행하는 자(이하 '공사감독원'이라 한다)를 선임할 수 있다.

1. 시공일반에 대하여 감독하고 입회하는 일

2. 계약이행에 있어서 "수급인"에 대한 지시·승낙 또는 협의하는 일

3. 공사의 재료와 시공에 대한 검사 또는 시험에 입회하는 일

4. 공사의 기성 부분 검사, 준공검사 또는 공사목적물의 인도에 입회하는 일

5. 기타 공사감독에 관하여 "도급인"이 위임하는 일

② "도급인"은 제1항의 규정에 의하여 공사감독원을 선임한 때에는 그 사실을 즉시 "수급인"에게 통지하여야 한다.

③ "수급인"은 공사감독원의 감독 또는 지시사항이 공사수행에 현저히 부당하다고 인정

할 때에는 "도급인"에게 그 사유를 명시하여 필요한 조치를 요구할 수 있다.

→ 해설: 대규모 건설 현장에서는 시행사나 시행자의 지위가 있는 신탁사로부터 CM사가 공사감독원 역할을 위임받아 진행한다. 소규모 건축 현장의 경우 건축주는 공사전문가가 아닌 경우가 보통이기 때문에 공사 일정 관리 공사 내용의 감독 등에 대해서 건축주가 직접 관리 감독하기 어렵다. 그렇다고 비용이 많이 드는 대형 CM사에게 공사감독원 역할을 맡길 수는 없고 맡아 주지도 않는다.

그래서 소규모 주택건축에 대한 CM역할을 해 주겠다는 사람을 소개받아 그에게 공사감독원의 지위를 주게 되면 도급인(건축주)이 선임한 공사감독원이 도급인으로부터 월급을 받으면서도 자주 얼굴을 보는 수급인(건설사)과 붙어먹고 수급인의 편을 드는 경우가 많다.

'닥터빌드'는 대규모 건설공사의 CM과 PM도 하지만 소규모 건설공사에도 적극 관여하고 있는 거의 유일한 공신력 있는 업체이다. 그리고 CM계약을 하는 경우에는 공사감독원은 위에 열거된 행위를 할 수 있지만 법적인 의사결정 시 항상 건축주에게 설명하고 건축주의 승인을 받아야 된다는 문구를 추가로 기재해야 한다.

제7조(현장대리인의 배치) ① "수급인"은 착공 전에 건설산업기본법령에서 정한 바에 따라 당해 공사의 주된 공종에 상응하는 건설기술자를 현장에 배치하고, 그중 1인을 현장대리인으로 선임한 후 "도급인"에게 통지하여야 한다.

② 제1항의 현장대리인은 법령의 규정 또는 "도급인"이 동의한 경우를 제외하고는 현장에 상주하여 시공에 관한 일체의 사항에 대하여 "수급인"을 대리하며, 도급받은 공사의 시공관리 기타 기술상의 관리를 담당한다.

→ 해설: 현장대리인은 건설기술인으로 관련 자격증을 보유한 자로 보통 현장소장을 일컫는데, 행정관청에 신고도 하고 현장에 상주하면서 시공관리를 하는 사람을 말한다. 1명의 건설기술인을 3개의 공사 현장에 중복 배치할 수 있는 조건(가령 도급금액 3억 미만의 공사 현장)이 있고 1명의 건설기술인이 2개의 공사 현장에 중복 배치할 수 있는 조건(가령 3억 원 이상~5억 원 미만 공사)도 있다. 금 5억 원 이상의 도급금액을 가진 현장의 경우 반드시 1명의 상주하는 현장기술인을 배치해야 한다.

제8조(공사 현장 근로자) ① "수급인"은 해당 공사의 시공 또는 관리에 필요한 기술과 인력을 가진 근로자를 채용하여야 하며 근로자의 행위에 대하여 사용자로서의 모든 책임을 진다.

② "수급인"이 채용한 근로자에 대하여 "도급인"이 해당 계약의 시공 또는 관리상 현저히 부적당하다고 인정하여 교체를 요구한 때에는 정당한 사유가 없는 한 즉시 교체하여야 한다.

③ "수급인"은 제2항에 의하여 교체된 근로자를 "도급인"의 동의 없이 해당 공사를 위해 다시 채용할 수 없다.

15.
착공신고 및 공정보고

가. 원문

제9조(착공신고 및 공정보고) ① "수급인"은 계약서에서 정한 바에 따라 착공하여야 하며, 착공 시에는 다음 각 호의 서류가 포함된 착공신고서를 "도급인"에게 제출하여야 한다.

1. 건설산업기본법령에 의하여 배치하는 건설기술자 지정서

2. 공사예정공정표

3. 공사비 산출내역서 (단, 계약체결 시 산출내역서를 제출하고 계약금액을 정한 경우를 제외한다)

4. 공정별 인력 및 장비 투입 계획서

5. 기타 "도급인"이 지정한 사항

② "수급인"은 계약의 이행 중에 제1항의 규정에 의하여 제출한 서류의 변경이 필요한 때에는 관련서류를 변경하여 제출하여야 한다.

③ "도급인"은 제1항 및 제2항의 규정에 의하여 제출된 서류의 내용을 조정할 필요가 있다고 인정하는 때에는 "수급인"에게 이의 조정을 요구할 수 있다.

④ "도급인"은 "수급인"이 월별로 수행한 공사에 대하여 다음 각 호의 사항을 명백히 하여 익월 14일까지 제출하도록 요청할 수 있으며, "수급인"은 이에 응하여야 한다.

1. 월별 공정률 및 수행공사금액

2. 인력·장비 및 자재현황

3. 계약사항의 변경 및 계약금액의 조정 내용

나. 해설

제9조(착공신고 및 공정보고) ① "수급인"은 계약서에서 정한 바에 따라 착공하여야 하며, 착공 시에는 다음 각 호의 서류가 포함된 **착공신고서를 "도급인"에게 제출**하여야 한다.

1. 건설산업기본법령에 의하여 배치하는 건설기술자 지정서

2. 공사예정공정표

3. 공사비 산출내역서 (단, 계약체결 시 산출내역서를 제출하고 계약금액을 정한 경우를 제외한다)

4. 공정별 인력 및 장비 투입 계획서

5. 기타 "도급인"이 지정한 사항

② "수급인"은 계약의 이행 중에 제1항의 규정에 의하여 제출한 서류의 변경이 필요한 때에는 관련 서류를 변경하여 제출하여야 한다.

③ "도급인"은 제1항 및 제2항의 규정에 의하여 제출된 서류의 내용을 조정할 필요가 있다고 인정하는 때에는 "수급인"에게 이의 조정을 요구할 수 있다.

④ "도급인"은 "수급인"이 월별로 수행한 공사에 대하여 다음 각 호의 사항을 명백히 하여 **익월 14일까지** 제출하도록 요청할 수 있으며, "수급인"은 이에 응하여야 한다.

1. 월별 공정률 및 수행공사금액

2. 인력·장비 및 자재현황

3. 계약사항의 변경 및 계약금액의 조정 내용

→ 해설: 월별로 수행한 공사 내용을 수급인이 도급인에게 보고하는 이유는 기성금을 청구하기 위한 자료 제출의 의미가 크다. 그런데 공사비는 월말 결제를 약정하는 것이 보통이다. 따라서 익월 14일까지는 현장 상황에 맞게 날짜를 수정 기재할 수 있다. 계

약사항의 변경 및 계약금액의 조정이 있는 경우에 대비해서 '계약금액의 조정은 산출내역서의 단가표를 기준으로 조정하되 도급인이 선임한 '공사감독원'의 확인한다'는 취지의 문구도 추가한다.

16.
공사기간

가. 원본

제10조(공사기간) ① 공사착공일과 준공일은 계약서에 명시된 일자로 한다.

② "수급인"의 귀책사유 없이 공사착공일에 착공할 수 없는 경우에는 "수급인"의 현장인
수일자를 착공일로 하며, 이 경우 "수급인"은 공사기간의 연장을 요구할 수 있다.

③ 준공일은 "수급인"이 건설공사를 완성하고 "도급인"에게 서면으로 준공검사를 요청
한 날을 말한다. 다만, 제27조의 규정에 의하여 준공검사에 합격한 경우에 한한다.

나. 해설

제10조(공사기간) ① 공사착공일과 준공일은 계약서에 명시된 일자로 한다.

② "수급인"의 귀책사유 없이 공사착공일에 착공할 수 없는 경우에는 **"수급인"의 현장인
수일자**를 착공일로 하며, 이 경우 "수급인"은 **공사기간의 연장을 요구**할 수 있다. **공
사기간은 약정한 공사착공일과 현장인수일자 사이의 일수만큼 연장된다.**

→ 해설: 건축사나 행정청의 문제로, 즉 수급인의 귀책사유 없이 착공승인이 늦어지는

경우가 있다. 이러한 경우에 대비한 계약이며 분쟁방지 차원에서 '공사기간의 연장을 요구할 수 있다'는 문구보다는 '늦어진 만큼 연장된다'로 수정하는 것이 서로에게 바람직하다. 그리고 현장인수일자가 언제였는지에 대해서 나중에 다툴 수 있기 때문에 당시에 서로 현장인수일자를 서면확인을 해두는 것이 바람직하지만 여의치 않으면 문자로 근거를 남겨 놓는 것이 좋다.

③ 준공일은 "수급인"이 건설공사를 완성하고 "도급인"에게 서면으로 준공검사를 요청한 날을 말한다. 다만, 제27조의 규정에 의하여 준공검사에 합격한 경우에 한한다.

→ 해설: 지체배상책임의 기산일과 관련된 중요한 문제가 있다. 준공일로 명기된 날짜인지 아니면 건축 공정을 모두 마치면서 공사를 완성한 날인지가 불명확하다. 판례의 입장은 준공일로 명기한 날로 보지 않고 공사를 완성한 날로 본다. 따라서 계약문구도 "수급인"이 건설공사는 완성하고 도급인에게 준공검사(사전점검의 의미)를 요청한 날로 기재되어 있는 것이다.

다만, 제27조의 규정에 의하여 준공검사에 합격한 경우에 한한다는 문구는 도급인의 의도적인 준공검사 지연의 경우 수급인에게 일방적으로 불리한 특약으로 문제의 소지가 있는 문구이다.

17.
선금

가. 원문

제11조(선금) ① "도급인"은 계약서에서 정한 바에 따라 "수급인"에게 선금을 지급하여야 하며, "도급인"이 선금지급 시 보증서 제출을 요구하는 경우 "수급인"은 제4조 제2항 각 호의 보증기관이 발행한 보증서를 제출하여야 한다.

② 제1항에 의한 선금지급은 "수급인"의 청구를 받은 날부터 14일 이내에 지급하여야 한다. 다만, 자금사정 등 불가피한 사유로 인하여 지급이 불가능한 경우 그 사유 및 지급 시기를 "수급인"에게 서면으로 통지한 때에는 그러하지 아니하다.

③ "수급인"은 선금을 계약목적달성을 위한 용도이외의 타 목적에 사용할 수 없으며, 노임지급 및 자재확보에 우선 사용하여야 한다.

④ 선금은 기성 부분에 대한 대가를 지급할 때마다 다음 방식에 의하여 산출한 금액을 정산한다.

$$선금정산액 = 선금액 \times \frac{기성부분의\ 대가}{계약금액}$$

⑤ "도급인"은 선금을 지급한 경우 다음 각 호의 1에 해당하는 경우에는 당해 선금잔액에 대하여 반환을 청구할 수 있다.

1. 계약을 해제 또는 해지하는 경우
2. 선금지급조건을 위반한 경우
⑥ "도급인"은 제5항의 규정에 의한 반환청구 시 기성 부분에 대한 미지급금액이 있는
경우에는 선금잔액을 그 미지급금액에 우선적으로 충당하여야 한다.

나. 해설

제11조(선금) ① "도급인"은 계약서에서 정한 바에 따라 "수급인"에게 선금을 지급하여
야 하며, "도급인"이 선금지급 시 보증서 제출을 요구하는 경우 "수급인"은 제4조 제2항
각 호의 보증기관이 발행한 보증서를 제출하여야 한다.

→ 해설: 보통 건설공제조합 또는 서울보증보험 발행의 선급금 보증서를 제출한다.

② 제1항에 의한 선금지급은 "수급인"의 청구를 받은 날부터 14일 이내에 지급하여
야 한다. 다만, 자금사정 등 불가피한 사유로 인하여 지급이 불가능한 경우 그 사
유 및 지급시기를 "수급인"에게 서면으로 통지한 때에는 그러하지 아니하다.
③ "수급인"은 선금을 계약목적달성을 위한 용도이외의 타 목적에 사용할 수 없으며, 노
임지급 및 자재확보에 우선 사용하여야 한다.
④ 선금은 기성 부분에 대한 대가를 지급할 때마다 다음 방식에 의하여 산출한 금액을
정산한다.

$$선금정산액 = 선금액 \times \frac{기성부분의\ 대가}{계약금액}$$

→ 예: 가령 공사기간 10개월, 공사대금 100억 원의 공사를 진행하는 경우인데, 선금 10
억 원을 먼저 지불하였고 첫 번째 기성금 10억 원을 청구한 경우 10억 원×첫 달 기성
금 10억 원/계약금액 100억 원=선금정산액 1억 원이다. 따라서 첫 달의 기성금 청구
액 10억 원 중 1억 원을 공제한 9억 원만 기성금으로 지불한다.

---

⑤ "도급인"은 선금을 지급한 경우 다음 각 호의 1에 해당하는 경우에는 당해 선금잔액에 대하여 반환을 청구할 수 있다.

1. 계약을 해제 또는 해지하는 경우

2. 선금지급조건을 위반한 경우(예: 공사목적 이외로 사용한 경우)

⑥ "도급인"은 제5항의 규정에 의한 반환청구 시 기성 부분에 대한 미지급금액이 있는 경우에는 선금잔액을 그 미지급금액에 우선적으로 충당하여야 한다.

→ 해설: 즉 선금 잔액 9억 원의 반환청구 시 기성금 미지급액 10억 원이 있다면 미지급액 9억 원은 선금잔액 9억 원으로 충당하고 난 후 나머지 기성금 1억 원만 지불한다.

18.
자재의 검사

가. 원문

제12조(자재의 검사 등) ① 공사에 사용할 재료는 신품이어야 하며, 품질·품명 등은 설계도서와 일치하여야 한다. 다만, 설계도서에 품질·품명 등이 명확히 규정되지 아니한 것은 표준품 또는 표준품에 상당하는 재료로서 계약의 목적을 달성하는 데 가장 적합한 것이어야 한다.

② 공사에 사용할 자재 중에서 "도급인"이 품목을 지정하여 검사를 요구하는 경우에는 "수급인"은 사용 전에 "도급인"의 검사를 받아야 하며, 설계도서와 상이하거나 품질이 현저히 저하되어 불합격된 자재는 즉시 대체하여 다시 검사를 받아야 한다.

③ 제2항의 검사에 이의가 있을 경우 "수급인"은 "도급인"에게 재검사를 요구할 수 있으며, 재검사가 필요하다고 인정되는 경우 "도급인"은 지체 없이 재검사하도록 조치하여야 한다.

④ "수급인"은 자재의 검사에 소요되는 비용을 부담하여야 하며, 검사 또는 재검사 등을 이유로 계약기간의 연장을 요구할 수 없다. 다만, 제3항의 규정에 의하여 재검사 결과 적합한 자재인 것으로 판명될 경우에는 재검사에 소요된 기간에 대하여는 계약기간을 연장할 수 있다.

⑤ 공사에 사용하는 자재 중 조립 또는 시험을 요하는 것은 "도급인"의 입회하에 그 조립 또는 시험을 하여야 한다.

⑥ 수중 또는 지하에서 행하여지는 공사나 준공 후 외부에서 확인할 수 없는 공사는 "도급인"의 참여 없이 시행할 수 없다. 다만, 사전에 "도급인"의 서면승인을 받고 사진, 비디오 등으로 시공방법을 확인할 수 있는 경우에는 시행할 수 있다.

⑦ "수급인"은 공사수행과 관련하여 필요한 경우 "도급인"에게 입회를 요구할 수 있으며, "도급인"은 이에 응하여야 한다.

나. 해설

제12조(자재의 검사 등) ① 공사에 사용할 재료는 **신품**이어야 하며, **품질·품명 등은 설계도서와 일치**하여야 한다. 다만, 설계도서에 품질·품명 등이 명확히 규정되지 아니한 것은 **표준품 또는 표준품에 상당하는 재료**로서 계약의 목적을 달성하는 데 가장 적합한 것이어야 한다.

② 공사에 사용할 자재 중에서 **"도급인"이 품목을 지정하여 검사를 요구하는 경우**에는 "수급인"은 사용 전에 **"도급인"의 검사**를 받아야 하며, **설계도서와 상이하거나 품질이 현저히 저하되어 불합격된 자재는 즉시 대체하여 다시 검사**를 받아야 한다.

③ 제2항의 검사에 이의가 있을 경우 "수급인"은 "도급인"에게 **재검사를 요구**할 수 있으며, 재검사가 필요하다고 인정되는 경우 "도급인"은 **지체 없이 재검사**하도록 조치하여야 한다.

④ "수급인"은 자재의 검사에 소요되는 비용을 부담하여야 하며, **검사 또는 재검사 등을 이유로 계약기간의 연장을 요구할 수 없다.** 다만, 제3항의 규정에 의하여 재검사 결과 적합한 자재인 것으로 판명될 경우에는 재검사에 소요된 기간에 대하여는 계약기간을 연장할 수 있다.

⑤ 공사에 사용하는 자재 중 조립 또는 시험을 요하는 것은 **"도급인"의 입회하에 그 조**

립 또는 **시험**을 하여야 한다.

⑥ **수중 또는 지하에서 행하여지는 공사나 준공 후 외부에서 확인할 수 없는 공사는 "도급인"의 참여 없이 시행할 수 없다.** 다만, **사전에 "도급인"의 서면승인**을 받고 **사진, 비디오 등으로 시공방법을 확인할 수 있는 경우에는 시행할 수 있다.**

⑦ **"수급인"은 공사수행과 관련하여 필요한 경우 "도급인"에게 입회를 요구할 수 있으며, "도급인"은 이에 응하여야 한다.**

19.
지급자재와 대여품

가. 원문

제13조(지급자재와 대여품) ① 계약에 의하여 "도급인"이 지급하는 자재와 대여품은 공사예정공정표에 의한 공사 일정에 지장이 없도록 적기에 인도되어야 하며, 그 인도장소는 시방서 등에 따로 정한 바가 없으면 공사 현장으로 한다.

② 제1항의 규정에 의하여 지급된 자재의 소유권은 "도급인"에게 있으며, "수급인"은 "도급인"의 서면승낙 없이 현장 외부로 반출하여서는 아니 된다.

③ 제1항의 규정에 의하여 인도된 지급자재와 대여품에 대한 관리상의 책임은 "수급인"에게 있으며, "수급인"이 이를 멸실 또는 훼손하였을 경우에는 "도급인"에게 변상하여야 한다.

④ "수급인"은 지급자재 및 대여품의 품질 또는 규격이 시공에 적당하지 아니하다고 인정할 때에는 즉시 "도급인"에게 이를 통지하고 그 대체를 요구할 수 있다.

⑤ 자재 등의 지급 지연으로 공사가 지연될 우려가 있을 때에는 "수급인"은 "도급인"의 서면승낙을 얻어 자기가 보유한 자재를 대체 사용할 수 있다. 이 경우 "도급인"은 대체 사용한 자재 등을 "수급인"과 합의된 일시 및 장소에서 현품으로 반환하거나 대체 사용 당시의 가격을 지체 없이 "수급인"에게 지급하여야 한다.

⑥ "수급인"은 "도급인"이 지급한 자재와 기계·기구 등 대여품을 선량한 관리자의 주의

로 관리하여야 하며, 계약의 목적을 수행하는 데에만 사용하여야 한다.

⑦ "수급인"은 공사 내용의 변경으로 인하여 필요 없게 된 지급자재 또는 사용 완료된 대

여품을 지체 없이 "도급인"에게 반환하여야 한다.

나. 해설

제13조(지급자재와 대여품) ① 계약에 의하여 "도급인"이 지급하는 자재와 대여품은 공

사예정공정표에 의한 **공사 일정에 지장이 없도록 적기에 인도**되어야 하며, 그 인도장소

는 시방서 등에 따로 정한 바가 없으면 공사 현장으로 한다.

② 제1항의 규정에 의하여 지급된 자재의 소유권은 "도급인"에게 있으며, "수급인"은 "도

급인"의 서면승낙 없이 현장 외부로 반출하여서는 아니 된다.

③ 제1항의 규정에 의하여 인도된 지급자재와 대여품에 대한 **관리상의 책임은 "수급인"**

에게 있으며, "수급인"이 이를 멸실 또는 훼손하였을 경우에는 "도급인"에게 변상하

여야 한다.

④ "수급인"은 지급자재 및 대여품의 품질 또는 규격이 **시공에 적당하지 아니하다고 인

정할 때에는 즉시 "도급인"에게 이를 통지**하고 그 대체를 요구할 수 있다.

⑤ 자재 등의 **지급 지연으로 공사가 지연될 우려가 있을 때에는 "수급인"은 "도급인"의

서면승낙을 얻어 자기가 보유한 자재를 대체 사용**할 수 있다. 이 경우 **"도급인"은 대

체 사용한 자재 등을 "수급인"과 합의된 일시 및 장소에서 현품으로 반환하거나 대체

사용 당시의 가격을 지체 없이 "수급인"에게 지급**하여야 한다.

⑥ "수급인"은 "도급인"이 지급한 자재와 기계·기구 등 대여품을 **선량한 관리자의 주의

로 관리**하여야 하며, 계약의 목적을 수행하는 데에만 사용하여야 한다.

⑦ "수급인"은 공사 내용의 변경으로 인하여 필요 없게 된 지급자재 또는 사용 완료된 대

여품을 지체 없이 "도급인"에게 **반환**하여야 한다.

→ 해설: 건축주가 자재, 대여품 등을 지급하는 경우에 한한 내용이다. 소규모 건축의 경

우에는 지급자재 품목이 없다면 해당 없는 조문으로 삭제 처리한다.

20.
안전관리 재해보상

가. 원문

제14조(안전관리 및 재해보상) ① "수급인"은 산업재해를 예방하기 위하여 안전시설의 설치 및 보험의 가입 등 적정한 조치를 하여야 하며, 이를 위해 "도급인"은 계약금액에 「건설기술진흥법」에 따른 안전관리비와 「산업안전보건법」에 따른 산업안전보건관리비 및 산업재해보상 보험료 등 관계 법령에서 규정하는 법정경비의 상당액을 계상하여야 한다.

② 공사 현장에서 발생한 산업재해에 대한 책임은 "수급인"에게 있다. 다만, 설계상의 하자 또는 "도급인"의 요구에 의한 작업으로 재해가 발생한 경우에는 "도급인"에 대하여 구상권을 행사할 수 있다.

나. 해설

제14조(안전관리 및 재해보상) ① "수급인"은 산업재해를 예방하기 위하여 **안전시설의 설치 및 보험의 가입** 등 적정한 조치를 하여야 하며, 이를 위해 "도급인"은 **계약금액에**

「건설기술진흥법」에 따른 **안전관리비**와 「산업안전보건법」에 따른 산업안전보건관리비 및 **산업재해보상 보험료** 등 관계 법령에서 규정하는 **법정경비의 상당액을 계상**하여야 한다.

② 공사 현장에서 발생한 **산업재해에 대한 책임은 "수급인"**에게 있다. 다만, **설계상의 하자** 또는 "도급인"의 요구에 의한 작업으로 재해가 발생한 경우에는 "도급인"에 대하여 **구상권**을 행사할 수 있다.

21.
건설근로자 보호

가. 원문

제15조(건설근로자의 보호) ① "수급인"은 도급받은 공사가 건설산업기본법, 임금채권
보장법, 고용보험법, 국민연금법, 국민건강보험법 및 노인장기요양보험법에 의하여 의
무가입대상인 경우에는 퇴직공제, 임금채권보장제도, 고용보험, 국민연금, 건강보험 및
노인장기요양보험에 가입하여야 한다. 다만, "수급인"이 도급받은 공사를 하도급한 경
우로서 하수급인이 고용한 근로자에 대하여 고용보험, 국민연금, 건강보험 및 노인장기
요양보험에 가입한 경우에는 그러하지 아니하다.

② "도급인"은 제1항의 건설근로자퇴직공제부금, 임금채권보장제도에 따른 사업주부담
금, 고용보험료, 국민연금보험료, 국민건강보험료 및 노인장기요양보험료를 계약금
액에 계상하여야 한다.

나. 해설

제15조(건설근로자의 보호) ① **"수급인"은** 도급받은 공사가 건설산업기본법, 임금채권 보장법, 고용보험법, 국민연금법, 국민건강보험법 및 노인장기요양보험법에 의하여 의무가입대상인 경우에는 **퇴직공제, 임금채권보장제도, 고용보험, 국민연금, 건강보험 및 노인장기요양보험에 가입**하여야 한다. 다만, "수급인"이 도급받은 공사를 하도급한 경우로서 **하수급인이 고용한 근로자에 대하여 고용보험, 국민연금, 건강보험 및 노인장기요양보험에 가입한 경우**에는 **그러하지 아니하다.**

② "도급인"은 제1항의 건설근로자퇴직공제부금, 임금채권보장제도에 따른 사업주부담금, 고용보험료, 국민연금보험료, 국민건강보험료 및 노인장기요양보험료를 계약금액에 계상하여야 한다.

→ 해설: 하도고용, 산재, 국민연금, 건강보험의 부담주체는 수급인인지 하수급인인지 문제된다.

  1. 표준하도급계약서로 하도급계약을 한 경우

제22조(보험료 지급 및 정산)

① 원사업자 또는 수급업자는 다음 각호에서 정하는 바에 따라 이 공사와 관련된 수급사업자의 근로자에 대한 보험을 **가입**한다.

1. 원사업자: **'고용보험** 및 **산업재해보상보험**의 보험료징수등에 관한법률'에 따른 보험(단 공단의 승인을 받은 경우에는 수급업자가 가입) 등 관련 법령에 따라 가입하여야 하는 보험

2. 수급사업자: '국민연금법'에 따른 **국민연금,** '국민건강보험법'에 따른 건강보험, '노인장기요양보험법'에 따른 **노인장기요양보험** 등 관련 법령에 따라 가입하여야 하는 보험

② **원사업자**는 제1항에 따라 **수급사업자가 가입하여야 하는 보험의 보험료**에 해당하는 금액(하도급대금산출내역서에 기재된 금액)을 **수급사업자에게 지급**한다. 이 경우 원사업자는 수급사업자에게 지급한 금액이 실제로 보험자(공단, 보험회사 등)에게 납부된 금액보다 적거나 많은 경우에는 이를 정산한다.

결국 원사업자(도급인, 건설사)와 수급인(하도급업체)인 표준하도급계약서에 따라 계약했다면

원자업자는 1) 고용보험 2) 산재보험,

수급인은 1) 국민연금, 2) 건강보험의 '가입의무'가 있다.

다만 **원사업자는 국민연금, 건강보험의 보험료를 수급인에게 지불**하여야 한다.

만약 표준하도급계약서로 하도급계약을 하지 않은 경우에는 각 공단의 유권해석에 의하면 **원사업자(수급인)에게 가입의무**가 있다고 해석한다.

그리고 공정거래위원회는 **4대 보험료를 하도급내역에 반영**하지 않거나 지급하지 않는 것은 하도급법 위반인 부당감액이라는 취지의 유권해석은 내린바 있다.

다만 **'고용보험료 등은 공사금액이나 일반관리비에 포함되어 있다'라고 계약**한 경우 하도급대금에 고용보험료 등을 포함하여 지급한 것으로 해석될 여지가 있다고 한다.

참고로 현행법상 일용직 건설 노동자가 **7일 이상** 근무했을 때 원청사(수급인)는 4대 보험 가입 의무가 있다.

22.
공사기간의 연장

가. 원문

제17조(공사기간의 연장) ① "수급인"은 다음 각 호의 사유로 인해 계약이행이 현저히 어려운 경우 등 "수급인"의 책임이 아닌 사유로 공사수행이 지연되는 경우 서면으로 공사기간의 연장을 "도급인"에게 요구할 수 있다.

1. "도급인"의 책임 있는 사유

2. 태풍·홍수·폭염·한파·악천후·미세먼지 발현·전쟁·사변·지진·전염병·폭동 등 불가항력의 사태(이하 "불가항력"이라고 한다.)

3. 원자재 수급불균형

4. 근로시간단축 등 법령의 제·개정

② "도급인"은 제1항의 규정에 의한 계약기간 연장의 요구가 있는 경우 즉시 그 사실을 조사·확인하고 공사가 적절히 이행될 수 있도록 계약기간의 연장 등 필요한 조치를 하여야 한다.

③ 제1항의 규정에 의거 공사기간이 연장되는 경우 이에 따르는 현장 관리비 등 추가 경비는 제23조의 규정을 적용하여 조정한다.

④ "도급인"은 제1항의 계약기간의 연장을 승인하였을 경우 동 연장기간에 대하여는 지체상금을 부과하여서는 아니된다.

나. 해설

제17조(공사기간의 연장) ① "수급인"은 다음 각 호의 사유로 인해 계약이행이 **현저히 어려운 경우** 등 **"수급인"의 책임이 아닌 사유로 공사수행이 지연되는 경우 서면**으로 **공사기간의 연장을 "도급인"**에게 요구할 수 있다.

1. "도급인"의 책임 있는 사유

→ 해설: 도급인의 명도 지체로 수급인의 현장인수가 늦어진 경우

2. **태풍·홍수·폭염·한파·악천후·미세먼지발현**·전쟁·사변·지진·전염병·폭동 등 불
   가항력의 사태(이하 "불가항력"이라고 한다.)

→ 해설: 아래의 기사인용 참조

3. 원자재 수급불균형

→ 해설: 아래의 기사인용 참조

4. 근로시간단축 등 법령의 제·개정

→ 해설: 아래의 기사인용 참조

② "도급인"은 제1항의 규정에 의한 계약기간 연장의 요구가 있는 경우 즉시 그 사실을
   조사·확인하고 공사가 적절히 이행될 수 있도록 계약기간의 연장 등 필요한 조치를
   하여야 한다.

③ 제1항의 규정에 의거 **공사기간이 연장되는 경우** 이에 따르는 현장 관리비 등 추가 경
   비는 제23조의 규정을 적용하여 **조정**한다.

④ "도급인"은 제1항의 **계약기간의 연장을 승인하였을 경우** 동 연장기간에 대하여는 **지
   체상금을 부과하여서는 아니된다.**

폭염·태풍으로 작업중단··· 공기연장제도 활용하세요

올 여름 계속되는 폭염과 태풍 등 기상악화로 인해 건설 현장 관리에도 비상이 걸렸다. 건설사들은 공사장 및 근로자 안전조치는 물론 태풍 및 폭염 대응에 총력을 다하고 있다.

다만 기상상태가 지속적으로 불안할 경우 작업 중지가 이어져 공사기간 연장에 따른 불이익을 걱정해야 하는 처지다. 이에 따라 건설사업자들이 **폭염시기 공사중지·연장 등 도움을 받을 수 있는 제도**를 모아봤다.

◇ 산업안전보건법=산업안전보건법 제70조(건설공사기간의 연장)에서는 건설공사도급인이 **악천후 등 불가항력의 사유로 공사기간 연장을 요청하는 경우**, 건설공사 발주자는 공사기간을 연장토록 규정하고 있다.

◇ 기획재정부 계약예규=계약예규에서는 **폭염으로 작업이 현저히 곤란**하다고 판단되면 발주기관은 공사를 일시 정지할 수 있다고 했다. 또 정지된 공사기간에 대해 계약기간을 연장하고 계약금액 조정 및 폭염으로 인해 작업이 현저히 곤란해 일정 기간 시공이 되지 못한 경우 지체상금을 부과하지 않도록 했다.

근거 규정은 예규 제23조(기타 계약 내용의 변경으로 인한 계약금액의 조정), 제25조(지체상금), 제26조(계약기간의 연장), 공사계약 일반조건 제47조(공사의 일시정지) 등이다.

◇ 국토교통부 민간건설공사 표준도급계약서=표준도급계약서 제17조(공사기간의 연장)에 따르면 수급인은 **폭염 등의 사유로 공사가 지연되는 경우** 도급인에게 공사기간의 연장을 요구할 수 있다. 요구받은 도급인은 즉시 계약기간 연장 및 계약금액조정 등의 조치와 연장기간에 대해 지체상금을 부과해서는 안 된다.

◇ 행정안전부 지방자치단체 입찰 및 계약집행기준=**폭염으로 작업이 곤란한 경우** 작업

을 일시 정지하고, 계약상대자가 작업시간 축소를 요청한 경우 공사기간을 연장토록 했다.

폭염 발생일이나 시간대를 피해야 할 경우 휴일·야간작업 지시, 발주기간이 일시 정지하거나 공사기간 연장 또는 작업시간 변경 시 계약금액을 조정한다.
이와 관련한 예규는 제13장제5절 6(휴일작업과 야간작업), 제13장제7절 4(그밖에 계약 내용의 변경으로 인한 계약금액의 조정), 제13장제8절(계약이행의 지체와 계약의 해제·해지 등이 있다.

출처: 대한전문건설신문/2023.8.11.

레미콘 공급 부족에 공사 현장 '몸살'… "원자재 수급 불균형, 지체상금 부과 제외해달라"

서울시 광진구 구의2동 복합청사 건립현장. 오래된 구의2동 주민센터가 자리 잡고 있던 이곳은 오는 8월까지 도서관 등 다양한 편의시설을 갖춘 복합청사로 거듭날 예정이었다. 하지만 레미콘 물량 부족으로 공기 지연이 불가피해졌다. 당초 건설사가 중소 레미콘사에서 레미콘을 납품했지만, 물량 부족으로 유진기업에 추가납품을 요청했다. 하지만 이곳도 물량이 부족해 삼표그룹에도 요청한 상태다. 공사 현장 사정을 잘 아는 업계의 한 관계자는 "요즘 레미콘 물량 부족으로 어려움을 겪는 공사 현장이 많은데 여기가 유독 더 그렇다"면서 "공기를 맞추기엔 역부족"이라고 했다.

건설업계가 최근 레미콘 공급 부족으로 몸살을 앓고 있는 가운데 시멘트업계가 내수로 우선 공급하겠다는 입장을 밝히면서 '대란 사태'까지 확산되지는 않을 전망이다. 다만 시멘트 수급 불균형에 따른 레미콘 부족 여파로 건설 현장에 차질을 빚는 경우가 잦아지면서, 정부 차원의 보다 근본적인 대책이 필요하다는 지적이 나온다.

6일 업계에 따르면 구의2동 복합청사 건립현장 공사가 속도를 내지 못하고 있는 배경에는 여러 가지 원인이 복합적으로 작용하고 있는 것으로 파악됐다. 우선 **겨울철 이상고온**과 작년 두 차례의 **화물연대 파업**으로 레미콘 수요가 한꺼번에 몰린 탓이 큰 것으로 분석된다. 레미콘업계 관계자는 "날씨가 너무 빨리 따뜻해지면서 타설 작업을 서둘러 벌인 공사 현장이 많았다"며 "여기에 화물연대 파업까지 겹치면서 공기가 늦어진 상황에서 건설사들이 공사를 서둘렀다"고 설명했다.

지역적 특성도 한몫했다. 해당 공사 현장은 작년 말, 성수동 레미콘 공장이 폐쇄한 데 따른 타격을 그대로 받았다. 이곳은 현재 레미콘을 동서울공장에서 납품받는데 거리가 25~30㎞ 정도 떨어져 있다. 사정을 잘 아는 한 업계 관계자는 "레미콘은 통상 90분 내에 타설을 마쳐야 하는데 위치가 서울 시내다 보니 차량으로 들어갔다 나오는 게 쉽지 않다. 레미콘 차량은 운송 한 번 더 하는 것 자체가 비용"이라며 "레미콘 업계 입장에서 보면 가뜩이나 물량이 부족한데다 위치상으로도 불리한 위치에 있는 셈"이라고 설명했다.

실제 작년 7월, 레미콘 제조사와 운송 차주들이 24.5% 운임 인상에 합의했다. 우려했던 건설 현장의 올스톱 사태는 피했지만, 차주들이 요구한 운임 인상 비용이 그대로 반영되면서 전반적인 레미콘 공급 가격이 올랐다. 한 건설사 관계자는 "서울 시내는 회전 수가 줄어들 수밖에 없는 상황"이라며 "회전당 6만 원을 더 지급하고 있는 것으로 알고 있다"고 했다.

해당 공사 현장이 '관급 공사'라는 점도 민간 공사보다 상대적으로 공기가 더 늦춰지는 이유 중 하나로 언급된다. 관급 공사는 물량의 80%를 중소 레미콘사가 가져가는데, 각 회사에서 레미콘 가격을 공개하면 관급에서 이를 보고 구매하는 방식이 된다. 그러다 보니 관급공사는 사실상 후순위가 될 수밖에 없는 구조. 레미콘 업계 관계자는 "중소 건설사들은 소화할 수 있는 물량에 한계가 있다 보니 만약 큰 공사 현장이 들어오면 민간을 우선 조금 더 보내고 관급은 조금 뒤로 잡아놓는 방식"이라고 귀띔했다.

반면 시멘트 업계는 '시멘트 수급 대란'은 어불성설이라는 입장이다. 시멘트협회에 따르면 올해 1~3월(1분기) 시멘트 생산량은 161만t으로 수요량 166만t에 비해 5만t 부족한 상황이다. 하지만 재고량이 30만~33만t에 달하는 만큼 공급에는 전혀 문제가 없다고 주장했다. 그럼에도 "배상 리스크를 감수하면서까지 내수로 우선 공급하겠다"는 입장을 공식 밝혔다.

국내 주요 시멘트 업체가 회원인 시멘트협회는 날 입장문을 통해 "해외 수요처와 기계약한 수출(1~2분기 동안 약 25만t 이상)을 연기해 계약 미이행에 따른 배상 리스크를 감수하면서까지 내수로 우선 공급하는 등 시멘트 수급불안을 조속히 해소하는데 주력하겠다"면서 "레미콘, 건설업계 등 수요처와 상생발전의 입장을 견지해 나갈 것"이라고 설명했다. 동시에 "시멘트를 구매해서 레미콘을 제조하는 레미콘 업계의 '분배 문제'도 제대로 들여다봐야 한다"는 입장도 전했다.

건설업계 전체 이익을 대변하는 대한건설협회는 정부의 '제도적 지원책'이 시급하다고 목소리를 높였다. **민간건설공사 표준도급계약서**에 따르면 지체상금(예상보다 공사가 늦어져 발주처에 내는 벌금) 규정에 **원자재 수급불균형이 수급인의 책임 없는 사유에 해당하는지 명확하지 않아 원자재 수급 문제로 인한 공사지연 시 분쟁의 소지가 많은 편**이다. 즉 **시멘트 공급 부족과 같은 자재수급 불안으로 공기가 지연될 경우, 지체상금 부과를 제외하도록 관련 규정을 개정**해 달라는 것이다.

대한건설협회 관계자는 **"노조의 불법적 행위로 공사가 중단되는 상황뿐만 아니라 자재나 시멘트 등 공급 불균형에 따르는 문제점에 대해서도 표준계약서에 반영**돼야 한다"면서 "법이나 시행령 개정이 아니고 국토교통부 고시에 따른 지침이라 개정도 어렵지 않다. 정부가 보다 전향적인 자세로 나서야 할 시점"이라고 했다.

인용: 조선일보/2023.4.6.

근로시간 단축도 민간계약 지체상금 예외? 분쟁 '불씨'

[52시간, 우려가 현실로] 아파트 입주지연, 예고된 '시한폭탄'…지체상금 피하려다 돌관공사, 부실공사 위험↑
근로시간 단축도 민간계약 지체상금 예외? 분쟁 '불씨'

주 52시간 근로시간 단축 시행 후 20여 일. 전국 아파트 공사 현장에 비상이 걸렸다. 주당 **최대 68시간에 맞춰 수주한 민간공사의 준공 일정을 맞추기가 간단치 않다.** 공사기간을 맞추자니 인건비가 늘고 인건비를 더 들이자니 수주단가를 훌쩍 초과한다. 법조계에서도 입주 지연에 따른 분쟁이 '예고된' 시한폭탄이란 얘기가 나온다.

16일 건설업계에 따르면 민간공사에서 근로시간 단축에 따른 혼란이 현실화되고 있다. 공공공사와 달리 '사인 간 계약이 구속하는 민간공사는 공사기간 연장이나 공사비 인상 등 근로시간 단축 후속조치가 여의치 않기 때문이다.

특히, 아파트 분양 단지의 경우 근로시간 단축에 따른 시공사의 공기연장과 공사비 부담 증가가 고스란히 소비자 피해로 이어질 수 있다는 지적이 나온다. 대한건설협회 관계자는 "혹서·혹한기, 황사로 작업일수가 축소된 상황에서 공기를 맞추려면 돌관공사를 하게 되고 결국 안전사고와 품질 저하로 이어질 것"이라고 우려했다.

돌관공사란 장비와 인원을 집중적으로 투입해 단기에 끝내는 공사를 말한다. 기존에 주 61시간을 초과하던 국내 건설 현장의 근로시간이 52시간으로 줄어든 만큼 공기를 맞추려면 돌관공사가 불가피하다는 것. 돌관공사는 안전사고를 부추겨 인명 피해를 야기하고 주택 품질저하로 이어진다. 고스란히 수분양자들의 피해로 돌아갈 수밖에 없다.

300인 이상 대형 건설사가 수주한 아파트 공사 현장에선 벌써부터 입주일을 못 맞출 수 있다는 우려가 나온다. 최근 2~3년간 주택시장 호황으로 재건축·재개발사업이 속도를 내면서 착공한 현장 다수가 마땅한 대안을 마련하지 못하고 있다.

근로시간 단축은 정부 차원의 정책적 결단이나 민간공사에 달라진 공사 여건을 반영하려면 계약 당사자 간 협의가 필수다. 정부는 근로시간 단축에 맞춰 공공공사계약조건 변경을 검토하고 있지만 민간 영역은 손을 대지 못하고 있다. 신규 계약은 공사 단가에 달라진 공사 여건을 반영할 수 있지만 기존 계약을 전제로 공사 중인 현장이 문제다.

이현성 법무법인 자연수 건설부동산 전문 변호사는 "공사도급계약서상 시공사의 귀책사유가 아닌 사유로 공기가 지체되는 경우엔 지체상금을 물리지 않는다는 취지의 조항이 있지만 자연재해나 전쟁같이 불가항력 사유가 아닌 정부 정책 변경에 따른 것도 인정할지가 관건"이라며 "향후 입주 시점에 법적 분쟁의 소지가 농후하다"고 진단했다.

이어, "시공사 입장에선 자신들의 귀책사유가 아닌데 공기가 연장되고 공사비가 늘어난다고 기존 계약대로 모든 비용을 부담하기가 쉽진 않을 것"이라며 "정비사업 조합 등도 입주가 늦어지는 데 따른 이자비용 부담이 있어 추가부담을 질 수 있을지 장담하기 어렵다"고 덧붙였다.

건설사들은 재개발·재건축뿐 아니라 이미 진행 중인 각종 민간공사에선 근로시간을 탄력적으로 적용할 수 있는 방안을 마련해달라고 촉구하고 있다. 제도 변경에 따른 책임을 오로지 민간 혼자 짊어지는 것은 부당하다는 반발도 만만찮다.

최은정 한국건설산업연구원 연구위원은 "건설업은 생산과정에서 인력이 차지하는 비중이 큰데 생산 비용이 늘어난 부분을 계약 변경으로 적절히 반영하지 못할 경우 심각한 경영난을 겪을 수 있다"고 우려했다.

인용: 머니투데이/2018.7.21.

23.
부적합한 공사, 불가항력에 의한 손해

가. 원문

제18조(부적합한 공사) ① "도급인"은 "수급인"이 시공한 공사 중 설계서에 적합하지 아니한 부분이 있을 때에는 이의 시정을 요구할 수 있으며, "수급인"은 지체 없이 이에 응하여야 한다. 이 경우 "수급인"은 계약금액의 증액 또는 공기의 연장을 요청할 수 없다.

② 제1항의 경우 설계서에 적합하지 아니한 공사가 "도급인"의 요구 또는 지시에 의하거나 기타 "수급인"의 책임으로 돌릴 수 없는 사유로 인한 때에는 "수급인"은 그 책임을 지지 아니한다.

제19조(불가항력에 의한 손해) ① "수급인"은 검사를 마친 기성 부분 또는 지급자재와 대여품에 대하여 불가항력에 의한 손해가 발생한 때에는 즉시 그 사실을 "도급인"에게 통지하여야 한다.

② "도급인"은 제1항의 통지를 받은 경우 즉시 그 사실을 조사·확인하고 그 손해의 부담에 있어서 기성검사를 필한 부분 및 검사를 필하지 아니한 부분 중 객관적인 자료(감독일지, 사진 또는 비디오테이프 등)에 의하여 이미 수행되었음이 판명된 부분은 "도급인"이 부담하고, 기타 부분은 "도급인"과 "수급인"이 협의하여 결정한다.

③ 제2항의 협의가 성립되지 않은 때에는 제41조의 규정에 의한다.

나. 해설

제18조(부적합한 공사) ① "도급인"은 "수급인"이 시공한 공사 중 **설계서에 적합하지 아니한 부분**이 있을 때에는 이의 **시정을 요구**할 수 있으며, "수급인"은 지체 없이 이에 응하여야 한다. 이 경우 "수급인"은 계약금액의 증액 또는 공기의 연장을 요청할 수 없다.

② 제1항의 경우 설계서에 적합하지 아니한 공사가 **"도급인"의 요구 또는 지시에 의하거나 기타 "수급인"의 책임으로 돌릴 수 없는 사유로 인한 때**에는 "수급인"은 그 책임을 지지 아니한다.

제19조(불가항력에 의한 손해) ① "수급인"은 검사를 마친 기성 부분 또는 지급자재와 대여품에 대하여 **불가항력에 의한 손해(가령 자연재해 내지 제3자의 실화로 인한 화재)** 가 발생한 때에는 즉시 그 사실을 "도급인"에게 통지하여야 한다.

② "도급인"은 제1항의 통지를 받은 경우 즉시 그 사실을 조사·확인하고 그 손해의 부담에 있어서 기성검사를 필한 부분 및 검사를 필하지 아니한 부분 중 객관적인 자료(감독일지, 사진 또는 비디오테이프 등)에 의하여 **이미 수행되었음이 판명된 부분은 "도급인"**이 부담하고, **기타 부분은 "도급인"과 "수급인"이 협의**하여 결정한다.

③ 제2항의 협의가 성립되지 않은 때에는 제41조의 규정(분쟁의 해결 규정)에 의한다.

24.
공사의 변경·중지

가. 원문

제20조(공사의 변경·중지) ① "도급인"이 설계변경 등에 의하여 공사 내용을 변경·추가하거나 공사의 전부 또는 일부에 대한 시공을 일시 중지할 경우에는 변경계약서 등을 사전에 "수급인"에게 교부하여야 한다.

② "도급인"이 제1항에 따른 공사 내용의 변경·추가 관련 서류를 교부하지 아니한 때에는 "수급인"은 "도급인"에게 도급받은 공사 내용의 변경·추가에 관한 사항을 서면으로 통지하여 확인을 요청할 수 있다. 이 경우 "수급인"의 요청에 대하여 "도급인"은 15일 이내에 그 내용에 대한 인정 또는 부인의 의사를 서면으로 회신하여야 하며, 이 기간 내에 회신하지 아니한 경우에는 원래 "수급인"이 통지한 내용대로 공사 내용의 변경·추가된 것으로 본다. 다만, 불가항력으로 인하여 회신이 불가능한 경우에는 제외한다.

③ "도급인"의 지시에 의하여 "수급인"이 추가로 시공한 공사물량에 대하여서는 공사비를 증액하여 지급하여야 한다.

④ "수급인"은 동 계약서에 규정된 계약금액의 조정사유 이외의 계약체결 후 계약조건의 미숙지, 덤핑수주 등을 이유로 계약금액의 변경을 요구하거나 시공을 거부할 수 없다.

제20조(공사의 변경·중지) ① **"도급인"**이 설계변경 등에 의하여 공사 내용을 **변경·추가**하거나 공사의 전부 또는 일부에 대한 **시공을 일시 중지**할 경우에는 **변경계약서 등을 사전에 "수급인"에게 교부**하여야 한다.

② "도급인"이 제1항에 따른 공사 내용의 변경·추가 관련 서류를 교부하지 아니한 때에는 "수급인"은 "도급인"에게 도급받은 공사 내용의 **변경·추가에 관한 사항을 서면으로 통지하여 확인을 요청**할 수 있다. 이 경우 "수급인"의 요청에 대하여 "도급인"은 15일 이내에 그 내용에 대한 인정 또는 부인의 의사를 서면으로 회신하여야 하며, 이 기간 내에 회신하지 아니한 경우에는 원래 "수급인"이 통지한 내용대로 공사 내용의 변경·추가된 것으로 본다. 다만, 불가항력으로 인하여 회신이 불가능한 경우에는 제외한다.

③ "도급인"의 지시에 의하여 "수급인"이 **추가로 시공한 공사물량에 대하여서는 공사비를 증액하여 지급하여야** 한다. [다만 공사비 증액의 산정기준은 제21조 ②항을 기준으로 한다. (공사비 증액의 기준 추가)]

④ **"수급인"**은 동 계약서에 규정된 계약금액의 조정사유 이외의 계약체결 후 **계약조건의 미숙지, 덤핑수주 등을 이유로 계약금액의 변경을 요구하거나 시공을 거부할 수 없다.**

25.
설계변경으로 인한 계약금액의 조정

가. 원문

제21조(설계변경으로 인한 계약금액의 조정) ① 설계서의 내용이 공사 현장의 상태와 일치하지 않거나 불분명, 누락, 오류가 있을 때 또는 시공에 관하여 예기하지 못한 상태가 발생되거나 안전사고의 우려, 사업계획의 변경 등으로 인하여 추가 시설물(가설구조물을 포함)의 설치가 필요한 때에는 "도급인"은 설계를 변경하여야 한다.

② 제1항의 설계변경으로 인하여 공사량의 증감이 발생한 때에는 다음 각 호의 기준에 의하여 계약금액을 조정하며, 필요한 경우 공사기간을 연장하거나 단축한다.

1. 증감된 공사의 단가는 제9조의 규정에 의한 산출내역서상의 단가를 기준으로 상호 협의하여 결정한다.

2. 산출내역서에 포함되어 있지 아니한 신규비목의 단가는 설계변경 당시를 기준으로 산정한 단가로 한다.

3. 증감된 공사에 대한 일반관리비 및 이윤 등은 산출내역서상의 율을 적용한다.

나. 해설

제21조(설계변경으로 인한 계약금액의 조정) ① 설계서의 내용이 공사 현장의 상태와 일치하지 않거나(가령 공사 중에 지질, 용수, 지하매설물 등 공사 현장의 상태가 설계서와 다른 사실이 발견된 경우) 불분명, 누락, 오류가 있을 때(설계서만으로 시공방법, 투입자재 등을 확정할 수 없는 경우, 설계도면과 물량내역서 간에 차이가 있는 경우 총액단가계약의 경우에는 물량내역서가 설계서의 일부이므로 설계서의 누락, 오류 등에 해당) 또는 시공에 관하여 예기하지 못한 상태가 발생 되거나 안전사고의 우려, 사업계획의 변경 등으로 인하여 추가 시설물(가설구조물을 포함)의 설치가 필요한 때에는 "도급인"은 **설계를 변경**하여야 한다.

② 제1항의 **설계변경으로 인하여 공사량의 증감이 발생**한 때에는 다음 각 호의 기준에 의하여 **계약금액을 조정**하며, 필요한 경우 **공사기간을 연장**하거나 **단축**한다.

1. 증감된 공사의 단가는 제9조의 규정에 의한 **산출내역서상의 단가를 기준**으로 상호 협의하여 결정한다.

2. 산출내역서에 포함되어 있지 아니한 **신규비목의 단가는 설계변경 당시를 기준으로 산정한 단가**로 한다.

3. 증감된 공사에 대한 **일반관리비 및 이윤 등은 산출내역서상의 율을 적용**한다.

26.
물가변동으로 인한 계약금액의 조정

가. 원문

제22조(물가변동으로 인한 계약금액의 조정) ① 계약체결 후 90일 이상 경과한 경우에 잔여공사에 대하여 산출내역서에 포함되어 있는 품목 또는 비목의 가격 등의 변동으로 인한 등락액이 잔여공사에 해당하는 계약금액의 100분의 3 이상인 때에는 계약금액을 조정한다. 다만, 제17조제1항의 규정에 의한 사유로 계약이행이 곤란하다고 인정되는 경우에는 계약체결일(계약체결 후 계약금액을 조정한 경우 그 조정일)부터 90일 이내에도 계약금액을 조정할 수 있다.

② 제1항의 규정에 불구하고 계약금액에서 차지하는 비중이 100분의 1을 초과하는 자재의 가격이 계약체결일(계약체결 후 계약금액을 조정한 경우 그 조정일)부터 90일 이내에 100분의 15 이상 증감된 경우에는 "도급인"과 "수급인"이 합의하여 계약금액을 조정할 수 있다.

③ 제1항 및 제2항의 규정에 의한 계약금액의 조정에 있어서 그 조정금액은 계약금액 중 물가변동기준일 이후에 이행되는 부분의 대가에 적용하되, 물가변동이 있는 날 이전에 이미 계약이행이 완료되어야 할 부분에 대하여는 적용하지 아니한다. 다만, 제17조제1항의 규정에 의한 사유로 계약이행이 지연된 경우에는 그러하지 아니하다.

④ 제1항의 규정에 의하여 조정된 계약금액은 직전의 물가변동으로 인하여 계약금액 조정기준일(조정 사유가 발생한 날을 말한다)부터 60일 이내에는 이를 다시 조정할 수 없다.

⑤ 제1항의 규정에 의하여 계약금액 조정을 청구하는 경우에는 조정내역서를 첨부하여야 하며, 청구를 받은 날부터 30일 이내에 계약금액을 조정하여야 한다.

⑥ 제5항의 규정에 의한 계약금액조정 청구내용이 부당함을 발견한 때에는 지체 없이 필요한 보완요구 등의 조치를 하여야 한다. 이 경우 보완요구 등의 조치를 통보받은 날부터 그 보완을 완료한 사실을 상대방에게 통지한 날까지의 기간은 제4항의 규정에 의한 기간에 산입하지 아니한다.

나. 해설

제22조(물가변동으로 인한 계약금액의 조정) ① **계약체결 후 90일 이상 경과한 경우에** 잔여공사에 대하여 산출내역서에 포함되어 있는 품목 또는 비목의 가격 등의 변동으로 인한 등락액이 잔여공사에 해당하는 계약금액의 100분의 3 이상인 때에는 계약금액을 조정한다. 다만, 제17조제1항의 규정에 의한 사유[공사기간 연장 사유, 즉 1. "도급인"의 책임 있는 사유 2. 태풍·홍수·폭염·한파·악천후·미세먼지 발현·전쟁·사변·지진·전염병·폭동 등 불가항력의 사태(이하 "불가항력"이라고 한다.) 3. 원자재 수급불균형 4. 근로시간단축 등 법령의 제·개정 사유]로 계약이행이 곤란하다고 인정되는 경우에는 계약체결일(계약체결 후 계약금액을 조정한 경우 그 조정일)부터 90일 이내에도 계약금액을 조정할 수 있다.

② 제1항의 규정에 불구하고 **계약금액에서 차지하는 비중이 100분의 1을 초과하는 자재의 가격이 계약체결일(계약체결 후 계약금액을 조정한 경우 그 조정일)부터 90일 이내에 100분의 15 이상 증감된 경우에는** "도급인"과 "수급인"이 합의하여 계약금액을 조정할 수 있다.

③ 제1항 및 제2항의 규정에 의한 계약금액의 조정에 있어서 그 **조정금액은 계약금액 중**

물가변동기준일 이후에 이행되는 부분의 대가에 적용하되, 물가변동이 있는 날 이전에 이미 계약이행이 완료되어야 할 부분에 대하여는 적용하지 아니한다. **다만, 제17조제1항의 규정에 의한 사유로 계약이행이 지연된 경우에는 그러하지 아니하다.**

④ 제1항의 규정에 의하여 조정된 계약금액은 직전의 물가변동으로 인하여 **계약금액 조정기준일**(조정 사유가 발생한 날을 말한다)부터 **60일 이내에는 이를 다시 조정할 수 없다.**

⑤ 제1항의 규정에 의하여 **계약금액 조정을 청구하는 경우에는 조정내역서를 첨부하여야 하며, 청구를 받은 날부터 30일 이내에 계약금액을 조정하여야** 한다.

⑥ 제5항의 규정에 의한 계약금액조정 청구내용이 부당함을 발견한 때에는 지체 없이 필요한 보완요구 등의 조치를 하여야 한다. 이 경우 보완요구 등의 조치를 통보받은 날부터 그 보완을 완료한 사실을 상대방에게 통지한 날까지의 기간은 제4항의 규정에 의한 기간에 산입하지 아니한다.

민간공사도 '물가변동 배제특약'을 무효로 볼 수 있다

철근·콘크리트 등을 비롯한 원자재 가격 폭등으로 건설업계에서 공사비 갈등이 확산되는 가운데 **민간공사에서도 물가변동에 따라 계약금액을 조정할 여지가 있다**는 주장이 나왔다. **국토교통부가 공사도급계약서상의 물가변동 배제특약을 무효로 볼 수 있다는 유권해석**을 내놓으면서다.

-중략-

주택가격 상승에 따른 수요 증가와 **우크라이나 전쟁 등의 여파로 작년부터 건설 원자잿값이 급등하자 철근·콘크리트 하도급 회사들이 원자잿값 상승에 공사비 인상을 요구하며 공사중단에 돌입**하기도 했다.

-중략-

"다만 최근 국토교통부는 대한건설협회의 **'물가변동 배제특약의 건설산업기본법 제22조 제5항에 따른 무효 가능성'** 질의와 관련해 '상당한 이유가 없는 한 물가변동 배제특약이 무효가 될 수 있다'고 회신한 바 있다"며 "국토교통부가 현재 업계의 심각한 사정을 고려해 물가변동 배제특약이 무효가 될 수 있다는 진일보한 유권해석을 제시한 것"이라고 말했다.

그러면서 "대법원 전원합의체 판결에 따라 국가계약법령상의 계약원칙을 위반해 무효가 될 수 있는 제반 사정을 물가변동 배제특약에 적용해 보면 철근콘크리트 공사의 경우 원자잿값이 최소 20~30% 급등해 기존 계약금액대로 공사를 진행하면 일방에 손실이 발생하고 하도급사들의 파업이 겹쳐 불이익 발생 가능성이 높아져 물가변동 배제특약을 일부 무효로 볼 요건들은 갖춰진다"며 "결국 당사자 사이의 계약체결 과정에서 물가변동 배제특약을 반영하게 된 계기, 이유 등이 물가변동 배제특약 일부를 무효로 만들 요건이 될 것이므로, 계약조항의 협의과정이나 자료 등을 충실하고 세세하게 확보할 필요가 있다"고 했다.

인용 및 일부 수정: 법률신문/2022.5.10.

27.
기타 계약 내용의 변동으로 인한 계약금액의 조정

가. 원문

제23조(기타 계약 내용의 변동으로 인한 계약금액의 조정) ① 제21조 및 제22조에 의한 경우 이외에 다음 각 호에 의해 계약금액을 조정하여야 할 필요가 있는 경우에는 그 변경된 내용에 따라 계약금액을 조정하며, 이 경우 증감된 공사에 대한 일반관리비 및 이율 등은 산출내역서상의 율을 적용한다.

1. 계약 내용의 변경

2. 불가항력에 따른 공사기간의 연장

3. 근로시간 단축, 근로자 사회보험료 적용범위 확대 등 공사비, 공사기간에 영향을 미치는 법령의 제·개정

② 제1항과 관련하여 "수급인"은 제21조 및 제22조에 규정된 계약금액 조정사유 이외에 계약체결 후 계약조건의 미숙지 등을 이유로 계약금액의 변경을 요구하거나 시공을 거부할 수 없다.

제23조(기타 계약 내용의 변동으로 인한 계약금액의 조정) ① 제21조 및 제22조에 의한 경우 이외에 다음 각 호에 의해 계약금액을 조정하여야 할 필요가 있는 경우에는 그 **변경된 내용에 따라 계약금액을 조정**하며, 이 경우 증감된 공사에 대한 **일반관리비 및 이율 등은 산출내역서상의 율을 적용**한다.

1. 계약 내용의 변경

2. 불가항력에 따른 공사기간의 연장

3. 근로시간 단축, 근로자 사회보험료 적용범위 확대 등 공사비, 공사기간에 영향을 미치는 법령의 제·개정

→ 해설: '기타 계약 내용의 변경'은 일반적으로 공사물량의 증감을 수반하지 않는 계약 내용의 변경을 의미한다. '기타 계약 내용의 변경'에 포함되는 구체적인 사례로는, 계약 당사자의 책임 없는 사유로 공사기간이 연장 또는 단축되는 경우, 토취장, 토사장의 위치변경에 따른 토사운반거리 또는 운반방법의 변경 등을 들 수 있다.

② 제1항과 관련하여 "수급인"은 제21조 및 제22조에 규정된 계약금액 조정사유 이외에 계약체결 후 계약조건의 미숙지 등을 이유로 계약금액의 변경을 요구하거나 시공을 거부할 수 없다.

28.
기성 부분금

가. 원문

제24조(기성 부분금) ① 계약서에 기성 부분금에 관하여 명시한 때에는 "수급인"은 이에 따라 기성 부분에 대한 검사를 요청할 수 있으며, 이때 "도급인"은 지체 없이 검사를 하고 그 결과를 "수급인"에게 통지하여야 하며, 14일 이내에 통지가 없는 경우에는 검사에 합격한 것으로 본다.

② 기성 부분은 제2조 제8호의 산출내역서의 단가에 의하여 산정한다. 다만, 산출내역서가 없는 경우에는 공사진척율에 따라 "도급인"과 "수급인"이 합의하여 산정한다.

③ "도급인"은 검사완료일로부터 14일 이내에 검사된 내용에 따라 기성 부분금을 "수급인"에게 지급하여야 한다.

④ "도급인"이 제3항의 규정에 의한 기성 부분금의 지급을 지연하는 경우에는 제28조제3항의 규정을 준용한다.

제24조(기성 부분금) ① 계약서에 기성 부분금에 관하여 명시한 때에는 "수급인"은 이에 따라 **기성 부분에 대한 검사를 요청**할 수 있으며, 이때 "도급인"은 지체 없이 검사를 하고 그 결과를 "수급인"에게 통지하여야 하며, **14일 이내에 통지가 없는 경우에는 검사에 합격**한 것으로 본다.

② 기성 부분은 제2조 제8호의 **산출내역서의 단가에 의하여 산정**한다. 다만, 산출내역서가 없는 경우에는 공사진척율에 따라 "도급인"과 "수급인"이 합의하여 산정한다.

③ "도급인"은 **검사완료일로부터 14일 이내**에 검사된 내용에 따라 기성 부분금을 "수급인"에게 지급하여야 한다.

④ "도급인"이 제3항의 규정에 의한 기성 부분금의 지급을 지연하는 경우에는 제28조제3항의 규정(대가지급 지연이자율 규정)을 준용한다.

→ 해설: 임의규정으로 위 통지기간, 지급기간 등은 당사자 간 합의로 달리 정할 수 있다. 소규모 건축에서는 기성 부분금의 지불이 원활해야 기한 내 준공을 낼 수 있다. 어차피 지불해야 될 돈이라면 조속히 기성을 평가해서 지불하는 편이 건축주에게도 유리하다. 그래서 위 조항의 내용을 소규모 사업의 실정에 맞게 수정해 보면 다음과 같다. 즉 **"수급인"은 매월 말 20일까지 기성 부분에 대한 검사를 도급인이 지정한 '공사감독인'에게 요청**할 수 있으며, 이때 '공사감독원'은 지체 없이 검사 후 기성금을 정하여야 한다. 그리고 도급인은 공사감독원이 판단한 기성 부분금을 매월 말에 수급인에게 **지급하여야 한다.**

기성 부분금 산정방식

건설계약은 그 이행에 수개월에서 수년이 소요되는 장기간이라는 특성이 있어 계약이행과정에서 기간을 분할해 정해 대가를 지급하게 되는데 이를 기성 부분금이라 한다. 기성 부분금의 성격을 가지급금으로 보아 추후 일을 완성하지 못하면 도급인에게 모두 돌려줘야 한다는 견해도 있으나, 우리 법원은 일이 완성된 부분이 도급인에게 이익이 되는 때에는 도급계약은 미완성 부분에 대해서만 실효되어 수급인은 그 상태 그대로 건물을 도급인에게 인도하고, 도급인은 기성고 등을 참작해 보수를 지급할 의무가 있다는 원칙을 제시하고 있다.

기성 부분금과 관련해 실무에서 문제가 되는 경우는 공사가 중단되었을 때 기성고를 어떻게 산정해야 하는가이다. 도급인은 완성된 부분의 가치를 가능한 적게 볼 것이고, 수급인은 본인이 투여한 비용과 노력에 더해 기대하는 이익까지 합해 산정하게 될 것이다. 당사자 사이의 이견이 첨예하게 대립되고 늘 분쟁이 발생하는 분야이다.

이러한 분쟁의 경험을 통해 법원에서는 기성고 산정의 원칙을 다음과 같이 제시하였다. "기성고는 총공사비에 공사를 중단할 당시의 공사기성고 비율을 적용한 금액이고, 기성고 비율은 공사비지급의무가 발생한 시점을 기준으로 해 이미 완성된 부분에 소요된 공사비에다 미시공 부분을 완성하는 데 소요될 공사비를 합친 전체 공사비 가운데 완성된 부분에 소요된 비용이 차지하는 비율"이다. 이 원칙을 적용하면 다음과 같은 공식이 만들어진다.

기성고 공사대금=(약정된 총공사비)×(공사중단 시의 기성고 비율)

→ (약정된 총공사비=10억)×(공사중단 시의 기성고 비율=46%)=기성고 공사대금=4.6억

기성고 비율=(기시공 부분에 소요된 공사비)/(기시공 부분에 소요된 공사비+미시공 부분에 소요된 공사비)

→ (기시공 부분에 소요된 공사비= 5억)/(기시공 부분에 소요된 공사비=5억 +미시공 부분에 소요된 공사비=7억)=기성고 비율=46%

기사 인용(기계설비신문/2020.4.27.)

29.
손해의 부담

가. 원문

제25조(손해의 부담) "도급인"·"수급인" 쌍방의 책임 없는 사유로 공사의 목적물이나 제3자에게 손해가 생긴 경우 다음 각 호의 자가 손해를 부담한다.
1. 목적물이 "도급인"에게 인도되기 전에 발생된 손해: "수급인"
2. 목적물이 "도급인"에게 인도된 후에 발생된 손해: "도급인"
3. 목적물에 대한 "도급인"의 인수지연 중 발생된 손해: "도급인"
4. 목적물 검사기간 중 발생된 손해: "도급인"·"수급인"이 협의하여 결정

나. 해설

제25조(손해의 부담) "도급인"·"수급인" 쌍방의 책임 없는 사유(자연재해나 제3자의 방화로)로 공사의 목적물이나 제3자에게 손해가 생긴 경우 다음 각 호의 자가 손해를 부담한다.
1. 목적물이 "도급인"에게 인도되기 전에 발생된 손해: "수급인"

2. 목적물이 "도급인"에게 인도된 후에 발생된 손해: "도급인"

3. 목적물에 대한 "도급인"의 인수지연 중 발생된 손해: "도급인"

4. 목적물 검사기간 중 발생된 손해: "도급인"·"수급인"이 협의하여 결정('도급인과 수급인이 위험을 절반하여 부담'으로 수정하는 것이 다툼의 여지가 없을 것이다)

30.
부분사용, 준공검사

가. 원문

제26조(부분사용) ① "도급인"은 공사목적물의 인도전이라 하더라도 "수급인"의 동의를
얻어 공사목적물의 전부 또는 일부를 사용할 수 있다.

② 제1항의 경우 "도급인"은 그 사용부분에 대하여 선량한 관리자의 주의 의무를 다하여
야 한다.

③ "도급인"은 제1항에 의한 사용으로 "수급인"에게 손해를 끼치거나 "수급인"의 비용을
증가하게 한 때는 그 손해를 배상하거나 증가된 비용을 부담한다.

제27조(준공검사) ① "수급인"은 공사를 완성한 때에는 "도급인"에게 통지하여야 하며
"도급인"은 통지를 받은 후 지체 없이 "수급인"의 입회하에 검사를 하여야 하며, "도급
인"이 "수급인"의 통지를 받은 후 10일 이내에 검사 결과를 통지하지 아니한 경우에는
10일이 경과한 날에 검사에 합격한 것으로 본다. 다만, 불가항력으로 인하여 검사를 완
료하지 못한 경우에는 당해 사유가 존속되는 기간과 당해 사유가 소멸된 날로부터 3일
까지는 이를 연장할 수 있다.

② "수급인"은 제1항의 검사에 합격하지 못한 때에는 지체 없이 이를 보수 또는 개조하
여 다시 준공검사를 받아야 한다.

③ "수급인"은 검사의 결과에 이의가 있을 때에는 재검사를 요구할 수 있으며, "도급인"은 이에 응하여야 한다.

④ "도급인"은 제1항의 규정에 의한 검사에 합격한 후 "수급인"이 공사목적물의 인수를 요청하면 인수증명서를 발급하고 공사목적물을 인수하여야 한다.

나. 해설

제26조(부분사용) ① "도급인"은 공사목적물의 인도전이라 하더라도 "수급인"의 동의를 얻어 공사목적물의 전부 또는 일부를 사용할 수 있다.

② 제1항의 경우 "도급인"은 그 사용부분에 대하여 선량한 관리자의 주의 의무를 다하여야 한다.

③ "도급인"은 제1항에 의한 사용으로 "수급인"에게 손해를 끼치거나 "수급인"의 비용을 증가하게 한 때는 그 손해를 배상하거나 증가된 비용을 부담한다.

제27조(준공검사) ① "수급인"은 공사를 **완성한 때**에는 **"도급인"에게 통지**하여야 하며 "도급인"은 통지를 받은 후 지체 없이 "수급인"의 입회하에 **검사**를 하여야 하며, "도급인"이 "수급인"의 **통지를 받은 후 10일 이내에 검사 결과를 통지**하지 아니한 경우에는 10일이 경과한 날에 검사에 합격한 것으로 본다. 다만, 불가항력으로 인하여 검사를 완료하지 못한 경우에는 당해 사유가 존속되는 기간과 당해 사유가 소멸된 날로부터 3일까지는 이를 연장할 수 있다.

② "수급인"은 제1항의 검사에 합격하지 못한 때에는 지체 없이 이를 **보수 또는 개조하여 다시 준공검사**를 받아야 한다.

③ "수급인"은 검사의 결과에 이의가 있을 때에는 **재검사를 요구**할 수 있으며, "도급인"은 이에 응하여야 한다.

④ "도급인"은 제1항의 규정에 의한 검사에 **합격한 후 "수급인"**이 공사목적물의 인수를 **요청**하면 **인수증명서를 발급**하고 공사목적물을 인수하여야 한다.

→ 해설: 여기서 말하는 준공검사는 행정관청의 사용승인을 위한 검사가 아니라 신축아

파트 입주 전의 사전점검으로 이해하면 된다.

소규모 건축에서는 건축주나 공사감독원이 상시 출입할 수도 있기 때문에 공사 진행 기간 내내 준공검사나 지적질을 하는 경우가 많다. 따라서 사전점검 내지 준공검사의 절차를 규정한 위 조항은 임의규정으로 당사자 간에 합의로 달리 정할 수 있다. 가령 준공검사 절차를 생각하고 준공서류를 행정청에 조속히 접수한 이후에 동시에 하자 공사 처리를 진행하는 것으로 약정할 수 있다.

31.
대금지급

가. 원문

제28조(대금지급) ① "수급인"은 "도급인"의 **준공검사에 합격한 후 즉시 잉여자재, 폐기물, 가설물 등을 철거, 반출**하는 등 **공사 현장을 정리**하고 **공사대금의 지급을 "도급인"에게 청구**할 수 있다.

② "도급인"은 특약이 없는 한 계약의 **목적물을 인도 받음과 동시에 "수급인"에게 공사대금을 지급**하여야 한다.

③ "도급인"이 공사대금을 지급기한내에 지급하지 못하는 경우에는 그 미지급금액에 대하여 지급기한의 다음날부터 지급하는 날까지의 일수에 계약서상에서 정한 대가지급 지연이자율(시중은행의 일반대출 시 적용되는 연체이자율 수준을 감안하여 상향 적용할 수 있다)을 적용하여 산출한 이자를 가산하여 지급하여야 한다.

나. 해설

제28조(대금지급) ① "수급인"은 "도급인"의 **준공검사에 합격한 후 즉시 잉여자재, 폐기물, 가설물 등을 철거, 반출**하는 등 **공사 현장을 정리**하고 **공사대금의 지급을 "도급인"에게 청구**할 수 있다.

② "도급인"은 특약이 없는 한 계약의 **목적물을 인도 받음과 동시에 "수급인"에게 공사대금을 지급**하여야 한다.

→ 해설: 중대규모 현장에서는 총공사대금의 10%의 지불을 유보하고 준공 이후 후분양대금에서 지불하기로 약정한다든지, 또는 총공사대금의 50%는 선분양대금으로 지불하기로 한다든지 하는 약정을 많이 한다. 따라서 분양시장이 좋지 않은 경우에는 건설사들은 공사대금을 지급 받지 못해 건설사의 위기가 생기는 것이다.

소규모 건축공사의 경우에는 준공 이후 분양대금으로 또는 준공(사용승인) 이후 대환대출(건축비대출을 상환하고 완성된 건축물을 담보로 하는 대출금로 갈아타는 행위)을 실행해서 지불한다든지 하는 특약을 할 수도 있다. 그런데 이러한 특약이 없다면 표준계약서의 문구처럼 사용승인을 득하기 이전에 공사잔금 지불의무가 발생할 수 있다는 것에 유의하여야 한다.

③ "도급인"이 공사대금을 지급기한내에 지급하지 못하는 경우에는 그 미지급금액에 대하여 지급기한의 다음 날부터 지급하는 날까지의 일수에 계약서상에서 정한 대가지급 지연이자율(시중은행의 일반대출 시 적용되는 연체이자율 수준을 감안 하여 상향 적용할 수 있다)을 적용하여 산출한 이자를 가산하여 지급하여야 한다.

→ 해설: 공사대금지급 지체에 따른 지연배상에 대해서 실무에서는 보통 이행기 도래한 공사대금액×(0.1 또는 0.3)%/月로 정한다. 다만 시중은행의 연체이자율 가령 연 20% 지연이자를 정할 수 있다.

32

폐기물의 처리

가. 원문

제29조(폐기물의 처리 등) "수급인"은 공사 현장에서 발생한 폐기물을 관계법령에 의거 처리하여야 하며, "도급인"은 폐기물처리에 소요되는 비용을 계약금액에 반영하여야 한다.

나. 해설

제29조(폐기물의 처리 등) "수급인"은 공사 현장에서 발생한 폐기물을 관계법령에 의거 처리하여야 하며, "도급인"은 폐기물처리에 소요되는 비용을 계약금액에 반영하여야 한다.

→ 만약 '수급인'이 위 폐기물을 적법하게 처리하지 않은 것이 추후에 발견된 경우 적법한 처리에 소요되는 모든 관련 비용의 2배를 배상한다.

→ 해설: 특히 공사 현장이 지방인 경우 건설사는 공사 폐기물을 적법하게 처리하게 되면 비용이 들기 때문에 인근 땅에 몰래 묻어 버리는 경우가 흔하다. 위와 같은 추가문구 기입 또는 현장에 CCTV를 설치한다든지 공사감독원의 감시로 사전에 예방해야 한다.

33.
지체상금

가. 원문

제30조(지체상금) ① "수급인"은 준공기한 내에 공사를 완성하지 아니한 때에는 매 지체일수마다 계약서상의 지체상금율을 계약금액에 곱하여 산출한 금액(이하 '지체상금'이라 한다)을 "도급인"에게 납부하여야 한다. 다만, "도급인"의 귀책사유로 준공검사가 지체된 경우와 다음 각 호의 1에 해당하는 사유로 공사가 지체된 경우에는 그 해당일수에 상당하는 지체상금을 지급하지 아니하여도 된다.

1. 불가항력의 사유에 의한 경우
2. "수급인"이 대체하여 사용할 수 없는 중요한 자재의 공급이 "도급인"의 책임 있는 사유로 인해 지연되어 공사 진행이 불가능하게 된 경우
3. "도급인"의 귀책사유로 착공이 지연되거나 시공이 중단된 경우
4. 기타 "수급인"의 책임에 속하지 아니하는 사유로 공사가 지체된 경우

② 제1항을 적용함에 있어 제26조의 규정에 의하여 "도급인"이 공사목적물의 전부 또는 일부를 사용한 경우에는 그 부분에 상당하는 금액을 계약금액에서 공제한다. 이 경우 "도급인"이 인허가기관으로부터 공사목적물의 전부 또는 일부에 대하여 사용승인을 받은 경우에는 사용승인을 받은 공사목적물의 해당 부분은 사용한 것으로 본다.

③ "도급인"은 제1항 및 제2항의 규정에 의하여 산출된 지체상금은 제28조의 규정에 의하여 "수급인"에게 지급되는 공사대금과 상계할 수 있다.

④ 제1항의 지체상금율은 계약 당사자 간에 별도로 정한 바가 없는 경우에는 국가를 당사자로 하는 계약에 관한 법령 등에 따라 공공공사계약체결 시 적용되는 지체상금율을 따른다.

나. 해설

제30조(지체상금) ① "수급인"은 준공기한 내에 공사를 완성하지 아니한 때에는 매 지체일수마다 계약서상의 지체상금율을 계약금액에 곱하여 산출한 금액(이하 '지체상금'이라 한다)을 "도급인"에게 납부하여야 한다(보통 총공사대금×(0.1)%/日을 약정한다). 다만, **"도급인"의 귀책사유로 준공검사가 지체된 경우**(가령 도급인이 지체상금책임을 물리기 위해서 의도적으로 준공검사를 지체한 경우)와 **다음 각 호의 1에 해당하는 사유로 공사가 지체된 경우**에는 그 해당일수에 상당하는 지체상금을 지급하지 아니하여도 된다.

1. 불가항력의 사유에 의한 경우

→ 해설: 시공 중간에 제3자의 실화에 의한 화재가 발생한 경우

2. "수급인"이 대체하여 사용할 수 없는 중요한 자재의 공급이 "도급인"의 책임 있는 사유로 인해 지연되어 공사 진행이 불가능하게 된 경우

→ 해설: 가령 "수급인"이 대체하여 사용할 수 없는 중요한 자재로의 변경을 도급인이 요구하고 도급인이 조달을 지연시킨 경우

3. "도급인"의 귀책사유로 착공이 지연되거나 시공이 중단된 경우

→ 해설: 도급인이 완전한 부지소유권을 확보하지 못하여 착공이 지연된 경우, 도급인의 요구로 공사가 중단된 경우

4. 기타 "수급인"의 책임에 속하지 아니하는 사유로 공사가 지체된 경우
→ 예: 건축사의 설계도서 작성의 오류 및 설계변경사유 발생으로 시공진행이 지체된 경우

② 제1항(지체상금 규정)을 적용함에 있어 제26조의 규정(부분사용)에 의하여 "도급인"이 공사목적물의 전부 또는 일부를 사용한 경우에는 그 부분에 상당하는 금액을 계약금액에서 공제한다. 이 경우 "도급인"이 인허가기관으로부터 공사목적물의 전부 또는 일부에 대하여 사용승인을 받은 경우(임시사용승인: 건축주가 사용승인서를 받기 전에 공사가 완료된 부분을 허가권자로부터 임시로 사용할 것을 승인받는 것, 가령 상가 부분만 임시사용승인받는 경우)에는 사용승인을 받은 공사목적물의 해당 부분은 사용한 것으로 본다.
③ "도급인"은 제1항 및 제2항의 규정에 의하여 산출된 **지체상금**은 제28조의 규정에 의하여 "수급인"에게 지급되는 **공사대금과 상계할 수 있다.**
④ 제1항의 지체상금율은 계약 당사자 간에 별도로 정한 바가 없는 경우에는 국가를 당사자로 하는 계약에 관한 법령 등에 따라 공공**공사계약체결 시 적용되는 지체상금율**을 따른다.

지체상금 관련 판례

1. 지체상금약정의 성질
지체상금약정은 손해배상의 예정으로서의 성질을 가질 수도 있고 위약벌의 성질을 가질 수도 있는데, **대법원은 원칙적으로 도급계약과 관련한 지체상금약정을 손해배상의 예정으로 본다.** 양자의 구별 실익은 다음과 같다. 지체상금약정을 '손해배상의 예정'으로 볼 경우, 채무불이행에 대한 손해배상으로 지체상금을 지급하는 것으로 손해를 모두 배상한 것이 되며, 실제 손해액이 예정액을 초과하더라도 그 초과액을 청구할 수 없다. 또한, 손해배상의 예정으로 볼 경우 민법 제398조 제2항에 따라 감액이 가능하다. 반대로, '위약벌'로 볼 경우 위약벌 외에 실제 발생한 손해를 추가로 청구할 수 있다. 그리고 위약벌에 대해서는 민법 제398조 제2항이 적용되지 않으며, 공서양속에 반하는 경우 등에

해당하면 그 일부 또는 전부가 무효가 될 수 있다.

2. 지체상금의 청구요건

도급인이 지체상금의 지급을 구하기 위해서는 **원칙적으로 지체상금에 관한 약정이 체결된 사실과 약정된 기한 이후 공사가 완료된 사실이 인정되어야 한다.** 다만 '공사가 완료된 사실'은 엄밀하게 '공사가 완료되어 건물 인도가 완료된 사실'을 의미한다. 많은 건설소송 사건에서 '공사가 완료된 사실'이 언제인지가 쟁점이 되지만, **건물 인도가 완료된 사실까지 인정되어야** 하는데, 건물 인도 의무와 대금지급의무는 서로 동시이행관계에 있기 때문이다.

3. 지체상금의 시기(始期)와 종기(終期)

이처럼 지체상금이 인정되면 그 기간 즉, '언제부터(시기) 언제까지(종기)'의 기간에 대해 지연손해금이 발생하는 것인지를 확정해야 한다.
지체상금의 시기는 '약정한 공사 종료일의 다음 날'이다.

지체상금의 종기는 원칙적으로 수급인이 공사를 완료하여 건물을 인도한 날이다.
대법원은 '지체상금의 종기는 실제 해제 또는 해지한 때가 아닌 **도급인이 수급인의 공사 중단이나 기타 해제사유를 이유로 해제 또는 해지할 수 있었던 때부터 도급인이 다른 업자에게 의뢰하여 공사를 완성할 수 있었던 시점까지**'이며, '수급인이 책임질 수 없는 사유로 인하여 공사가 지연된 경우에는 그 기간만큼 공제하여야 한다'고 보아 지체상금이 과도하게 늘어나는 것을 제한한다. 그런데 수급인이 도급계약을 위반하여 부당하게 유치권을 행사하는 등 '도급인이 다른 업자에게 의뢰하여 공사를 완공할 수 없는 사정'이 인정된다면, 지체상금의 종기는 **'도급인이 다른 업자에게 의뢰하여 공사를 재개할 수 있었던 때를 기준으로 하여 같은 건물을 완공할 수 있었던 시점'까지**가 된다.

4. 지체상금률

민간건설에서 지체상금률을 정할 때 보통 1일당 1/1,000 또는 1일당 3/1,000으로 정하고 있다. 관급공사에 적용되는 국가를 당사자로 하는 계약에 관한 법률 시행규칙은 공사에 관한 지체상금률을 현재 0.5/1,000로 규정하고 있다.

만약 지체기간이 1년 이라면 기준의 이율로 지체상금률을 환산할 경우, 일반적인 이율이나 지연손해금률을 크게 초과한다. 즉 1일당 1/1,000로 정한 지체상금은 연 36.5%이며, 3/1,000의 경우 연 54.75%에 이른다.

그런데 지체상금은 원칙적으로 손해배상액의 예정에 해당하므로 민법 제398조 제2항에 따라 법원은 이를 감액할 수 있다. 지체상금을 감액할 때는 우선 공사대금에 지체상금률과 지연일수를 곱하여 지체상금의 총액을 산정하고, 사실심 변론 종결시점을 기준으로 건설 도급계약과 관련된 일체의 사정, 즉 도급인과 수급인의 지위, 건설 도급계약의 목적과 내용, 지체상금약정의 동기, 지체상금의 비율, 예상된 손해액의 크기, 거래관행 등을 고려하여 지체상금의 감액을 고려한다.

한편, 지체상금을 공사대금 총액에 지체상금률을 곱하여 산출하는 경우 지체상금률 자체는 과다하지 않더라도 지체일수가 증가하여 지체상금 총 액이 증가한 경우 지체상금이 과도한지를 지체상금률과 총액 중 어떤 요소를 기준으로 판단해야 하는지 문제 된다. 이와 관련하여 대법원은 지체상금은 손해배상액의 예정에 해당하며 민법 제398조 제2항 문언은 예정한 손해배상액의 '총액'을 의미하므로 지체상금의 과다 여부 역시 총액을 기준으로 판단해야 한다는 입장이다

5. 지체상금 면책 또는 감경

표준도급계약 일반조건은 지체상금의 면책사유로 불가항력, 수급인이 대체하여 사용할 수 없는 중요한 자재의 공급이 도급인의 책임 있는 사유로 인해 지연되어 공사 진행이 불가능하게 된 경우, 도급인의 귀책사유로 착공이 지연되거나 시공이 중단된 경우, 기타 수급인의 책임에 속하지 않는 사유로 공사가 지연된 경우를 지체상금의 면책사유로 규정하고 있다. 한편, 최근 들어 표준도급계약서에는 공사기간의 연장사유로서, 불가항력에 '폭염, 한파'를 추가하고, 근로시간 단축 등 법령의 제·개정이란 요건을 추가하였다.

다만, 이는 정당한 공사기간 연장 요청을 도급인이 승인한 경우 그 연장기간에 대해서는 지체상금이 발생하지 않는 것으로 규정한 것이므로, 단순히 위와 같은 사정만으로 지체상금 면책이 인정되는 것은 아니며, 서면으로 계약기간의 연장을 요청해야 하고 도급인

이 공사기간의 연장을 승인하는 것을 전제로 한다.

대법원은 **수급인이 책임질 수 없는 사유로 지체상금의 면책이 인정되려면** '공사도급계약에서 예상하지 못하였던 사정이 발생하여 일정 기간 예정된 공사를 진행할 수 없어 **공사의 지연이 불가피하였음을 증명**'하여야 하며, '**수급인이 귀책사유가 경합하여 공사기간이 연장될 가능성만 있는 때에는 지체상금의 면책을 인정하지 않고 다만 이를 배상예정액의 감액에서 고려할 수 있다**'고 한다.

참고문서: 대법원판례, 한국경제 TV기사, https://www.wowtv.co.kr/NewsCenter/News/Read?articleId=A202309080086&t=NN

34

하자담보

가. 원문

제31조(하자담보) ① "수급인"은 공사의 하자보수를 보증하기 위하여 계약서에 정한 하자보수보증금율을 계약금액에 곱하여 산출한 금액(이하 '하자보수보증금'이라 한다)을 준공검사 후 그 공사의 대가를 지급할 때까지 현금 또는 제4조 제2항 각 호의 보증기관이 발행한 보증서로서 "도급인"에게 납부하여야 한다.

② "수급인"은 "도급인"이 전체목적물을 인수한 날과 준공검사를 완료한 날 중에서 먼저 도래한 날부터 계약서에 정한 하자담보책임기간 중 당해 공사에 발생하는 일체의 하자를 보수하여야 한다. 다만, 다음 각 호의 사유로 발생한 하자에 대해서는 그러하지 아니하다.

1. 공사목적물의 인도 후에 천재지변 등 불가항력이 "수급인"의 책임이 아닌 사유로 인한 경우

2. "도급인"이 제공한 재료의 품질이나 규격 등의 기준미달로 인한 경우

3. "도급인"의 지시에 따라 시공한 경우

4. "도급인"이 건설공사의 목적물을 관계 법령에 따른 내구연한 또는 설계상의 구조내력을 초과하여 사용한 경우

③ "수급인"이 "도급인"으로부터 제2항의 규정에 의한 하자보수의 요구를 받고 이에 응하지 아니하는 경우 제1항의 규정에 의한 하자보수보증금은 "도급인"에게 귀속한다.

④ "도급인"은 하자담보책임기간이 종료한 때에는 제1항의 규정에 의한 하자보수 보증금을 "수급인"의 청구에 의하여 반환하여야 한다. 다만, 하자담보책임기간이 서로 다른 공종이 복합된 공사에 있어서는 공종별 하자담보책임기간이 만료된 공종의 하자보수보증금은 "수급인"의 청구가 있는 경우 즉시 반환하여야 한다.

나. 해설

제31조(하자담보) ① "수급인"은 공사의 하자보수를 보증하기 위하여 계약서에 정한 하자보수보증금율을 계약금액에 곱하여 산출한 금액(이하 '하자보수보증금'이라 한다)을 **준공검사 후 그 공사의 대가를 지급할 때까지** 현금 또는 제4조 제2항 각 호의 보증기관이 발행한 보증서로서 "도급인"에게 납부하여야 한다.

→ 해설: 건설공제조합이나 서울보증보험발행 하자보증서를 도급인에게 교부하는 것이 일반이다.

② "수급인"은 "도급인"이 **전체목적물을 인수한 날과 준공검사를 완료한 날 중에서 먼저 도래한 날부터** 계약서에 정한 하자담보책임기간 중 당해 공사에 발생하는 일체의 하자를 보수하여야 한다. 다만, 다음 각 호의 사유로 발생한 하자에 대해서는 그러하지 아니하다.

1. 공사목적물의 인도 후에 천재지변 등 불가항력이 "수급인"의 책임이 아닌 사유로 인한 경우
2. "도급인"이 제공한 재료의 품질이나 규격 등의 기준미달로 인한 경우
3. "도급인"의 지시에 따라 시공한 경우
4. "도급인"이 건설공사의 목적물을 관계 법령에 따른 내구연한 또는 설계상의 구조내력을 초과하여 사용한 경우

③ "수급인"이 "도급인"으로부터 제2항의 규정에 의한 하자보수의 요구를 받고 이에 응하지 아니하는 경우 제1항의 규정에 의한 **하자보수보증금은 "도급인"에게 귀속**한다.

④ "도급인"은 하자담보책임기간이 종료한 때에는 제1항의 규정에 의한 하자보수 보증금을 "수급인"의 청구에 의하여 반환하여야 한다. 다만, 하자담보책임기간이 서로 다른 공종이 복합된 공사에 있어서는 **공종별 하자담보책임기간이 만료된 공종의 하자보수보증금은 "수급인"의 청구가 있는 경우 즉시 반환**하여야 한다.

수급인의 하자담보책임 면책사례

1. 도급인의 지시에 따른 시공

이 사건 건물의 설계도면상 위 유리를 끼울 알루미늄 유리틀에 대한 기재는 '120m/m×60m/m 효성제품'으로 되어 있었고, 원고는 그에 따라 알루미늄 유리틀을 시공한 사실을 엿볼 수 있는바, 수급인인 원고가 **설계도면의 기재대로 알루미늄 유리틀을 설치한 것이라면 이는 도급인인 피고의 지시에 따른 것과 같아서** 원고가 그 설계도면이 부적당함을 알고 피고에게 고지하지 아니한 것이 아닌 이상(피고는 그와 같은 주장을 하지 아니하였다) 그로 인하여 **목적물에 하자가 생겼다 하더라도 수급인인 원고에게 하자담보책임을 지울 수는 없다** 할 것이므로(당원 1995.10.13. 선고 94다31747, 31754 판결 참조), 결국 하자보수에 갈음하는 유리틀 교체 공사 비용에 관한 원심의 판단도 이와 결론을 같이 하는 것으로서 정당하고, 거기에 원고나 피고가 논하는 바와 같은 채증법칙 위반으로 인한 사실오인이나, 이유모순, 이유불비의 위법이 있다고 할 수 없다(대법원 1996.5.14. 선고 95다24975 판결).

2. 수급인이 도급인의 지시의 부적당함을 알고 고지하지 않은 때

B사는 A사에 공장부지를 조성하는 공사를 도급하였고, 공사도급계약에 '보강토 쌓기는 발파석 쌓기로 견적하였음'이라고 기재하다. A사는 공사구간의 비탈면에 대하여 발파석 쌓기 방식의 석축을 시공하였는데, 공사 완공 후 당사가 확인해 보니 B사의 현장과 같이 **비탈면 공사가 3m의 높이를 넘는 경우 발파석 쌓기 방식의 석축으로 시공하여서는 안**

되고, 콘크리트 옹벽으로 시공하여야 안전성에 문제가 없다고 한다. 이에 대하여 **A사는 발파석 쌓기 방식으로 시공한 것은 공사도급계약에 따른 것이므로 자신에게 책임이 없다고 주장**한다. B사는 A사에 하자보수를 청구할 수 있지가 문제된다.

목적물의 하자가 도급인의 지시에 기인한 때에는 수급인은 하자담보책임을 지지 않으나, 수급인이 그 지시의 부적당함을 알고 도급인에게 고지하지 않은 때에는 하자담보책임을 부담한다(민법 제699조). 대법원은 "도급인의 지시에 따라 건축공사를 하는 수급인이 지시가 부적당함을 알면서도 이를 도급인에게 고지하지 아니한 경우에는, 완성된 건물의 하자가 도급인의 지시에 기인한 것이더라도 하자담보책임을 면할 수 없다"라고 판시하고 있다(대법원 2016.8.18. 선고 2014다31691, 31707 판결).

3. 노무도급의 경우

갑 제5호증, 갑 제6호증의 1, 을 제1호증, 을 제4호증의 2 내지 4의 기재에 변론 전체의 취지를 종합하면, **원고는 이 사건 공사에 필요한 재료와 설비를 제공한 사실,** 원고는 피고에게 공사기간 동안 1일 공사비 790,000원씩을 공사대금으로 지급하기로 약정하였는데, 위 790,000원은 피고와 피고가 고용한 근로자 4명의 일당을 합산한 금액인 사실, **원고의 대표이사 E는** 이 사건 공사에 관하여 구체적인 작업 사항과 순서, 보수·확인할 사항, 거래처 등에 관하여 지시하는 등 **구체적 지휘·감독을 해 온 사실**을 인정할 수 있다. 그렇다면 이는 도급인이 구체적인 지휘·감독권을 유보한 채 **재료와 설비를 제공하면서 시공을 수급인에게 맡기는 노무도급**이라 할 것이고, 수급인이 도급인의 사실상 지시권에 복종하는 **노무도급의 경우에는 일반적인 도급계약에 비하여 수급인의 하자담보책임을 인정할 여지가 적다.** 이를 고려하여 원고가 주장하는 하자내역을 살펴보면, 원고가 주장하는 하자는 **도급인인 원고가 제공한 재료의 성질 또는 원고의 지시에 기인한 것**으로 판단된다. 따라서 피고는 민법 제669조 본문에 따라 이 사건 공사에 관하여 **하자담보책임을 부담하지 아니한다.** 피고의 위 주장은 이유 있다.

이에 대하여 원고는 피고가 그 재료 또는 지시의 부적당함을 알고도 원고에게 고지하지 아니하였으므로 민법 제669조 단서에 따라 여전히 하자담보책임을 부담한다고 주장하나 노무도급에 불과한 이 사건에 있어 위 단서 조항을 그대로 적용하는 것은 부당하므로 원고의 위 주장은 이유 없다(서울남부지방법원 2020.9.3. 선고 2019가단6533 판결).

35.
건설공사의 하도급 등, 하도급대금의 직접 지급

가. 원문

제32조(건설공사의 하도급 등) ① "수급인"이 도급받은 공사를 제3자에게 하도급하고
자 하는 경우에는 건설산업기본법 및 하도급거래공정화에관한법률에서 정한 바에 따라
하도급하여야 하며, 하수급인의 선정, 하도급계약의 체결 및 이행, 하도급 대가의 지급
에 있어 관계 법령의 제규정을 준수하여야 한다.

② "도급인"은 건설공사의 시공에 있어 현저히 부적당하다고 인정하는 하수급인이 있는
　경우에는 하도급의 통보를 받은 날 또는 그 사유가 있음을 안 날부터 30일 이내에 서
　면으로 그 사유를 명시하여 하수급인의 변경 또는 하도급계약 내용의 변경을 요구할
　수 있다. 이 경우 "수급인"은 정당한 사유가 없는 한 이에 응하여야 한다.

③ "도급인"은 제2항의 규정에 의하여 건설공사의 시공에 있어 현저히 부적당한 하수급
　인이 있는지 여부를 판단하기 위하여 하수급인의 시공능력, 하도급계약금액의 적정
　성 등을 심사할 수 있다.

제33조(하도급대금의 직접 지급) ① "도급인"은 "수급인"이 제32조의 규정에 의하여 체
결한 하도급계약 중 하도급거래공정화에 관한법률과 건설산업기본법에서 정한 바에 따
라 하도급대금의 직접 지급사유가 발생하는 경우에는 그 법에 따라 하수급인이 시공한

부분에 해당하는 하도급대금을 하수급인에게 지급한다.

② "도급인"이 제1항의 규정에 의하여 하도급대금을 직접 지급한 경우에는 "도급인"의 "수급인"에 대한 대금지급채무는 하수급인에게 지급한 한도 안에서 소멸한 것으로 본다.

나. 해설

제32조(건설공사의 하도급 등) ① "수급인"이 도급받은 공사를 제3자에게 하도급하고자 하는 경우에는 **건설산업기본법 및 하도급거래공정화에관한법률에서 정한 바에 따라 하도급**하여야 하며, 하수급인의 선정, 하도급계약의 체결 및 이행, 하도급 대가의 지급에 있어 관계 법령의 제규정을 준수하여야 한다.

② "도급인"은 건설공사의 시공에 있어 현저히 부적당하다고 인정하는 하수급인이 있는 경우에는 하도급의 통보를 받은 날 또는 그 사유가 있음을 안 날부터 30일 이내에 서면으로 그 사유를 명시하여 하수급인의 변경 또는 하도급계약 내용의 변경을 요구할 수 있다. 이 경우 "수급인"은 정당한 사유가 없는 한 이에 응하여야 한다.

③ **"도급인"**은 제2항의 규정에 의하여 건설공사의 시공에 있어 현저히 부적당한 하수급인이 있는지 여부를 판단하기 위하여 **하수급인의 시공능력, 하도급계약금액의 적정성 등을 심사**할 수 있다.

제33조(하도급대금의 직접 지급) ① "도급인"은 "수급인"이 제32조의 규정에 의하여 체결한 하도급계약 중 **하도급거래공정화에 관한법률과 건설산업기본법에서 정한 바에 따라 하도급대금의 직접 지급사유가 발생하는 경우**에는 그 법에 따라 하수급인이 시공한 부분에 해당하는 하도급대금을 하수급인에게 지급한다.

② "도급인"이 제1항의 규정에 의하여 하도급대금을 직접 지급한 경우에는 "도급인"의 "수급인"에 대한 대금지급채무는 하수급인에게 지급한 한도 안에서 소멸한 것으로 본다.

→ 해설:

▶ 건설업자는 도급받은 건설공사의 **전부 또는 주요 부분의 대부분**을 다른 건설업자에게 하도급할 수 없다(건설산업기본법 제29조 제1항 본문). 부실시공 방지, 발주자(건축주) 보호취지이다. 당사가 직접 시공해야 하는 공사 비율은 아래와 같다(건설산업기본법 시행령 30조의 2).

1. 도급금액이 3억 원 미만인 경우: 100분의 50

2. 도급금액이 3억 원 이상 10억 원 미만인 경우: 100분의 30

3. 도급금액이 10억 원 이상 30억 원 미만인 경우: 100분의 20

4. 도급금액이 30억 원 이상 70억 원 미만인 경우: 100분의 10

▶ **하도급대금 직접 지급청구의 청구원인사실**

하수급인(수급사업자, 원고)의 도급인(발주자, 피고)에 대한 하도급대금 직접 지급청구의 경우, 원고는 청구원인사실로서, '피고와 원사업자(수급인) 간 **도급계약체결**' 사실과 '**원사업자와 원고 간 하도급계약체결**' 사실 및 '**원고의 일의 완성**' 사실과 함께, 하도급거래 공정화에 관한 법률 제14조 제1항, 건설산업기본법 제35조 제2항 소정의 '**하도급대금 직접 지급 사유의 발생**' 사실을 주장·증명하여야 한다(대법원 2018.8.1. 선고 2018다23278 판결).

▶ **하도급대금 직접 지급 사유(하도급거래 공정화에 관한 법률 제14조)**

1. 원사업자의 지급정지·파산, 그 밖에 이와 유사한 사유가 있거나 사업에 관한 허가·인가·면허·등록 등이 취소되어 **원사업자가 하도급대금을 지급할 수 없게 된 경우**로서 수급사업자가 하도급대금의 직접 지급을 요청한 때

2. 발주자가 하도급대금을 직접 수급사업자에게 **지급하기로 발주자·원사업자 및 수급사업자 간에 합의한 때**

3. 원사업자가 제13조제1항 또는 제3항에 따라 지급하여야 하는 **하도급대금의 2회분 이상을 해당 수급사업자에게 지급하지 아니한 경우**로서 수급사업자가 하도급대금의 직접 지급을 요청한 때

4. 원사업자가 제13조의2제1항 또는 제2항에 따른 **하도급대금지급보증 의무를 이행하지 아니한 경우**로서 수급사업자가 하도급대금의 직접 지급을 요청한 때

36.
"도급인"의 계약해제 등

가. 원문

제34조("도급인"의 계약해제 등) ① "도급인"은 다음 각 호의 1에 해당하는 경우에는 계약의 전부 또는 일부를 해제 또는 해지할 수 있다.

1. "수급인"이 정당한 이유 없이 약정한 착공기일을 경과하고도 공사에 착수하지 아니한 경우

2. "수급인"의 책임 있는 사유로 인하여 준공기일 내에 공사를 완성할 가능성이 없음이 명백한 경우

3. 제30조제1항의 규정에 의한 지체상금이 계약보증금 상당액에 도달한 경우로서 계약기간을 연장하여도 공사를 완공할 가능성이 없다고 판단되는 경우

4. 기타 "수급인"의 계약조건 위반으로 인하여 계약의 목적을 달성할 수 없다고 인정되는 경우

② 제1항의 규정에 의한 계약의 해제 또는 해지는 "도급인"이 "수급인"에게 서면으로 계약의 이행기한을 정하여 통보한 후 기한 내에 이행되지 아니한 때 계약의 해제 또는 해지를 "수급인"에게 통지함으로써 효력이 발생한다.

③ "수급인"은 제2항의 규정에 의한 계약의 해제 또는 해지 통지를 받은 때에는 다음 각

호의 사항을 이행하여야 한다.

1. 당해 공사를 지체 없이 중지하고 모든 공사용 시설·장비 등을 공사 현장으로부터 철거하여야 한다.

2. 제13조의 규정에 의한 지급재료의 잔여분과 대여품은 "도급인"에게 반환하여야 한다.

나. 해설

제34조("도급인"의 계약해제 등) ① "도급인"은 다음 각 호의 1에 해당하는 경우에는 계약의 전부 또는 일부를 해제 또는 해지할 수 있다.

1. "수급인"이 정당한 이유 없이 약정한 **착공기일을 경과하고도 공사에 착수하지 아니한 경우**

2. "수급인"의 책임 있는 사유로 인하여 **준공기일 내에 공사를 완성할 가능성이 없음이 명백**한 경우

3. 제30조제1항의 규정에 의한 **지체상금이 계약보증금 상당액에 도달한 경우로서 계약 기간을 연장하여도 공사를 완공할 가능성이 없다고 판단**되는 경우

4. 기타 **"수급인"의 계약조건 위반**으로 인하여 **계약의 목적을 달성할 수 없다고 인정**되는 경우

② 제1항의 규정에 의한 계약의 해제 또는 해지는 "도급인"이 "수급인"에게 **서면으로 계약의 이행기한을 정하여 통보한 후 기한 내에 이행되지 아니한 때 계약의 해제 또는 해지를 "수급인"에게 통지**함으로써 효력이 발생한다.

③ "수급인"은 제2항의 규정에 의한 계약의 해제 또는 해지 통지를 받은 때에는 다음 각 호의 사항을 이행하여야 한다.

1. 당해 공사를 지체 없이 중지하고 모든 공사용 시설·장비 등을 공사 현장으로부터 철거하여야 한다.

2. 제13조의 규정에 의한 지급재료의 잔여분과 대여품은 "도급인"에게 반환하여야 한다.

→ 해설: 위 ①항은 수급인의 채무불이행을 원인으로 하는 해제이다. 그리고 해제 이전

에 최고(催告) 절차는 거쳐야 한다. 다만 실무상 수급인이 공사를 해태하고 공사중단 상태에서 만약 도급인이 해제한다고 하면 수급인의 유치권 행사가 들어올 확률이 높다. 따라서 도급인은 실무상 점유를 확보한 이후에 해제하는 것이 바람직하다.

37.
"수급인"의 계약해제

가. 원문

제35조("수급인"의 계약해제 등) ① "수급인"은 다음 각 호의 어느 하나에 해당하는 경우에는 계약의 전부 또는 일부를 해제 또는 해지할 수 있다.

1. 공사 내용을 변경함으로써 계약금액이 100분의 40 이상 감소된 때
2. "도급인"의 책임 있는 사유에 의한 공사의 정지기간이 계약서상의 공사기간의 100분의 50을 초과한 때
3. "도급인"이 정당한 이유 없이 계약 내용을 이행하지 아니함으로써 공사의 적정 이행이 불가능하다고 명백히 인정되는 때
4. 제4조제5항에 따른 기간 내에 공사대금지급의 보증, 담보의 제공 또는 보험료 등의 지급을 이행하지 아니한 때

② 제1항의 규정에 의하여 계약을 해제 또는 해지하는 경우에는 제34조제2항 및 제3항의 규정을 준용한다.

나. 해설

제35조("수급인"의 계약해제 등) ① "수급인"은 다음 각 호의 어느 하나에 해당하는 경우에는 계약의 전부 또는 일부를 해제 또는 해지할 수 있다.

1. 공사 내용을 변경함으로써 **계약금액이 100분의 40 이상 감소**된 때

2. "도급인"의 책임 있는 사유에 의한 **공사의 정지기간이 계약서상의 공사기간의 100분의 50을 초과**한 때

3. **"도급인"이 정당한 이유 없이 계약 내용을 이행하지 아니함으로써 공사의 적정 이행이 불가능하다고 명백히 인정되는 때**

4. 제4조 제5항에 따른 기간 내에 **공사대금지급의 보증, 담보의 제공 또는 보험료 등의 지급을 이행하지 아니한** 때

② 제1항의 규정에 의하여 계약을 해제 또는 해지 하는 경우에는 제34조제2항 및 제3항의 규정을 준용한다.

→ 해설: 도급계약서상의 명시된 위 해제사유는 약정해제 사유이다. 그 밖에 도급인의 채무불이행으로 인한 해제가 가능함은 당연하다. 채무불이행의 구체적 모습은 이행지체와 이행불능으로 나타난다. 이행지체는 이행이 가능하나 이행기가 지나도 채무자가 이행을 하지 않는 것이다. 이행불능은 채무가 성립할 당시에는 이행이 가능했으나 후에 채무자의 고의나 과실에 의해 이행이 불가능하게 된 경우를 말한다.

38.
계약해지 시의 처리

가. 원문

제36조(계약해지시의 처리) ① 제34조 및 제35조의 규정에 의하여 계약이 해지된 때에는 "도급인"과 "수급인"은 지체 없이 기성 부분의 공사금액을 정산하여야 한다.

② 제34조 및 제35조의 규정에 의한 계약의 해제 또는 해지로 인하여 손해가 발생한 때에는 상대방에게 그에 대한 배상을 청구할 수 있다. 다만, 제35조제1항제4호에 해당하여 해지한 경우에는 해지에 따라 발생한 손해에 대하여 청구할 수 없다.

나. 해설

제36조(계약해지시의 처리) ① 제34조 및 제35조의 규정에 의하여 계약이 해지된 때에는 "도급인"과 "수급인"은 지체 없이 **기성 부분의 공사금액을 정산**하여야 한다.

② 제34조 및 제35조의 규정에 의한 계약의 해제 또는 해지로 인하여 손해가 발생한 때에는 상대방에게 그에 대한 배상을 청구할 수 있다. 다만, 제35조제1항제4호(공사대금지급의 보증, 담보의 제공 또는 보험료 등의 지급을 이행하지 아니한 때)에 해당하

여 해지한 경우에는 해지에 따라 발생한 손해에 대하여 청구할 수 없다.

→ 해설: **건축공사가 상당한 정도로 진척된 후 수급인의 채무불이행을 이유로 도급계약이 중도해제된 경우** 해제될 당시 공사가 상당한 정도로 진척되어 이를 원상회복하는 것이 중대한 사회적·경제적 손실을 초래하게 되고, 완성된 부분이 도급인에게 이익이 되는 것으로 보이는 경우에는 **도급계약은 미완성 부분에 대하여만 실효**되고 수급인은 해제한 상태 그대로 그 건물을 도급인에게 인도하고, 도급인은 특별한 사정이 없는 한 인도받은 미완성 건물에 대한 보수를 지급하여야 하는 권리의무관계가 성립한다.

도급인이 지급하여야 할 **미완성 건물에 대한 보수**는 특별한 사정이 없는 한 당사자 사이에 **약정한 총공사비를 기준**으로 하여 그 금액에서 **수급인이 공사를 중단할 당시의 공사기성고 비율에 의한 금액이 되는 것이지 수급인이 실제로 지출한 비용을 기준으로 할 것은 아닌 것**이다(당원 1989.4.25. 선고 86다카1147, 1148 판결; 1989.12.26. 선고 88다카32470, 32487 판결; 1991.4.23. 선고 90다카26232 판결 각 참조).

39.
"수급인"의 동시이행항변권

가. 원문

제37조("수급인"의 동시이행항변권) ① "도급인"이 계약조건에 의한 선금과 기성 부분금의 지급을 지연할 경우 "수급인"이 상당한 기한을 정하여 그 지급을 독촉하였음에도 불구하고 "도급인"이 이를 지급치 않을 때에는 "수급인"은 공사중지기간을 정하여 "도급인"에게 통보하고 공사의 일부 또는 전부를 일시 중지할 수 있다.

② 제1항의 공사중지에 따른 기간은 지체상금 산정시 공사기간에서 제외된다.

③ "도급인"은 제1항의 공사중지에 따른 비용을 "수급인"에게 지급하여야 하며, 공사중지에 따라 발생하는 손해에 대해 "수급인"에게 청구하지 못한다.

나. 해설

제37조("수급인"의 동시이행항변권) ① **"도급인"**이 계약조건에 의한 선금과 기성 부분금의 지급을 **지연할 경우** "수급인"이 **상당한 기한을 정하여 그 지급을 독촉**하였음에도 불구하고 "도급인"이 이를 지급치 않을 때에는 **"수급인"은 공사중지기간을 정하여** "도

급인"에게 통보하고 공사의 일부 또는 전부를 일시 중지할 수 있다.

② 제1항의 공사중지에 따른 기간은 지체상금 산정 시 공사기간에서 제외된다.

③ "도급인"은 제1항의 공사중지에 따른 비용을 "수급인"에게 지급하여야 하며, 공사중지에 따라 발생하는 손해에 대해 "수급인"에게 청구하지 못한다.

→ 해설: 도급인의 약정한 선급금이나 기성 부분금의 지불과 수급인의 공사 진행은 동시이행관계에 있는데 동시이행항변권 행사의 구체적인 내용으로 공사의 일부나 전부의 중지행위 이다. 물론 중지기간 동안의 지체상금문제는 발생하지 않고 중지로 인해 공기가 늘어나는 관계로 수급인이 관리 비용이 증가하는 경우 도급인은 수급인에게 그 비용을 지급해야 한다.

40.
채권양도

가. 원문

제38조(채권양도) ① "수급인"은 이 공사의 이행을 위한 목적 이외에는 이 계약에 의하여 발생한 채권(공사대금 청구권)을 제3자에게 양도하지 못한다.

② "수급인"이 채권양도를 하고자 하는 경우에는 미리 보증기관(연대보증인이 있는 경우 연대보증인을 포함한다)의 동의를 얻어 "도급인"의 서면승인을 받아야 한다.

③ "도급인"은 제2항의 규정에 의한 "수급인"의 채권양도 승인요청에 대하여 승인 여부를 서면으로 "수급인"과 그 채권을 양수하고자 하는 자에게 통지하여야 한다.

나. 해설

제38조(채권양도) ① "수급인"은 이 공사의 이행을 위한 목적 이외에는 이 계약에 의하여 발생한 **채권(공사대금 청구권)**을 제3자에게 양도하지 못한다.

② "수급인"이 채권양도를 하고자 하는 경우에는 **미리 보증기관**(연대보증인이 있는 경우 연대보증인을 포함한다)**의 동의를 얻어** "도급인"의 **서면승인**을 받아야 한다.

③ "도급인"은 제2항의 규정에 의한 "수급인"의 채권양도 승인요청에 대하여 승인 여부를 서면으로 "수급인"과 그 채권을 양수하고자 하는 자에게 통지하여야 한다.

④ 도급인의 사전 동의 없이 임의적으로 수급인이 공사대금채권을 양도한 경우 수급인은 총공사대금의 10%를 위약금으로 배상한다. (추가 조문)

→ 해설: 수급인의 책임 있는 사유로 공사기한을 넘기고 있는 상태에서, 도급인이 누구인지도 모르는, 공사대금채권을 양수받은 자가 나타나 현장 가압류를 진행하는 사태가 발생할 수도 있기 때문이다. 이 부분은 실무에서 심각한 문제이다. 그래서 위약금의 약정을 추가하였다.

41.
손해배상책임

가. 원문

제39조(손해배상책임) ① "수급인"이 고의 또는 과실로 인하여 도급받은 건설공사의 시공관리를 조잡하게 하여 타인에게 손해를 가한 때에는 그 손해를 배상할 책임이 있다.

② "수급인"은 제1항의 규정에 의한 손해가 "도급인"의 고의 또는 과실에 의하여 발생한 것인 때에는 "도급인"에 대하여 구상권을 행사할 수 있다.

③ "수급인"은 하수급인이 고의 또는 과실로 인하여 하도급받은 공사를 조잡하게 하여 타인에게 손해를 가한 때는 하수급인과 연대하여 그 손해를 배상할 책임이 있다.

나. 해설

제39조(손해배상책임) ① "수급인"이 고의 또는 과실로 인하여 도급받은 건설공사의 시공관리를 조잡하게 하여 타인에게 손해를 가한 때에는 그 손해를 배상할 책임이 있다.

② "수급인"은 제1항의 규정에 의한 손해가 "도급인"의 고의 또는 과실에 의하여 발생한 것인 때에는 "도급인"에 대하여 구상권을 행사할 수 있다.

③ "수급인"은 하수급인이 고의 또는 과실로 인하여 하도급받은 공사를 조잡하게 하여 타인에게 손해를 가한 때는 하수급인과 연대하여 그 손해를 배상할 책임이 있다.

④ **"수급인"이 시공관리를 조잡하게 하였는지 여부, "수급인"의 하수급인이 공사를 조잡하게 하였는지 여부, 조잡한 공사로 인하여 타인에게 손해를 가했는지 여부, 구체적인 손해금액은 "갑"이 선임한 감리자의 판단에 의한다. (추가!)**

→ 해설: "수급인"이 시공관리를 조잡하게 하였는지 여부, "수급인"의 하수급인이 공사를 조잡하게 하였는지 여부, 조잡한 공사로 인하여 타인에게 손해를 가했는지 여부를 다투면서 손해배상을 청구하는 문제는 쉬운 일이 아니기 때문에 건축주나 공사감독원은 평소 관리차원에서 CCTV를 작동 여부를 항상 체크하고 시공현장에 대해서 사진이나 동영상 촬영을 하는 방법으로 관리해야 할 것이다.

42.
법령의 준수의무 및 분쟁 시 해결방법 등

가. 원문

제40조(법령의 준수) "도급인"과 "수급인"은 이 공사의 시공 및 계약의 이행에 있어서 건설산업기본법 등 관계법령의 제규정을 준수하여야 한다.

제41조(분쟁의 해결) ① 계약에 별도로 규정된 것을 제외하고는 계약에서 발생하는 문제에 관한 분쟁은 계약당사자가 쌍방의 합의에 의하여 해결한다.

② 제1항의 합의가 성립되지 못할 때에는 당사자는 건설산업기본법에 따른 건설분쟁조정위원회에 조정을 신청하거나 중재법에 따른 상사중재기관 또는 다른 법령에 의하여 설치된 중재기관에 중재를 신청할 수 있다.

③ 제2항에 따라 건설분쟁조정위원회에 조정이 신청된 경우, 상대방은 그 조정 절차에 응하여야 한다.

제42조(특약사항) 기타 이 계약에서 정하지 아니한 사항에 대하여는 "도급인"과 "수급인"이 합의하여 별도의 특약을 정할 수 있다.

제40조(법령의 준수) "도급인"과 "수급인"은 이 공사의 시공 및 계약의 이행에 있어서 건설산업기본법 등 **관계법령의 제규정을 준수하여야** 한다.

제41조(분쟁의 해결) ① 계약에 별도로 규정된 것을 제외하고는 계약에서 발생하는 문제에 관한 분쟁은 **계약당사자가 쌍방의 합의에 의하여 해결**한다.

② 제1항의 **합의가 성립되지 못할 때**에는 당사자는 건설산업기본법에 따른 **건설분쟁조정위원회에 조정을 신청**하거나 중재법에 따른 **상사중재기관** 또는 다른 법령에 의하여 설치된 **중재기관에 중재를 신청**할 수 있다.

③ 제2항에 따라 **건설분쟁조정위원회에 조정이 신청된 경우, 상대방은 그 조정 절차에 응하여야** 한다.

→ 해설: 임의규정으로 상대방은 조정에 응하지 않고 재판으로 진행시킬 수 있다.

제42조(특약사항) 기타 이 계약에서 정하지 아니한 사항에 대하여는 "도급인"과 "수급인"이 합의하여 **별도의 특약(별지 특수조건)**을 정할 수 있다.

43

공사도급계약 특수조건 별지특약 예시

공사도급계약 특수조건 별지특약

1. 공사도급계약금액:

공사 도금금액	一金 일십억 원정(₩ 1,000,000,000)
포함	부가가치세, 재료비 및 기계경비의 부가세 매입분
불포함	1) 설계 및 감리비(설계의도구현 비용 포함) 2) 인허가 수속에 따른 제 비용 3) 지하굴착 시 발생된 공사지장물(기존건축물의 폐기물, 폐유, 암반)의 이설, 철거, 잔재처리비 4) 발주처로 발부되는 각종 분담금(전기, 상하수도, 도시가스 등) 5) 각종 도로점용료 6) 경계복원 측량비 7) 공용부 및 전용부의 각종 가구, 집기, 커텐 등의 설치비 8) 공용부 및 전용부의 각종 사인물공사 및 인테리어 비용

불포함	9) 주방가구 및 메인 인덕션을 제외한(세탁기, 건조기, 냉장고, 식기 세척기, 전자레인지 등의 이동성 가전제품 일체, **단 세대 내부 천 정 매립형 에어콘 2대는 견적에 포함**) 10) 지반 상태에 따른 지내력 부족 시 지반개량공사 및 지반보강 파 일공사 11) 인접대지 경계선의 가시설 및 경계 담장의 옹벽과 안전난간은 도면 미비로 견적에서 제외함 10)11) 항목의 공사 진행 시 수급인은 어떠한 이윤도 남기지 않음

2. 지반 개량에 의한 토목설계도서가 약정한 착공예정일 이후에 완성된 경우 그 지연일 수 만큼 착공예정일과 준공예정일이 연장된다.

3. 지반 개량에 의한 토목공사는 지질조사 결과에 의거하여, 공사감독원이 지정한 토목 설계 업체의 판단에 따른 공법으로 '을'이 시공하되 시공비와 하도업체 선정은 도급인 과 수급인 간 협의결정 한다.

4. <u>공사비의 지불방법</u>은 공사기성율에 따라 지불한다. 즉,

- 본 계약서 작성 후 계약이행보증증권을 교부받고 선급금조로 공사대금의 **(10)%**를 지불.

- 매월 말에 "수급인"이 제출한 기성검사요청서에 의거 "도급인"이 선임한 "공사감독 원"이 기성율을 평가한 후 평가금을 지불한다. (기성비율에 따른 선급금 공제 후 지급)

- 준공검사를 득한 후 **(97)%** 공사대금 완불(하자 보완 검수 후 잔액 **(3)% 완불**), **하 자보완 여부 판단은 공사감독원이 판단한다.**

- 기성공사대금을 지불할 시, "수급인"은 시공내역과 '공사감독원(CM)'이 요청하는 서 류를 제출하고 '공사감독원'은 해당 서류를 검토하여 '도급인'에게 지불요청을 한다.

- 도급계약 시 '도급인'과 '수급인' 협의한 도급계약상의 계약금액외의 추가 공사비는 인정하지 아니한다. (단 도급인의 요청에 의한 설계변경 및 예상치 못한 지질조사 결과로 인한 경우, 공사감독원이 인정하고 도급인과 수급인간 협의된 부분은 제외)

5. 인명사고에 대한 관리감독의 책임은 전적으로 수급인에게 있으며 도급인은 어떠한 책임도 부담하지 않는다.

6. 만약 "도급인"의 승낙 없이 설계도서 내지 견적서와 다른 종류와 품질로 시공한 경우 즉시 철거 후 보완공사를 시행하여야 하며 이러한 지시에 "수급인"이 따르지 위반한 경우에는 "도급인"은 도급계약을 해제·해지 할 수 있다.

7. 쌍방합의로 공사기간을 연장할 경우 추가로 건설공제조합이나 서울보증보험의 보증서를 신규 발급 받아야 한다.

8. 무상하자담보책임과 관련해서는 현행「건설산업기본법」제28조제1항 및 「건설산업기본법 시행령」별표 4의 규정에 의한다. 즉

---

1. 대형공공성 건축물이 아닌 건축물의 구조상 주요부분: 5년

2. 그 밖의 부분(전문공사에 해당하는 부분은 제외): 1년

3. 전문공사에 해당하는 부분

가. 실내의장: 1년

나. 토공: 2년

다. 미장·타일: 1년

라. 방수: 3년

마. 도장: 1년

바. 석공사·조적: 2년

사. 창호설치: 1년

아. 지붕: 3년

자. 판금: 1년

차. 철물(「건설산업기본법 시행령」별표 4 제1호부터 제14호까지에 해당하는 철골은 제외): 2년

카. 철근콘크리트(「건설산업기본법 시행령」별표 4 제1호부터 제14호까지에 해당하는 철근콘크리트는 제외): 3년

타. 급배수·공동구·지하저수조·냉난방·환기·공기조화·자동제어·가스·배연설비: 2년

파. 승강기 및 인양기기 설비: 3년

하. 보일러 설치: 1년

거. 타 및 하 외의 건물 내 설비: 1년

너. 아스팔트 포장: 2년

더. 보링: 1년

러. 건축물 조립(건축물의 기둥 및 내력벽의 조립을 제외하며, 이는 「건설산업기본법 시행령」별표 4 제14호에 따릅니다): 1년

머. 온실설치: 2년

※ 위 기간 중 둘 이상의 공종이 복합된 공사의 하자담보책임기간은 하자책임을 구분할 수 없는 경우를 제외하고는 각각의 세부 공종별 하자담보책임기간으로 한다.

※ 단 공동주택의 경우 주택법등의 관계법령에서 정한 하자담보책임기간을 준용한다.

9. 공사도급계약이 어떠한 사유로든지 중도 해지된 경우 기성고 평가방법은 대법원 1992.03.31., 91다42630 판결(기성고가 아닌 기성율에 따른 평가)에 의한다.

10. "도급인"이 공사비의 PF 실행단계에서 만약 "수급인"의 보증이 필요한 경우 "수급인"은 이에 협조한다.

11. 기타 실내외 재료 마감 내용 및 확정 합의 내용은 도급내역서외 별지의 견적 조건에 따르며, 그 외는 설계도서 및 도급내역서상의 세부 항목을 기준한다.

12. 공사와 관련한 민원(소음, 분진 등) 발생 시 "수급인"이 적극적으로 해결하고 "도급인"도 필요시 협조하기로 한다.

13. 준공 후 공사에 대하여 민원발생 시 "도급인"이 해결하기로 한다.

14. 닥터빌드의 준공 표지석 내지 표지판 제작 및 부착 등에 "수급인"은 필요시 협조한다.

유치권 등 포기각서

건축주 홍 길 동   귀하

공사명	서울시 영등포구 신길동 310-00외 3필지
착공년월일	2022년 월 일
준공예정년월일	2023년 월 일
도급계약금액	一金 일십억 원정 (₩1,000,000,000) 부가가치세 포함

이와 같이 건축주(소유주) 본인과 건설사 간 위에서 명시한 공사를 하기로 계약을 체결하였으며 본인은 준공전 상기 공사와 관련된 유치권 등의 권한을 포기하기로 이에 각서합니다.

첨부서면: 시공회사의 인감증명서 1통

2023년   월   일

시 공 자   주식회사 닥터빌드

등 록 번 호   110111-3577000

주   소   서울시 강남구 테헤란로 63길 9, 202

연 락 처   02-562-1300

대 표 자   장길산 (인)

공사 포기각서

건축주 홍 길 동   귀하

공사명	서울시 영등포구 신길동 310-3 외 3필지
착공년월일	2022년 월 일
준공예정년월일	2023년 월 일
도급계약금액	一金 일십억 원정 (₩1,000,000,000) 부가가치세 포함

당사는 위에서 명시한 공사를 하기로 하고 계약을 했으나 당사가 본 공사를 진행하기에 여러 문제점이 있어 위 공사를 포기합니다.

첨부서면: 시공회사의 인감증명서 1통

2023년   월   일

시 공 자   주식회사 닥터빌드

등록번호   110111-3577000

주   소   서울시 강남구 테헤란로 63길 9, 202

연 락 처   02-562-1300

대 표 자   장길산 (인)

VII.

건축주가 알아야 할
건설분쟁 판례

1.
주택의 하자보수 및 손해배상청구

건축이 완료된 후 일정 기간 이내에 주택에 하자가 발생하면 수급인에 대해 해당 주택의 하자보수나 그에 가름한 손해배상을 청구할 수 있다.

가. 공사 시공자가 「건설산업기본법」에 따른 건설업자인 경우

a. 수급인의 담보책임

수급인은 발주자에 대하여 건설공사의 목적물이 **벽돌쌓기식 구조·철근콘크리트 구조·철골구조·철골철근콘크리트 구조나 그 밖에 이와 유사한 구조로 된 경우에는 건설공사의 완공일과 목적물의 관리·사용을 개시한 날 중에서 먼저 도래한 날부터 10년의 범위에서, 그 밖의 구조로 된 경우에는 건설공사의 완공일과 목적물의 관리·사용을 개시한 날 중에서 먼저 도래한 날부터 5년의 범위에서** 공사의 종류별로 다음의 기간 이내에 발생한 하자에 대해서 담보책임이 있다(「건설산업기본법」 제28조제1항 및 「건설산업기본법 시행령」 별표 4).

1. 대형공공성 건축물이 아닌 건축물의 구조상 주요부분 : 5년

2. 그 밖의 부분(전문공사에 해당하는 부분은 제외) : 1년

3. 전문공사에 해당하는 부분

가. 실내의장 : 1년

나. 토공 : 2년

다. 미장·타일 : 1년

라. 방수 : 3년

마. 도장 : 1년

바. 석공사·조적 : 2년

사. 창호설치 : 1년

아. 지붕 : 3년

자. 판금 : 1년

차. 철물(『건설산업기본법 시행령』 별표 4 제1호부터 제14호까지에 해당하는 철골은 제외) : 2년

카. 철근콘크리트(『건설산업기본법 시행령』 별표 4 제1호부터 제14호까지에 해당하는 철근콘크리트는 제외) : 3년

타. 급배수·공동구·지하저수조·냉난방·환기·공기조화·자동제어·가스·배연설비 : 2년

파. 승강기 및 인양기기 설비 : 3년

하. 보일러 설치 : 1년

거. 타 및 하 외의 건물 내 설비 : 1년

너. 아스팔트 포장 : 2년

더. 보링 : 1년

러. 건축물 조립(건축물의 기둥 및 내력벽의 조립을 제외하며, 이는 『건설산업기본법 시행령』 별표 4 제14호에 따릅니다) : 1년

머. 온실설치 : 2년

※ 위 기간 중 둘 이상의 공종이 복합된 공사의 하자담보책임기간은 하자책임을 구분할 수 없는 경우를 제외하고는 각각의 세부 공종별 하자담보책임기간으로 한다(『건설산업기본법 시행령』 별표 4 비고).

b. 책임의 제한

① 수급인은 다음의 사유로 인해서 발생한 하자에 대해서는 위 규정에 불구하고 담보책임이 없다(「건설산업기본법」 제28조제2항).

1. 발주자가 제공한 재료의 품질이나 규격 등의 기준미달로 인한 경우
2. 발주자의 지시에 따라 시공한 경우
3. 발주자가 건설공사의 목적물을 관계법령에 의한 내구연한 또는 설계상의 구조내력을
   초과하여 사용한 경우

② 하수급인의 담보책임 및 책임제한

하수급인의 담보책임 및 책임제한에 대해서는 수급인의 경우를 준용한다(「건설산업기본법」 제28조제4항).

나. 공사 시공자가 「건설산업기본법」에 따른 건설업자가 아닌 경우

a. 수급인의 담보책임

기간을 정해서 그 하자의 보수를 청구할 수 있다. 그러나 하자가 중요하지 않은 경우에 그 보수에 과다한 비용을 요할 때에는 그렇지 않다(「민법」 제667조제1항).

도급인은 하자의 보수에 가름하여 또는 보수와 함께 손해배상을 청구할 수 있다(「민법」 제667조제2항).

※ 쌍무계약의 당사자 일방은 상대방의 채무가 변제기에 있지 않은 경우를 제외하고는
   상대방이 그 채무이행을 제공할 때까지 자기의 채무이행을 거절할 수 있으며, 쌍무
   계약의 당사자 일방이 상대방에게 먼저 이행해야 할 경우에 상대방의 이행이 곤란할
   현저한 사유가 있는 때에는 상대방이 그 채무이행을 제공할 때까지 자기의 채무이행

을 거절할 수 있다(「민법」 제667조제3항).

※ 도급인이 하자의 보수에 갈음하여 손해배상을 청구한 경우 **도급인은 그 손해배상의 제 공을 받을 때까지 손해배상액에 상당하는 보수액의 지급만을 거절할 수 있는 것이고 그 나머지 보수액의 지급은 이를 거절할 수 없는 것**이라고 보아야 할 것이므로 **도급인의 손해배상채권과 동시이행관계에 있는 수급인의 공사금채권은 공사잔대금채권 중 위 손해배상채권액과 동액의 금원뿐**이고 그 **나머지 공사잔대금채권은 위 손해배상채권 과 동시이행관계에 있다고 할 수 없다**(대법원 1990.05.22. 선고 90다카230).

b. 도급인의 계약해제 제한

도급인이 완성된 목적물의 하자로 인해서 계약의 목적을 달성할 수 없는 때에는 계약 을 해제할 수 있지만 건물에 대해서는 그렇지 않다(「민법」 제668조).

c. 하자가 도급인이 제공한 재료 또는 지시에 기인한 경우

「민법」 제667조 및 제668조의 규정은 목적물의 하자가 **도급인이 제공한 재료의 성질 또는 도급인의 지시에 기인한 때**에는 적용되지 않는다(「민법」 제669조 본문). 그러나 수 급인이 그 **재료 또는 지시의 부적당함을 알고 도급인에게 알리지 않은 경우**에는 그렇지 않다(「민법」 제669조 단서).

d. 담보책임의 존속기간

건물의 수급인은 목적물 또는 지반공사의 하자에 대해서 인도 후 5년간 담보의 책임 이 있다(「민법」 제671조제1항). 그러나 목적물이 석조, 석회조, 연와조, 금속이나 그 밖 에 이와 유사한 재료로 조성된 것인 경우에는 그 기간을 10년으로 한다(「민법」 제671조 제1항 단서).

이 규정에 따른 하자로 인해서 목적물이 멸실 또는 훼손된 때에는 도급인은 그 멸실 또는 훼손된 날부터 1년 내에 「민법」 제667조(수급인의 담보책임)의 권리를 행사해야 한다(「민법」 제671조제2항).

e. 담보책임면제의 특약

수급인은 「민법」 제667조, 제668조의 **담보책임이 없음을 약정한 경우에도 알고 알리지 않은 사실에 대해서는 그 책임을 면하지 못**한다(「민법」 제672조).

[참고 판례] 담보책임면제의 특약

민법 제672조가 수급인이 담보책임이 없음을 약정한 경우에도 알고 고지하지 아니한 사실에 대하여는 그 책임을 면하지 못한다고 규정한 취지는 그와 같은 경우에도 담보책임을 면하게 하는 것은 신의성실의 원칙에 위배된다는 데 있으므로, **담보책임을 면제하는 약정을 한 경우뿐만 아니라 담보책임기간을 단축하는 등 법에 규정된 담보책임을 제한하는 약정을 한 경우에도, 수급인이 알고 고지하지 아니한 사실에 대하여 그 책임을 제한하는 것이 신의성실의 원칙에 위배된다면 그 규정의 취지를 유추하여 그 사실에 대하여는 담보책임이 제한되지 않는다**고 보아야 한다. 따라서 수급인이 도급받은 아파트 신축공사 중 지붕 배수로 상부 부분을 시공함에 있어 설계도에 PC판으로 시공하도록 되어 있는데도 합판으로 시공하였기 때문에 도급계약 시 약정한 2년의 하자담보책임기간이 경과한 민법 제672조가 수급인이 담보책임이 없음을 약정한 경우에도 알고 고지하지 아니한 사실에 대하여는 그 책임을 면하지 못한다고 규정한 취지는 그와 같은 경우에도 담보책임을 면하게 하는 것은 신의성실의 원칙에 위배된다는 데 있으므로, 담보책임을 면제하는 약정을 한 경우뿐만 아니라 담보책임기간을 단축하는 등 법에 규정된 담보책임을 제한하는 약정을 한 경우에도, 수급인이 알고 고지하지 아니한 사실에 대하여 그 책임을 제한하는 것이 신의성실의 원칙에 위배된다면 그 규정의 취지를 유추하여 그 사실에 대하여는 담보책임이 제한되지 않는다고 보아야 한다. 따라서 수급인이 도급받은 아파트 신축공사 중 지붕 배수로 상부 부분을 시공함에 있어 설계도에 PC판으로 시공하도록 되어 있는데도 합판으로 시공하였기 때문에 도급계약 시 약정한 2년의 하자담

보책임기간이 경과한 후에 합판이 부식되어 기와가 함몰되는 손해가 발생한 경우, 그와 같은 시공상의 하자는 외부에서 쉽게 발견할 수 없는 것이고, 하자로 인한 손해가 약정 담보책임기간이 경과한 후에 발생하였다는 점을 감안하면, 도급인과 수급인 사이에 하자담보책임기간을 준공검사 일부터 2년간으로 약정하였다 하더라도 **수급인이 그와 같은 시공 상의 하자를 알고 도급인에게 고지하지 않은 이상, 약정담보책임기간이 경과하였다는 이유만으로 수급인의 담보책임이 면제된다고 보는 것은 신의성실의 원칙에 위배된다고 볼 여지가 있고,** 이 경우 민법 제672조를 유추적용하여 수급인은 그 하자로 인한 손해에 대하여 담보책임을 면하지 못한다고 봄이 옳다(대법원 1999.9.21. 선고 99다 19032).

2.
현장소장 고용 시 주의할 점

　　건축주 직영공사의 경우 보통 현장소장을 단기로 고용하는데, 단기 고용 계약서를 작성하면서 특약사항으로 현장소장의 업무범위를 구체적으로 정한다. 즉 **현장소장은 법과 판례상 자재구매, 노무관리, 하도급계약체결, 건축자재 업체 선정 등 시공과 관련된 모든 행위를 할 수 있으나 계약으로 현장소장 단독으로 할 수 없으며 건축주의 최종적인 의사결정에 의하거나 인감증명서가 첨부된 건축주의 위임장에 의하도록** 해야 한다. 이러한 제한이 없다면 부분적 포괄적 대리권을 수여한 모양새가 되고 현장소장의 전횡(커미션을 받고 업체 선정)으로 건축비가 올라가게 된다.

[참고 판례] 현장소장의 업무범위

건설 현장의 현장소장의 통상적인 업무의 범위는 그 공사의 시공에 관련한 자재, 노무관리 외에 그에 관련된 하도급계약 계약체결 및 그 공사대금지급, 공사에 투입되는 중기 등의 임대차계약체결 및 그 임대료의 지급 등에 관한 모든 행위이다(대법원 1994.9.30. 선고 94다20884).

3.
건설업 명의대여자의 책임과 건축주의 피해사례

가. 명의대여의 판단기준

빌라 신축공사를 도급받은 수급인이 자신이 수급한 공사의 전부 또는 대부분을 하도급하고 자신의 명의를 사용하게 하게 하였다면 건설산업기본법 제21조(① 건설업자는 다른 사람에게 자기의 성명이나 상호를 사용하여 건설공사를 수급 또는 시공하게 하거나 건설업 등록증 또는 건설업 등록수첩을 빌려주어서는 아니 된다. ② 누구든지 제1항에서 금지된 행위를 알선하여서는 아니 된다) 소정의 명의대여금지 조항에 위반하는 것인지?

▷ **그 건설공사에 실질적으로 관여할 의사로 수급 받아 시공과정에 실질적으로 관여하였다면 명의대여가 아니다**(대법원 2003. 12. 26. 선고 2003도5541).

나. 명의대여를 인정한 사례

건설산업기본법이 **건설공사의 적정한 시공과 건설산업의 건전한 발전을 도모하는 데 그 목적**을 두고, 이를 위하여 건설업 등록제도와 시공능력의 평가 및 공시제도를 토대로 무등록업자나 적정한 시공능력을 갖추지 못한 건설업자의 수급자격에 제한을 가함과 아울러 건설업자의 타인에 대한 명의대여를 금하고 있는 점에 비추어 보면, **건설업자가 다른 사람이 건설공사를 완료한 후 공사대금을 지급받는 과정에서, 수급자격에 관한 법령상의 제한을 피하기 위하여 자신의 명의를 사용하여 수급계약을 체결하려는 사정을 알면서도 그 명의를 빌려주어 수급계약을 체결하게 한 경우**에도 건설산업기본법 제21조에서 금지하는 **'명의대여'에 해당**한다고 보아야 한다. 건설산업기본법 제21조에 위반한 명의대여 행위가 1회에 불과하고 그 수수료가 비교적 소액이라 하더라도, 그것이 사회상규상 용인되는 행위라거나 비난가능성이 없는 행위라고는 할 수 없고, 그에 관한 기소가 공소권을 남용한 것이라고 평가할 수 없다(대법원 2008.5.8. 선고 2006도4284).

다. 명의대여자의 채권자가 한 공사대금채권 압류의 효력

종합건설업자로 등록되어 있지 아니한 수급인이 도급인과 건축도급계약을 체결하면서, **당사자의 합의하에 계약상의 수급인 명의를 종합건설업자로 등록된 사업자로 표시하여 도급계약서를 작성한 후 공사를 시행하였다면**, 위 사업자(명의대여자)와 도급인(건축주) 사이에 작성된 **계약서에 의한 도급계약은 통정허위표시로서 무효라 할 것이다.** 그러나 **제3자가 선의로 위 통정허위표시에 의한 도급계약의 공사대금채권을 가압류한 경우** 그 가압류권자는 허위표시에 기초하여 가압류 후에 새로운 법률상 이해관계를 가지게 된 **선의의 제3자에 해당되어** 민법 제108조 제2항에 의해, 도급인은 가압류권자에게 그 통정허위표시에 의한 **도급계약이 무효임을 주장할 수 없으므로**(대법원 2004.5.28. 선고 2003다70041 판결 참조), 수급인이 실제 공사를 이행하였다면 그 공사를 계약명의자인 위 사업자가 이행한 것이 아니라 하여도 **도급인은 그 공사대금채권에 대한 가압류의 효력을 부정할 수 없다 할 것이다.** 이때 수급인 명의를 허위로 표시하면서 동시에 공사대금을 실제보다 줄여서 도급계약서를 작성하였다면 그 가압류 전에 수급인이나 위 사업자에게 지급되어 소멸된 부분을 공제한 나머지 공사대금 중 위 도급계약서에 기재된 공사대금액의 한도 안에서 가압류의 효력이 미친다고 봄이 상당하다(대법원 2009.7.23. 2006다45855).

결국 건축주의 시공현장은 위와 같은 압류사태 때문에 공사대금이 사실상 수급인에게 지불하지 못하게 되어 현장 부도의 사태를 맞이할 수 있다. 건축규모에 비추어 볼 때 종합건설이 시공해야 하는 현장이라면 종합건설업체와 도급계약을 체결할 것이지 자격이 없는 업자와 도급계약을 체결하면 안 될 것이다.

※ 종합건설업체, 시공능력, 우리 지역 건설업체 조회는 대한건설협회 홈페이지(www.cak.or.kr)에서 할 수 있다.

4.
기성고 산정방법

불가피하게 도급계약이 중도 해지되는 경우가 있다. 이 경우 기성고를 어떻게 평가할 것인가?

가. 합리적인 기성고 산정방법

대개 수급인은 기시공 부분에 실제로 투입한 비용을 기성고로 보려고 한다. 즉 중간타절의 정산금액은 수급인 자신이 투입한 비용이 되어야 한다고 생각하는 것이 일반이다.

그러나 이 방법에 의하면 건축주에게 불리할 수 있다. 즉 건축공사도급계약이 중도 해제된 경우 도급인이 지급하여야 할 미완성 건물에 대한 보수는 특별한 사정이 없는 한 당사자 사이에 **약정한 총공사비를 기준으로 하여 그 금액에서 수급인이 공사를 중단할 당시의 공사기성고 비율에 의한 금액이 되는 것이지 수급인이 실제로 지출한 비용을 기준으로 할 것은 아니다.**(대법원 1992. 3. 31., 91다42630 판결)

다시 말하면 도급인이 수급인(또는 하수급인)에게 약정된 공사도급금액 중 기성고의 비율에 따라 공사대금을 지급하기로 하였다면, 도급인이 지급하여야 할 공사대금은 **약정된 도급금액을 기준으로 하여 여기에 기성고 비율을 곱하는 방식으로 산정하여야 하**

고, 그 **기성고 비율은 우선 약정된 공사의 내역**과 그중 이미 완성된 부분의 공사 내용과 아직 완성되지 아니한 공사 내용을 확정한 뒤, **공사대금지급의무가 발생한 시점을 기준으로 이미 완성된 부분에 관한 공사비와 미완성된 부분을 완성하는 데 소요될 공사비를 평가하여 그 전체 공사비 가운데 이미 완성된 부분에 소요된 비용이 차지하는 '비율'을 산정하여 확정**하여야 한다(대법원 1996. 1. 23. 선고 94다31631).

---

* 기성고율=기시공 부분에 소요된 공사비/(기시공 부분에 소요된 공사비+미시공 부분에 소요될 공사비)
* 기성고=약정 총공사비×기성고율

가령 총공사비를 10억 원으로 약정하였고 중도에 공사도급계약이 해지될 때, 기시공된 부분에 소요된 공사비가 6억 원이고 미시공 부분에 소요될 공사비가 6억 원이라면,

---

* 기성고율은 6/12=0.5
* 기성고는 10억 원×0.5=5억 원

즉 시공사가 투입한 비용이 6억 원이라고 주장 하더라도 중간타절금액은 5억 원인 것이다.

나. 기성고 산정에 관한 합의가 있다면 합의가 우선

건축공사도급계약에 있어서 공사가 완성되지 못한 상태에서 당사자 중 일방이 상대방의 채무불이행을 이유로 계약을 해제한 경우에 공사가 상당한 정도로 진척되어 그 원상회복이 중대한 사회적, 경제적 손실을 초래하게 되고 완성된 부분이 도급인에게 이익이 되는 때에는 도급계약은 미완성 부분에 대해서만 실효되고 수급인은 해제된 상태 그대로 그 건물을 도급인에게 인도하고 도급인은 인도받은 건물에 대한 보수를 지급하여

야 할 의무가 있고, 이와 같은 경우 도급인이 지급하여야 할 **미완성건물에 대한 보수는 특별한 사정이 없는 한 당사자 사이에 약정한 총공사비를 기준으로 하여 그 금액에서 수급인이 공사를 중단할 당시의 공사기성고 비율에 의한 금액**이 된다.

위의 경우 **공사를 중단할 당시 당사자 사이에 미완성건물에 대한 미시공공사비를 예정하여 정하였다면** 도급인이 지급하여야 할 미완성건물(기성 부분)에 대한 보수는 다른 특별한 사정이 없으면 **당초의 약정 총공사비에서 예정한 미시공공사비를 공제한 금액이 된다고 봄이 상당**하다(대법원 1993. 11. 23. 선고 93다25080).

5.
정액도급공사에서 추가 공사대금을 청구하기 위한 요건

추가 공사란 공사도급계약 당시 약정한 공사 이외의 공사로서 계약 성립 후의 공사를 의미한다. 실무상 추가 공사 부분에 대한 공사대금과 관련하여 문제가 된다.

가. 추가 공사비를 청구할 수 없는 경우

총공사대금을 정하여 한 공사도급계약의 경우, 즉, 정액도급계약의 경우 수급인이 추가 공사대금을 청구할 수 있는지 여부가 주로 문제된다. **정액도급계약의 경우 재료비 등으로 당초 예상보다 많은 공사비용을 들였다고 해도 원칙적으로 수급인은 도급인에게 추가 공사대금을 청구할 수 없다.** 즉, 총공사대금을 정하여 한 공사도급계약의 경우 도급인은 특별한 사정이 없는 한 수급인에게 당초의 공사대금을 초과하는 금원을 공사대금으로 지급할 의무는 없고 재료비 등으로 당초 예상보다 많은 공사비용을 들였다고 하여도 특별한 사정이 없는 한 도급인으로서는 수급인에게 계약상의 공사대금을 초과하는 금원을 공사대금으로 지급할 의무는 없다(대법원 2006. 4. 27. 선고 2005다63870 판결). 또한 추가 공사에 관하여 원고, 피고 사이의 사전합의가 없었던 이상 일부 변경 시공으로 공사비가 증가되었다고 하더라도 그 증가분을 당연히 공사대금으로 청구할 수 있는 것은 아니라 할 것이다(대법원 1998.2.24., 선고 95다38066).

나. 추가 공사비를 청구할 수 있는 경우

① 수급인이 실제로 추가 공사를 했고 ② 최초 도급계약상 도급인과 수급인 사이에 추가 공사가 있을 경우 이에 대한 대가를 지급하기로 약정했다면, 추가 공사대금을 청구할 수 있다.

즉 원고가 실제로 추가 공사를 한 사실이 있는지 여부, 추가 공사를 한 것이 사실이라면 추가 공사비를 지급하기로 원고, 피고 사이에 합의가 이루어진 것인지 여부에 관하여 추가로 심리, 확정한 후 피고에게 추가 공사비 지급의무가 있는지 여부를 판단하여야 한다(대법원 2006.4.27. 선고 2005다63870 판결).

민간공사와 관련하여, 민간건설공사 표준도급계약서는 물가변동으로 인한 계약금액의 조정(제22조)과 설계변경으로 인한 계약금액의 조정(제21조)에 대해 규정하고 있다. 민간공사에 있어 표준도급계약서와 같이 물가변동 또는 설계변동에 따른 계약금액의 조정에 관한 약정이 있다면, 그에 해당함을 근거로 추가 공사대금을 청구할 수 있다.

관급공사의 경우에도, 국가를 당사자로 하는 계약에 관한 법률(이하 '국가계약법'이라 함)은 물가변동으로 인한 계약금액의 조정(법 제19조, 시행령 제64조)과 설계변경으로 인한 계약금액의 조정(법 제19조, 시행령 제65조)에 대해 규정하고 있다. 계약서에 이와 같은 내용이 기재돼 있다면, 그에 해당함을 근거로 추가 공사대금을 청구할 수 있다.

6.
물가변동으로 인한 계약금액의 조정

민간공사와 관련하여, 민간건설공사 표준도급계약서는 물가변동으로 인한 계약금액의 조정(제22조)에 대해 규정하고 있다. 그러나 주의할 것은 당사자 사이에 **물가변동으로 인한 계약금액 조정에 관한 특약을 맺지 않은 경우** 국가계약법령만을 근거로 계약금액의 조정을 청구할 수 있는가?

당사자 사이의 약정이 없다면 청구할 수 없다. 그리고 도급인과 수급인이 서로 간에 **계약금액을 조정하지 않기로 하는 특약을 한 경우 즉, 계약금액 고정특약이 있는 경우 이는 당사자 사이의 합의에 따른 것으로서 유효하고 국가계약법에 위반되어 무효라고 할 수 없다**(대법원 2003. 8. 22. 선고 2003다318 판결).

7.
공사대금을 수급인 임직원에게
부동산으로 대물변제한 경우의 효력

　도급인이 수급인 회사의 임직원들에게 이른바 3자 간 등기명의신탁의 방법으로 부동산소유권을 이전한 경우 대물변제의 효력이 발생하는가?

　유효한 대물변제가 아니다. 즉 대물변제가 채무소멸의 효력을 발생하려면 채무자가 본래의 이행에 갈음하여 행하는 다른 급여가 현실적인 것이어야 하며 그 경우 다른 급여가 부동산소유권의 이전인 때에는 그 부동산에 관한 **'물권변동의 효력이 발생하는 등기'**를 경료하여야 하는바, 부동산실권리자명의등기에관한법률에 의하면 이른바 3자간 등기명의신탁의 경우 같은 법에서 정한 유예기간 경과에 의하여 기존 명의신탁약정과 그에 의한 등기가 무효로 되고, 이 경우 수탁자가 제3자에게 신탁부동산에 대한 처분행위를 한 경우 **3자간 등기명의신탁에 의한 소유권이전등기의 무효**로써 제3자에게 대항할 수 없다고 하더라도(부동산실권리자명의등기에관한법률 제4조 제3항), 당초의 약정에 따른 신탁자에 대한 소유권이전등기의무가 이행된 것으로는 볼 수 없다(대법원 2003. 5. 16. 선고 2001다27470).

8.
대물변제 약정 후 공사대금채권에 대한 압류의 효력

　공사대금채권을 대상으로 한 압류가 있기 전에 도급인과 수급인 사이에 공사대금에 관하여 현금지급 대신에 도급인 소유의 부동산 소유권을 수급인에게 이전하기로 하는 약정이 이루어진 경우, 압류의 효력에 대항할 수 있는 사유인가?

　수급인의 공사대금채권을 압류대상으로 한 국세 체납처분의 **압류가 있기 전에 도급인과 수급인 사이에 공사대금에 관하여 현금지급 대신에 도급인 소유의 부동산 소유권을 수급인에게 이전함으로써 그 충당에 갈음하기로 하는 약정이 이루어진 경우, 그 약정이 공사대금채권은 그대로 존속시키되 다만 공사대금을 지급하는 한 가지 방법으로 이루어진 경우라면,** 도급인이 압류 전에 있었던 수급인과의 사이의 약정을 이유로 공사대금의 지급에 갈음하여 부동산을 이전할 것을 압류채권자에게 주장하는 것은 별론으로 하고 그 약정이 있음을 이유로 압류 후에 곧바로 수급인에게 공사대금의 지급에 갈음하여 부동산으로 대물변제를 하는 것은 압류된 공사대금채권 그 자체를 변제하는 것으로서 압류의 효력에 반하는 것이 되므로 허용될 수 없으나, 만약 그 약정이 공사대금의 지급에 갈음하여 공사대금채권을 소멸시키고 해당 부동산에 대한 소유권이전등기청구권만을 남기기로 하여 이루어진 경우라면, 도급인과 수급인 사이에는 해당 부동산에 대한 소유권이전등기청구권만이 있게 되고 공사대금의 채권·채무는 있을 수 없는 것이어서 공사대금채권에 대한 압류 자체가 효력이 없다고 보아야 한다(대법원 1998. 2. 13. 선고 97다43543).

9.
도급인의 채무인수의 성질

　도급인이 하수급인에 대한 수급인의 하도급공사대금채무를 인수하였다면 도급인은 수급인에 대한 공사대금채무를 면하는지?

　채무인수가 면책적인가 중첩적인가 하는 것은 채무인수계약에 나타난 당사자 의사의 해석에 관한 문제이고(대법원 1998. 11. 24. 선고 98다33765 판결 참조), 채무인수에 있어서 면책적 인수인지, 중첩적 인수인지가 분명하지 아니한 때에는 이를 중첩적으로 인수한 것으로 볼 것이다(대법원 2002. 9. 24. 선고 2002다36228). 즉 도급인이 하수급인에게 하도급공사대금을 실제 변제할 때까지는 수급인의 하수급인에 대한 공사대금 채무도 존속하는 것이 원칙이다. 따라서 도급인의 수급인에 대한 공사대금 채무도 존속한다. 그래서 법률관계를 명확하기 위해서는 **"도급인이 수급인의 하도급공사대금채무를 인수함으로써 수급인에 대한 채무는 면한다"**는 3자합의 약정서를 작성해야 한다.

　판례는 **공사도급계약을 해지하면서 그 동안의 기성고액을 수급인이 모두 수령한 것으로 하고, 그 대신 도급인이 수급인의 하수급인들에 대한 채무를 직접 지급하기로 정산합의를 한 경우, 당사자의 의사는 정산합의 시점에서 확정적으로 수급인의 기성금 청구채권 포기의 효력이 생기도록 하고, 다만 도급인이 하수급인들에 대한 채무의 이행을 하지 아니하는 것을 해제조건으로 하였다고 보는 것이 합당**하다 할 것이므로, 일단 정산합의 시점부터 권리포기의 효과는 발생하였다(대법원 2001. 10. 26. 선고 2000다 61435)고 한다. 즉 **도급인이 하수급인에게 공사대금채무를 이행하지 않으면 수급인의 공사대금채권은 존속하고 하수급인은 수급인이든 도급인에게 공사대금채권을 행사**할 수 있게 된다.

10.
공사대금채권의 가압류

가. 공사대금채권의 지급을 구하는 소송제기 가능 여부

공사대금채권이 가압류된 수급인은 도급인을 상대로 공사대금채권의 이행을 청구할 수 없는지? 가압류되었더라도 수급인은 도급인을 상대로 공사대금채권의 지급을 구하는 소송을 제기할 수 있다.

즉 일반적으로 채권에 대한 가압류가 있더라도 이는 채무자가 제3채무자로부터 현실로 급부를 추심하는 것만을 금지하는 것일 뿐 **채무자는 제3채무자를 상대로 그 이행을 구하는 소송을 제기할 수 있고 법원은 가압류가 되어 있음을 이유로 이를 배척할 수는 없는 것이 원칙**이다. 왜냐하면 채무자로서는 제3채무자에 대한 그의 채권이 가압류되어 있다 하더라도 채무명의를 취득할 필요가 있고 또는 시효(공사대금채권의 소멸시효는 3년)를 중단할 필요도 있는 경우도 있을 것이며 또한 소송 중에 가압류가 행하여진 경우에 이를 이유로 청구가 배척된다면 장차 가압류가 취소된 후 다시 소를 제기하여야 하는 불편함이 있는 데 반하여 **제3채무자(건축주)로서는 이행을 명하는 판결이 있더라도 집행단계에서 이를 저지하면 될 것**이기 때문이다(대법원 2002. 4. 26. 선고 2001다 59033).

나. 공사대금채무의 이행지체책임 발생여부

수급인의 채권자에 의하여 공사대금채권이 가압류된 경우 도급인은 공사대금의 지급을 미루더라도 지체책임을 지지 않는가? 공사대금채권이 가압류되었더라도 변제기를 경과하면 지체책임을 면할 수 없다. 즉 **채권의 가압류는 제3채무자에 대하여 채무자에게 지급하는 것을 금지하는 데 그칠 뿐 채무 그 자체를 면하게 하는 것이 아니고, 가압류가 있다 하여도 그 채권의 이행기가 도래한 때에는 제3채무자는 그 지체책임을 면할 수 없다고 보아야 할 것**이다(대법원 1994. 12. 13. 선고 93다951).

그렇다면 제3채무자인 도급인은 가압류명령으로 인하여 수급인에게 변제하지 못하면서 지체책임을 져야 하는가? 이러한 경우 **도급인은 공탁을 통하여 지체책임에서 벗어날 수 있다**(민사집행법 제297조).

11.
노임에 대한 압류

가. 노임에 대한 압류는 무효?

건설산업기본법 제88조에서는 노임에 대한 압류를 금지하고 있는데, 노임이 압류되었다면 이 압류는 무효인지? 그 **압류자체는 효력이 없는 무효**이다. 즉 구 건설산업기본법(1999.4.15. 법률 제5965호로 개정되기 전의 것) 제88조 및 구 건설산업기본법시행령(1999.8.6. 대통령령 제16512호로 개정되기 전의 것) 제84조에서 건설업자가 도급받은 건설공사의 도급금액 중 당해 공사의 근로자에게 지급하여야 할 노임에 상당하는 금액에 대하여 압류를 금지한 것은 근로자의 생존권을 최소한도로 보장하려는 헌법상의 사회보장적 요구에서 비롯된 것으로서, 근로자의 임금 등 채권에 대한 우선변제권을 인정하고 있는 근로기준법 규정과 함께 근로자의 생활안정을 실질적으로 보장하기 위한 또 다른 규정이라고 할 것이므로, 이와 같은 압류가 금지된 채권에 대한 압류명령은 **강행법규에 위반되어 무효**라 할 것이며, 또 전부명령은 압류채권의 지급에 갈음하여 피전부채권을 채무자로부터 압류채권자에게로 이전하는 효력을 갖는 것이므로 전부명령의 전제가 되는 압류가 무효인 경우 그 압류에 기한 전부명령은 절차법상으로는 당연무효라고 할 수 없다 하더라도 **실체법상으로는 그 효력을 발생하지 아니하는 의미의 무효**라고 할 것이고, 따라서 **제3채무자는 압류채권자의 전부금지급청구에 대하여 이와 같은 실체법상의 무효를 들어 항변할 수 있다**(대법원 2000. 7. 4. 선고 2000다21048).

즉 건산법에서 노임에 대한 압류를 금지하고 있지만 법원으로서는 채권자의 압류신청이 있을 때, 그것이 압류금지된 채권인가를 직권으로 조사하여 그것이 압류가 금지된 것이라면 그 압류신청을 각하해야 하지만, 채무자나 제3채무자를 심문함이 없이 압류명령을 내기 때문에 결국 압류채권자의 신청만을 가지고 조사하여 판단한다. 즉 **압류가 금지된 채권에 대하여 압류 및 전부명령이 내려질 수 있는 것**이다. 이와 같은 부당한 집행에 대해서는 어떻게 다투어야 하는가?

집행이 종료되지 않은 가압류나 압류의 단계에서는 **집행에 관한 이의나 즉시항고를** 통하여 구제받을 수 있고 **노임채권자로서는** 자신이 진정한 채권자라고 주장하면서 집행채권자를 상대로 **제3자 이의의 소를 제기할 수** 있다. 그러나 압류가 금지된 채권에 대하여 압류 및 전부명령이 내려지더라도 그것이 제3채무자와 채무자에게 송달되면 집행 절차를 종료시키는 효과를 갖게 되어 더 이상 집행 절차에서 집행방법에 관한 이의 등으로는 그 효력을 다툴 수 없다(대법원 1987. 3. 24. 선고 86다카1588). 그렇다고 무효인 전부명령이 압류 및 전부명령의 효력이 강제되는 것은 아니고 **제3채무자로서는 전부금지급청구에 대하여 노임부분에 관한 압류 및 전부명령이 무효라는 이유로 그 지급을 거절할 수 있다.**

나. 압류가 금지되는 노임채권의 범위

건설산업기본법 제88조 및 같은 법 시행령 제84조에서 건설업자가 도급받은 건설공사의 도급금액 중 당해 공사의 근로자에게 지급하여야 할 노임에 상당하는 금액에 대하여 압류를 금지한 것은 **근로자의 생존권을 최소한도로 보장하려는 헌법상의 사회보장적 요구**에서 비롯된 것으로서 이에 대한 압류명령은 강행법규에 위반되어 무효라 할 것이지만, 같은 법 시행령 제84조 제1항, 제2항에서 **압류가 금지되는 노임채권의 범위**

를 같은 법 소정의 **건설공사의 도급금액 중 산출내역서에 기재된 노임을 합산한 것으로서 위 건설공사의 발주자(하도급의 경우에는 수급인을 포함)가 그 산정된 노임을 도급계약서 또는 하도급계약서에 명시한 금액에 국한됨을 분명히 하고 있는 이상** 도급계약서 또는 하도급계약서에서 노임액 부분과 그 밖의 공사비 부분을 구분하지 아니함으로써 압류명령의 발령 당시 압류의 대상인 **당해 공사대금채권 중에서 압류금지채권액이 얼마인지를 도급계약서 그 자체의 기재에 의하여 형식적·획일적으로 구분할 수 없는 경우에는 위 공사대금채권 전부에 대하여 압류금지의 효력이 미치지 아니한다**(대법원 2005.6.24. 선고 2005다10173).

12.
지체상금

가. 지체상금 관련 약정은 그 도급계약이 해제된 경우에도 적용되는가?

건물 신축의 도급계약은 그 건물의 준공이라는 일의 완성을 목적으로 하는 계약으로서 그 지체상금에 관한 약정은 수급인이 이와 같은 일의 완성을 지체한 데 대한 손해배상액의 예정이다. 따라서 수급인이 약정된 기간 내에 그 일을 완성하여 도급인에게 인도하지 않는 한 특별한 사정이 있는 경우를 제외하고는 지체상금을 지급할 의무가 있고, **약정된 기일 이전에 그 공사의 일부만을 완료한 후 공사가 중단된 상태에서 약정기일을 넘기고 그 후에 도급인이 계약을 해제함으로써 일을 완성하지 못한 것이라고 하여 지체상금에 관한 약정이 적용되지 않는다고 할 수는 없다**(대법원 1989.7.25. 선고 88다카6273).

나. 도급계약이 중도해제된 경우 지체상금의 시기 및 종기와 그 액수

도급계약이 중도에 해제된 경우 지체상금은 일이 실제로 완성된 날까지 부과 되는지? 그렇게 해석하면 수급인에게 지나치게 불리한 결과가 발생할 수 있다. 도급인이 수급인과의 계약을 뒤늦게 해제하여 공사완공을 늦게 할 수도 있기 때문이다. 이러한 불합리한 점을 없애기 위해서 **판례는 그 지체상금 발생의 시기는 완공기한 다음 날이고, 종기는 수급인이 공사를 중단하거나 기타 해제사유가 있어 도급인이 이를 해제할 수 있었을 때를 기준으로 하여 도급인이 다른 업자에게 의뢰하여 같은 건물을 완공할 수 있었던 시점**(대법원 2001. 1. 30. 선고 2000다56112)이라고 한다. 즉 지체 원고(수급인)의 귀책사유로 인하여 공사가 **지체된 기간은 완공기한 다음 날로부터 원고가 공사를 중단할 때까지의 기왕에 원고에 의하여 지체된 기간**(1997. 10. 16.~1997. 10. 25.)과 **원고의 공사 중단에 따라 피고가 원고에 대하여 상당한 기간을 정하여 공사도급계약의 이행을 최고하여 원고의 공사거절의사를 확인하고 다른 공사업자에게 공사를 맡길 때까지의 상당한 기간**(1997. 10. 26.~1997. 10. 31.) 및 **다른 공사업자가 적절하게 공사를 완공함에 소요된 기간**(1997. 11. 1.~1997. 12. 5.)을 **모두 포함**하여 1997년 10월 16일부터 1997년 12월 5일까지의 51일로 봄이 옳다.

또 수급인이 책임질 수 없는 사유로 인하여 공사가 지연된 경우에는 그 기간만큼 공제되어야 하며, 그렇게 하여 산정된 지체상금액이 부당히 과다하다고 인정되는 경우에는 법원이 민법 제398조 제2항에 의하여 적당히 감액할 수 있다(대법원 1989. 7. 25. 선고 88다카6273, 대법원 1994. 3. 25. 선고 93다42887). 감액의 정도 관련하여 **지체상금의 약정은 그 성질상 준공기한의 약정 위반에 대한 손해배상액의 예정**이므로 그 액수가 부당히 과다한 경우에는 법원이 적당히 감액할 수 있다고 보아 통상의 공사도급계약상의 **지체상금률인 1/1000보다 3배**나 높게 정한 약정 지체상금을 감액한 원심의 판단에 대하여, 통상의 지체상금률보다 높은 지체상금률을 정한 구체적인 동기 내지 사정에 대한 심리가 미진하다는 이유로 이를 파기한 사례(대법원 2001. 1. 30. 선고 2000다56112)가 있다.

다. 지체상금책임 면제사유 인지 여부

천재지변이나 이에 준하는 경제사정의 급격한 변동 등 불가항력으로 인하여 목적물의 준공이 지연된 경우에는 수급인은 지체상금을 지급할 의무가 없다고 할 것이지만, ① 상고 이유에서 주장하는 이른바, **IMF 사태 및 그로 인한 자재 수급의 차질 등은 그와 같은 불가항력적인 사정이라고 볼 수 없고**, ② 일반적으로 수급인이 공사도급계약상 공사기간을 약정함에 있어서는 통상 비가 와서 정상적으로 작업을 하지 못하는 것까지 감안하고 이를 계약에 반영하는 점에 비추어 볼 때 **천재지변에 준하는 이례적인 강우가 아니라면 지체상금의 면책사유로 삼을 수 없다**고 할 것인데, 기록에 의하여 살펴보면 동절기의 이상 강우로 인하여 이 사건 공사가 어느 정도 지연되었을 것으로 보이지만 그것이 **공사기간 내에 공사 진행을 도저히 할 수 없는 천재지변에 준하는 불가항력적인 이상 강우라고 볼 만한 자료는 찾기 어려우므로**, 그것을 가지고 **지체상금의 감액사유로 삼을 수 있을지언정 지체상금의 면책사유로 삼을 수는 없다**고 할 것이다(대법원 2002.9.4. 선고 2001다1386).

라. 지체상금의 종기인 공사완성의 의미

건물 신축공사의 미완성과 하자를 구별하는 기준은 공사가 도중에 중단되어 예정된 최후의 공정을 종료하지 못한 경우에는 공사가 미완성된 것으로 볼 것이지만, 그것이 당초 예정된 최후의 공정까지 일응 종료하고 그 **주요구조 부분이 약정된 대로 시공되어 사회통념상 건물로써 완성되었지만 그것이 불완전하여 보수를 하여야 할 경우에는 공사가 완성되었으나 목적물에 하자가 있는 것에 지나지 않는다고 해석**함이 상당하고, 개별적 사건에 있어서 예정된 최후의 공정이 일응 종료하였는지 여부는 수급인의 주장에 구애됨이 없이 당해 건물 신축도급계약의 구체적 내용과 신의성실의 원칙에 비추어 객관적으로 판단할 수밖에 없고, 이와 같은 기준은 건물 신축도급계약의 수급인이 건물의 준공이라는 일의 완성을 지체한 데 대한 손해배상액의 예정으로서의 성질을 가지는 지체상금에 관한 약정에 있어서도 그대로 적용된다(대법원 1994.9.30. 선고 94다32986).

마. 입증책임

공사완성의 지연에 귀책사유가 없다는 점에 대한 입증책임은 누구에게 있는지? **지체 책임을 면하려는 수급인이 자신에게 귀책사유가 없다는 점을 입증해야** 한다. 수급인이 책임질 수 없는 사유로 인하여 공사가 지연된 경우에는 그 기간만큼 지체일수에서 제외 되어야 할 것이나, 지체일수가 공제되는 수급인에게 책임지울 수 없는 사유란 공사도급 계약에서 예상하지 못하였던 사정이 발생하였고, 그 사정으로 인하여 일정한 기간 동안 예정된 공사를 진행할 수 없어 공사의 지연이 불가피하였음을 입증하였어야 하는 것이 지 단지 어떤 사유가 수급인의 귀책사유와 경합하여 공사기간이 연장될 가능성만 있는 때에는 배상예정액의 감액에서 고려할 수 있을 뿐이다(대법원 2005.11.25. 선고 2003다 60136).

13.
지체상금의 과다 여부 판단기준 등

가. 판단기준 1

　민법 제398조 제2항은 손해배상의 예정액이 부당히 과다한 경우에는 법원이 이를 적당히 감액할 수 있다고 규정하고 있는바, 여기서 '부당히 과다한 경우'라고 함은 채권자와 채무자의 각 지위, 계약의 목적 및 내용, 손해배상액을 예정한 동기, 채무액에 대한 예정액의 비율, 예상 손해액의 크기, 그 당시의 거래관행 등 모든 사정을 참작하여 일반 사회관념에 비추어 그 예정액의 지급이 경제적 약자의 지위에 있는 채무자에게 부당한 압박을 가하여 공정성을 잃는 결과를 초래한다고 인정되는 경우를 뜻하는 것으로 보아야 하고, 한편 위 규정의 적용에 따라 손해배상의 예정액이 부당하게 과다한지 및 그에 대한 적당한 감액의 범위를 판단하는 데 있어서는 법원이 구체적으로 그 판단을 하는 **때, 즉 사실심의 변론종결 당시를 기준으로 하여 그 사이에 발생한 위와 같은 모든 사정을 종합적으로 고려**하여야 할 것이며, 여기의 '손해배상의 예정액'이라 함은 문헌상 배상비율 자체를 말하는 것이 아니라 **그 비율에 따라 계산한 예정배상액의 총액**을 의미한다고 해석하여야 한다(대법원 2000. 7. 28. 선고 99다38637).

나. 판단기준 2

금전채무에 관하여 이행지체에 대비한 지연손해금 비율을 따로 약정한 경우에 이는 일종의 손해배상액의 예정으로서 민법 제398조에 의한 감액의 대상이 된다(대법원 2000.7.28. 선고 99다38637). 공사도급계약을 체결하기로 하면서 예정 도급인이 이를 어길 경우 예정 공사금액의 10% 상당액을 위약금으로 지급하고, 다시 이 위약금지급의무를 어길 경우 연 18% 상당의 지연손해금을 가산하여 지급하기로 위약금약정을 한 경우, 위 위약금 부분과 위 지연손해금 부분은 형식상 별개의 위약금약정이지만 위 지연손해금 부분도 본래의 공사도급계약체결의무의 불이행으로부터 파생되어 나온 것으로서 실질적으로 그로 인한 손해금으로 볼 것이므로 **위 위약금과 위 지연손해금에 대하여 별개로 과다 여부를 판단하더라도 이들을 합한 전체 금액을 고려하여 손해배상의 예정액이 부당히 과다한지를 판단하여야 할 것**이다(대법원 2000.7.28. 선고 99다38637).

14.
지체상금과 함께 약정한 계약보증금의 성격

가. 과거 판례

도급계약에서 **계약이행보증금과 지체상금의 약정이 있는 경우**, 특별한 사정이 없는 한 **계약이행보증금은 위약벌 또는 제재금의 성질을 가지고, 지체상금은 손해배상의 예정으로 봄이 상당**하다(대법원 1996. 4. 26. 선고 95다11436). 즉 과거 판례는 계약이행보증금은 위약벌, 지체상금은 손해배상의 예정으로 보았다.

나. 현재 판례

도급계약서 및 그 계약 내용에 편입된 약관에 수급인의 귀책사유로 인하여 계약이 해제된 경우에는 계약보증금이 도급인에게 귀속한다는 조항이 있는 경우, 그 계약보증금이 손해배상액의 예정인지 위약벌인지는 도급계약서 및 위 약관 등을 종합하여 개별적으로 결정할 의사해석의 문제이고, 위약금은 민법 제398조 제4항에 의하여 손해배상액의 예정으로 추정되므로 위약금이 위약벌로 해석되기 위해서는 특별한 사정이 주장·입증되어야 하는바, **도급계약서에 계약보증금 외에 지체상금도 규정되어 있다**

는 점만을 이유로 하여 계약보증금을 위약벌이라고 보기는 어렵다 할 것이다(대법원 2005. 11. 10. 선고 2004다40597). 손해배상의 예정으로 인정되고 그 예정액이 부당히 과다하다면 법원은 적당히 감액할 수 있다.

▷ 위약금, 위약벌, 손해배상의 예정

위약금은 위약벌과 손해배상의 예정으로 나뉘고, **위약금은 손해배상의 예정으로 추정**된다. 손해배상을 예정해 두면 손해배상을 청구하는 사람이 손해액을 입증하지 않아도 되는 편리함이 있다. 다만 **손해배상의 예정액이 지나치게 많으면 법원은 직권으로 그 예정액으로 약정한 액수보다 적은 액수를 인정**할 수 있다(직권감액).

위약벌(違約罰)은 채무를 이행하지 않을 경우, 채무자가 채권자에게 벌금을 내는 것을 말한다. 위약금은 상대의 손해를 배상하는 성격이나 **위약벌은 손해랑 상관없이 벌금의 형태**이다. 위약벌의 약정은 채무의 이행을 확보하기 위하여 정해지는 것으로서 손해배상의 예정과는 그 내용이 다르므로 **손해배상의 예정에 관한 민법 제398조 제2항을 유추 적용하여 그 액을 감액할 수는 없고** 다만 그 의무의 강제에 의하여 얻어지는 채권자의 이익에 비하여 약정된 벌이 과도하게 무거울 때에는 그 일부 또는 전부가 공서양속에 반하여 무효로 된다.

15.
지체상금약정과 손해배상약정이 병존하는 경우

공사도급계약을 체결하면서 건설교통부 고시 '민간건설공사 표준도급계약 일반조건'을 계약의 일부로 편입하기로 합의하였고, 위 일반조건에서 지체상금에 관한 규정과 별도로 계약의 해제·해지로 인한 손해배상청구에 관한 규정을 두고 있는 경우, 채무불이행에 관한 손해배상액의 예정은 당사자의 합의로 행하여지는 것으로서, 그 내용이 어떠한가, 특히 어떠한 유형의 채무불이행에 관한 손해배상을 예정한 것인가는 무엇보다도 당해 약정의 해석에 의하여 정하여지는바, 위 **일반조건의 지체상금약정은 수급인이 공사완성의 기한 내에 공사를 완성하지 못한 경우에 완공의 지체로 인한 손해배상책임에 관하여 손해배상액을 예정하였다고 해석할 것이고, 수급인이 완공의 지체가 아니라 그 공사를 부실하게 한 것과 같은 불완전급부 등으로 인하여 발생한 손해**는 그것이 그 부실공사 등과 상당 인과관계가 있는 완공의 지체로 인하여 발생한 것이 아닌 한, **위 지체상금약정에 의하여 처리되지 아니하고** 도급인은 위 **일반조건의 손해배상약정에 기하여 별도로 그 배상을 청구할 수 있다.** 이 경우 손해배상의 범위는 민법 제393조 등과 같은 그 범위획정에 관한 일반법리에 의하여 정하여지고, 그것이 위 지체상금약정에 기하여 산정되는 지체상금액에 제한되어 이를 넘지 못한다고 볼 것이 아니다(대법원 2010.01.28. 선고 2009다41137).

16.
준공기한 이전의 해제와 지체상금약정의 존속

건물 신축의 도급계약은 그 건물의 준공이라는 일의 완성을 목적으로 하는 계약으로서 그 지체상금에 관한 약정은 수급인이 이와 같은 일의 완성을 지체한 데 대한 손해배상액의 예정을 한 것이라고 보아야 할 것이다. 따라서 수급인이 약정된 기간 내에 그 일을 완성하여 도급인에게 인도하지 아니하는 한, 특별한 사정이 있는 경우를 제외하고는 지체상금을 지급할 의무가 있게 된다고 보아야 한다.

이 사건의 경우와 같이 **약정된 기일 이전에 그 공사의 일부만을 완료한 후 공사가 중단된 상태에서 약정기일을 넘기고 그 후에 도급인이 계약을 해제함으로써 일을 완성하지 못한 것이라고 하여 지체상금에 관한 위 약정이 적용되지 아니한다고 할 수는 없을 것이다.** 다만 이와 같은 경우에 있어서 그 **지체상금 발생의 시기는 특별한 사정이 없는 한 약정준공일 익일**인 1983년 7월 1일이 될 것이나 그 종기는 **원고나 피고가 건물을 준공할 때까지 무한히 계속되는 것이라고 할 수 없고, 원고가 공사를 중단하거나 기타 해제사유가 있어 피고가 이를 해제할 수 있었을 때**(실제로 해제한 때가 아니고)**부터 피고가 다른 업자에게 의뢰하여 이 사건 건물을 완성할 수 있었던 시점까지로 제한되어야 할 것이다.** 또한 원고가 책임질 수 없는 사유로 인하여 공사가 지연된 경우에는 그 기간만큼 공제되어야 할 것이며, 그렇게 하여 **산정된 지체상금액이 부당히 과다하다고 인정**

되는 경우에는 법원이 민법 제398조 제2항에 의하여 적당히 감액할 수 있다고 보아야 할 것이다(대법원 1989.7.25. 선고 88다카6273).

17.
공사도급계약해제의 방법

도급계약도 계약인 이상 일반의 해제사유가 적용된다. 따라서 이행지체나 이행불능의 사유가 있는 경우에는 법정해제가 가능하다.

가. 이행지체의 경우

수급인의 이행지체를 이유로 한 도급계약의 해제도 다른 계약의 해제와 마찬가지로 도급인이 상당한 기간을 정하여 이행을 최고하였음에도 불구하고 수급인이 그 이행을 하지 아니하거나 수급인이 미리 이행하지 아니할 것을 표시한 경우라야 적법하다(대법원 1994. 4. 12. 선고 93다45480). 즉 **수급인이 약정공사기한을 경과하고도 공사완공을 지체하는 경우, 도급인은 수급인에게 상당한 기간을 정하여 이행을 최고(催告)하고 그 기간 내에 이행이 없으면 이행지체를 이유로 공사도급계약을 해제할 수 있다.** 다시 말하면 **수급인이 준공기한을 넘긴 경우 도급인은 일정 기간 내에 공사를 마치도록 독촉하고 그 기간 내에 공사를 마치지 못하면 공사도급계약을 해제할 수 있는 것이다.**

공사도급계약에 있어서 **수급인의 공사중단이나 공사지연으로 인하여 약정된 공사기한 내의 공사완공이 불가능하다는 것이 명백하여진 경우**(이 경우는 이행불능이라고 보는 것이 논리적이나 판례는 이행지체에 준한다)에는 **도급인은 그 공사기한이 도래하기 전이라도 계약을 해제할 수 있지만, 그에 앞서 수급인에 대하여 위 공사기한으로부터 상당한 기간 내에 완공할 것을 최고하여야 한다**(대법원 1996. 10. 25. 선고 96다21393 판결). 즉 도급인은 수급인에 대하여 약정 준공기한으로부터 상당한 기간 내에 완공할 것을 최고하고 그래도 공사를 이행하지 않으면 공사도급계약을 해제할 수 있는 것이다.

나. 이행불능 등의 경우

수급인이 공사를 완료할 능력이 명백하게 없거나(이행불능) **아예 공사를 포기하겠다는 의사**(이행거절의 의사)**를 명백히 한 경우에도 도급인은 공사도급계약을 해제할 수 있다. 즉 최고 없이 해제할 수 있다.**

[민법 규정]

제544조(이행지체와 해제) 당사자 일방이 그 채무를 이행하지 아니하는 때에는 상대방은 상당한 기간을 정하여 그 이행을 최고하고 그 기간 내에 이행하지 아니한 때에는 계약을 해제할 수 있다. 그러나 채무자가 미리 이행하지 아니할 의사를 표시한 경우에는 최고를 요하지 아니한다.

제544조(이행지체와 해제) 당사자 일방이 그 채무를 이행하지 아니하는 때에는 상대방은 상당한 기간을 정하여 그 이행을 최고하고 그 기간 내에 이행하지 아니한 때에는 계약을 해제할 수 있다. 그러나 채무자가 미리 이행하지 아니할 의사를 표시한 경우에는 최고를 요하지 아니한다.

제546조(이행불능과 해제) 채무자의 책임 있는 사유로 이행이 불능하게 된 때에는 채권자는 계약을 해제할 수 있다.

18.
공사도급계약의 해제와 소급효 제한

가. 해제의 소급효 제한

해제의 소급효 및 원상회복의무(민법 제548조)로 수급인은 해제 시점까지 시공된 부분을 철거해야 하는지? 수급인은 공사대금을 도급인에게 반환해야 하는지? 그렇게 해석한다면 사회경제적으로 큰 손실이고 수급인에게 가혹한 처사가 아닐 수 없다.

따라서 판례에 의하면 **건축도급계약에 있어서 미완성 부분이 있는 경우라도 공사가 상당한 정도로 진척되어 그 원상회복이 중대한 사회적, 경제적 손실을 초래하게 되고 완성된 부분이 도급인에게 이익이 되는 경우에, 수급인의 채무불이행을 이유로 도급인이 그 도급계약을 해제한 때는 그 미완성 부분에 대하여서만 도급계약이 실효된다고 보아야 할 것이고, 따라서 이 경우 수급인은 해제한 때의 상태 그대로 그 건물을 도급인에게 인도하고 도급인은 그 건물의 완성도 등을 참작하여 인도받은 건물에 상당한 보수를 지급하여야 할 의무가 있다**(대법원 1986.9.9. 선고 85다카1751).

[관련 조항] 제548조(해제의 효과, 원상회복의무)

① 당사자 일방이 계약을 해제한 때에는 각 당사자는 그 상대방에 대하여 원상회복의 의
  무가 있다. 그러나 제삼자의 권리를 해하지 못한다.
② 전항의 경우에 반환할 금전에는 그 받은 날로부터 이자를 가하여야 한다.

나. 해제의 소급효가 인정되는 경우

건축공사가 상당한 정도로 진척되어 그 원상회복이 중대한 사회적·경제적 손실을 초
래하게 되고 완성된 부분이 도급인에게 이익이 되는 경우에는, 도급인이 그 도급계약을
해제하는 경우에도 그 계약은 미완성 부분에 대하여서만 실효되고 수급인은 해제한 때
의 상태 그대로 그 건물을 도급인에게 인도하고 도급인은 완성 부분에 상당한 보수를
지급하여야 한다는 것은 당원의 견해이다(위 판례 참조).

그러므로 **완성된 부분이 도급인에게 이익이 되지 않는 경우**에는 위의 견해가 그대로
는 적용될 수 없다고 할 것이고, **도급인이 완성된 부분을 바탕으로 하여 다른 제3자에
게 공사를 속행시킬 수 없는 상황이라면** 완성 부분이 도급인에게 이익이 된다고 볼 수
없을 것이므로, 건물외벽의 수선을 내용으로 하는 이 사건 공사계약에 **무조건 소급효를
제한하는 위의 견해의 결론만을 적용할 수는 없다** 할 것이다(대법원 1992. 12. 22. 선고
92다30160). 즉 **기시공한 부분의 공사가 조잡하여 이미 완성된 부분이 도급인에게 이익
이 되기는커녕 철거가 불가피한 경우에는 건축주가 철거비용까지 부담하면서 기성대
가를 지급할 필요는 없는 것이다.** 또한 판례는 기성공정 30% 정도는 원고에게 하등의
경제적 이익이 없고 오히려 추락할 위험이 있어 이를 철거해야 한다고 증언하고 있는
바, 이러한 부실한 기성공사 부분을 원고가 인수할 수 없는 상황이라면 이는 원고에게
이익이 된다고 할 수 없으며, 원고가 공사중단 이후 사업계획을 변경하여 기존 건물을

헐어내고 새로운 건물을 지으려고 한다면 기성공사 부분은 원고에게 무익한 것이 될 것이다(대법원 1992. 12. 22. 선고 92다30160)라고 한다.

19.
합의해제의 경우 손해배상청구의 여지

가. 합의해제와 손해배상청구권

합의해제의 경우에도 당사자 일방의 잘못이 개재되어 있는 경우가 흔하다. 공사수행 능력이 부족하여 공기를 맞추지 못한다거나 계약조건을 어기도 품질이 떨어지는 자재를 사용하는 등등 계약관계를 지속하기 어려운 사정이 있는 것이다. 이러한 경우라면 **합의해제를 하지 않고 채무불이행을 이유로 단독의 의사표시로 해제하고 손해배상을 청구할 수 있다.** 그런데, **어느 일방의 채무불이행**(이행지체나 불완전이행 등)**의 사정이 있는데도 단독의 의사표시로 해제하지 않고 합의해제를 한 경우 별도로 귀책사유가 있는 상대방에게 손해배상을 청구할 수 있는가? 대법원 판례에 의하면 원칙적으로 부정된다.** 당사자 일방이 상대방에게 손해배상을 하기로 특약하거나 손해배상청구를 유보하는 의사표시를 하는 등 특별한 사정이 있어야 손해배상을 청구할 수 있는 것이다. 즉 계약이 합의해제된 경우에는 그 **해제 시에 당사자 일방이 상대방에게 손해배상을 하기로 특약하거나 손해배상청구를 유보하는 의사표시를 하는 등 다른 사정이 없는 한 채무불이행으로 인한 손해배상을 청구할 수 없다**(대법원 1989. 4. 25. 선고 86다카1147).

그러므로 **도급계약을 해제하더라도 어떠한 사유로 해제하는지를 분명히 해야 한다.**

상대방의 책임을 추궁하여 손해배상을 청구하기 위해서는 채무불이행을 이유로 해제한다는 뜻을 분명히 하거나 합의해제에 따라 손해배상청구권은 포기하지 않겠다는 뜻을 분명히 해주어야 한다.

나. 묵시적 합의해제로 인정되는지?

계약당사자 쌍방이 합의에 의하여 기존의 계약의 효력을 소멸시켜 당초부터 계약이 체결되지 않았던 것과 같은 상태로 복귀시킬 것을 내용으로 하는 계약의 합의해제는 당사자 쌍방의 묵시적인 의사표시에 의하여도 성립될 수 있는 것이지만, **당사자 쌍방이 계약을 이행하지 아니한 채 장기간 방치하였다고 하더라도** 그와 같은 사유만으로 당사자 쌍방의 계약을 실현하지 아니할 의사의 합치로 **계약이 묵시적으로 합의해제되었다고 볼 수는 없고** 당사자 쌍방이 계약을 실현할 의사가 있었는지의 여부는(즉 당사자 쌍방이 장기간 이행하지 않는 것이 당사자 쌍방 모두에게 계약을 불이행하려는 의사에 기인한 것인지 여부는) **계약이 체결된 후의 여러 가지 사정을 종합적으로 고려하여 판단**하여야 한다(대법원 1993. 7. 27. 선고 93다19030 판결).

20.
법정해제(단독행위로 해제) 시 손해배상의 범위

    수급인의 채무불이행(이행지체, 이행불능, 불완전이행)**을 이유로 도급계약이 해제된 경우 수급인은 상당인과관계에 있는 모든 손해를 배상할 의무가 있다.** 즉 당초의 시공 회사가 공사를 중단함으로 인하여 **도급인이 그 미시공 부분에 대하여 비용을 들여 다른 방법으로 공사를 시행할 수밖에 없고 그 비용이 당초 시공 회사와 약정한 공사대금보다 증가되는 경우라면 증가된 공사비용 중 합리적인 범위 내의 비용은 시공 회사의 공사도 급계약위반으로 인한 손해라고 할 것**이고, 당초의 시공 회사가 공사를 중단하여 도급인이 제3의 시공자로 하여금 같은 규모의 공사를 하게 하였으나 그 비용이 당초의 시공 회사와 약정한 공사대금보다 증가하게 되어 도급인의 자금사정상 부득이 공사 규모를 축소하게 됨으로써 건축하지 못하게 된 부분에 관한 공사비용 중 합리적인 범위 내의 비용도 시공 회사의 채무불이행으로 인한 손해라고 볼 수 있을 것이지만, 당초의 도급계약에서 공사가 진행되는 과정에서 물가변동 등의 사유가 있으면 처음에 정하여진 공사대금의 증액이 예정되어 있어서 비록 수급인의 귀책사유 때문에 공사가 중단되었다고 하더라도 그러한 공사중단과는 무관하게 **물가변동으로 인한 공사대금의 증액사유가 발생하여 도급인으로서는 어차피 당초 약정된 공사대금을 증액 지급할 것을 회피할 수 없었던 경우라면,** 그러한 공사대금의 증액으로 인하여 도급인에게 추가적인 경제적인 부담이 초래되었다고 하더라도 **다른 특별한 사정이 없는 한 이를 가리켜 수급인의 귀책사유와 상당인과관계가 있는 손해라고 보기는 어렵다**고 할 것이다(대법원 2002. 11. 26. 선고 2000다31885).

21.
건축물의 하자

가. 미완성과 하자

공사가 도중에 중단되어 예정된 최후의 공정을 종료하지 못한 경우에는 공사가 미완성된 것으로 볼 것이지만, 공사가 당초 예정된 **최후의 공정까지 일응 종료되고 그 주요 구조 부분이 약정된 대로 시공되어 사회통념상 일이 완성되었고 다만 그것이 불완전하여 보수를 하여야 할 경우에는 공사가 완성되었으나 목적물에 하자가 있는 것에 지나지 아니한다고 해석함이 상당하고, 예정된 최후의 공정을 종료하였는지 여부**는 수급인의 주장이나 도급인이 실시하는 준공검사 여부에 구애됨이 없이 **당해 공사도급계약의 구체적 내용과 신의성실의 원칙에 비추어 객관적으로 판단할 수밖에 없다**(대법원 1997. 10. 10. 선고 97다23150 판결 참조).

도급인이 실시하는 준공검사의 통과여부는 공사의 완성과 미완성을 구분하는 기준이 되지 않는 것이 원칙이지만, 다만 당사자 사이에 건축공사의 완공 후 부실공사와 하자보수를 둘러싼 분쟁이 일어날 소지가 많음이 예상됨에 따라 그러한 분쟁을 사전에 방지할 의도로 통상의 건축공사도급계약과는 달리 도급인의 준공검사 통과를 대금지급의 요건으로 삼음과 동시에 하자보수 공사 후 다시 합격을 받을 때까지 지체상금까지 부담하게 함으로써 공사의 완전한 이행을 담보하기 위해 **지체상금의 종기를 도급인의 준공 검사 통과일로 정하였다고 볼 만한 특별한 사정이 있다면 그에 따라야 할 것이다**(대법원 2010. 1. 14. 선고 2009다7212).

나. 사례

① 수급인과 도급인 간에 약정준공기한인 2015년 9월 10일까지 건물 신축공사를 완성하지 못하면 지체상금을 지불하기로 약정

② 2016년 1월 17일 당초설계에 포함되지 않았던 현관채양공사, 소방지적사항공사, 외곽도로포장공사 등에 관한 공사대금증액약정을 한 후 추가 공사를 실시하기로 함

③ 2016년 1월 28일 수급인은 도급인에게 추가 공사를 포함한 건물 신축공사의 준공일을 같은 달 27일 자로 기재한 준공계를 제출하면서 서면으로 준공검사를 요청. 도급인은 일부공사의 미완성과 준공검사에 필요한 제반서류의 미비를 이유로 준공검사를 거부함. 그 당사 도급인이 제시한 미비된 공사의 내역은 전기 및 설비 부문에 관한 것으로 주로 이미 설치 완료된 시설이 설치가 불량하거나 그 작동이 불량하다는 정도에 불과함. 당초 예정된 공정 중 구체적으로 진행되지 아니한 부분이나 건물의 주요구조 부분이 당초 약정과 같이 시공되지 않는 부분은 없음

④ 2016년 2월 15일, 을은 신축한 건물 중 6층 부분을 우선 인도받아 입주

⑤ 도급인과 수급인은 공사의 완성 여부와 공사잔여대금의 지급문제로 다툼을 벌이다가 같은 해 4월 16일, 수급인은 도급인으로부터 공사잔대금을 지급받고 도급인에게 준공검사에 필요한 제반서류와 함께 신축건물을 인도함

이 사례에서 신축공사 내지 도급공사는 언제 완성된 것으로 볼 것인가? 준공검사에 필요한 서류와 함께 건물을 인도한 2016년 4월 16일인가? 아니면 2016년 1월 27일에 완성되었다고 볼 것인가? 지체상금의 종기는 2016년 1월 27일인가? 2016년 4월 16일인가?

대법원 판례는 공사가 도중에 중단되어 예정된 최후의 공정을 종료하지 못한 경우에는 공사가 미완성된 것으로 볼 것이지만, 그것이 **당초 예정된 최후의 공정까지 종료하고 그 주요구조 부분이 약정된 대로 시공되어 사회통념상 건물로서 완성되고 다만 그것이 불완전하여 보수를 하여야 할 경우에는 공사가 완성되었으나 목적물에 하자가 있는 것에 지나지 않는다고 해석함이 상당하다**고 한 뒤, 위 사례에서 2016년 1월 27일 현재 그 목적물에 일부 하자가 있었다고 하더라도 그 주요구조 부분이 약정대로 시공되어 당초 예정된 최후의 공정까지 종료됨으로써 완성되었다고 봄이 상당하고 따라서 **수급인이 도급인에게 준공계를 제출하면서 준공검사를 요청한 2016년 1월 28일 이후에는 지체상금이 발생하지 않는다**고 보았다(대법원 1994. 9. 30. 선고 94다32986).

22.
약정과 다른 승강기의 시공은 중요한 하자[1]인지?

　건축 도급계약 시 특별히 **갑 회사의 승강기를 설치하기로 약정했으나 수급인이 이를 위반하여 을 회사의 승강기를 설치**하였고 그 후 을 회사가 도산한 경우, 다른 개인업체가 을 회사의 승강기 부품을 확보하고 있고 또한 약 2년간의 운행기간 동안 그 승강기가 큰 고장을 일으키지 아니하였다 할지라도, 그 **승강기의 내구연한에 이르기까지 그 유지·보수에 필요한 부품이 제대로 공급되리라는 보장이 없게 되었다고 봄이 상당**하다. 이는 수급인이 도급인과의 특약을 무시하고 가격이 저렴한 타사 승강기를 설치한 탓에 생긴 하자로서, **승객의 안전과 직결되는 승강기의 설치에 있어서 그와 같은 하자가 중요하지 않다고 단정 지을 수는 없다**는 이유로, 승강기 교체시공비용에 관한 도급인의 항변을 배척한 원심판결을 파기한 판례가 있다(대법원 1996. 5. 14. 선고 95다24975).

　즉 현재는 개인업체인 한국엘리베이터서비스가 소외 한국엘리베이터 주식회사의 승

---

1) 제667조(수급인의 담보책임)
　　① 완성된 목적물 또는 완성전의 성취된 부분에 하자가 있는 때에는 도급인은 수급인에 대하여 상당한 기간을 정하여 그 하자의 보수를 청구할 수 있다. 그러나 하자가 중요하지 아니한 경우에 그 보수에 과다한 비용을 요할 때에는 그러하지 아니하다.
　　② 도급인은 하자의 보수에 갈음하여 또는 보수와 함께 손해배상을 청구할 수 있다. [개정 2014.12.30.]
　　③ 전항의 경우에는 제536조의 규정을 준용한다.

강기 부품을 확보하고 있고, 또한 약 2년간의 운행기간 동안 위 승강기가 큰 고장을 일으키지 아니하였다 할지라도 위 승강기의 내구연한에 이르기까지 그 유지·보수에 필요한 부품이 제대로 공급되리라는 보장이 없게 되었다고 봄이 상당하고, 이는 **원고가 피고와의 특약을 무시하고 가격이 저렴한 소외 한국엘리베이터 주식회사 제작의 승강기를 설치한 탓에 생긴 하자**로서, 승객의 안전과 직결되는 승강기의 설치에 있어서 그와 같은 하자가 중요하지 아니하다고 단정할 수는 없다고 한다.

23

과다한 보수비가 소요되는 경미한 하자

민법 제667조 제1항은 "**완성된 목적물 또는 완성 전의 성취된 부분에 하자가 있는 때에는 도급인은 수급인에 대하여 상당한 기간을 정하여 그 하자의 보수를 청구할 수 있다. 그러나 하자가 중요하지 아니한 경우에 그 보수에 과다한 비용을 요할 때에는 그러하지 아니하다.**"고 규정하면서, 제2항에서 "**도급인은 하자의 보수에 갈음하여 또는 보수와 함께 손해배상을 청구할 수 있다.**"고 규정하고 있으므로, **하자가 중요하지 아니하면서 동시에 그 보수에 과다한 비용을 요하는 경우**에는 도급인은 하자보수나 하자보수에 갈음하는 손해배상을 청구할 수 없고 그 **하자로 인하여 입은 손해의 배상만을 청구할 수 있다** 할 것인데, 이러한 경우 그 하자로 인하여 입은 통상의 손해는 특별한 사정이 없는 한 도급인이 **하자 없이 시공하였을 경우의 목적물의 교환가치와 하자가 있는 현재의 상태대로의 교환가치와의 차액**이 되고, 그 하자 있는 목적물을 사용함으로 인하여 발생하는 정신적 고통으로 인한 손해는 수급인이 그러한 사정을 알았거나 알 수 있었을 경우에 한하여 특별손해로서 배상받을 수 있다고 할 것이다(대법원 1993. 11. 9. 선고 93다19115).

수급인이 화강석물갈기로 시공하도록 되어 있는 계단을 실제로는 인조석물갈기로 시공한 후 그 위에 바닥콘크리트를 타설하였고, 창호공사도 설계도상의 규격에 미달하는 알루미늄 새시와 유리를 사용하여 시공한 사실이 있는 경우 위 계단과 창호를 설계도대로 시공하였을 경우의 이 사건 건물의 교환가치와 현재의 상태대로의 교환가치와의 차액은 미미함에 반하여, 위 계단과 창호를 철거한 후 설계도대로 재시공하는 데 소요되는 비용은 지나치게 과다하므로, 도급인이 위 하자로 인하여 입은 손해액은 위 교환가치의 차액으로 인정함이 상당하다(대법원 1997. 2. 25. 선고 96다45436).

24.
도급인의 지시에 따른 시공 또는 감리의
승인을 얻은 시공의 하자유무

　목적물의 하자가 도급인이 제공한 재료의 성질 또는 **도급인의 지시에 기인한 때에는** 수급인의 하자담보책임 규정을 적용하지 아니한다. 그러나 수급인이 그 재료 또는 지시의 부적당함을 알고 도급인에게 고지하지 아니한 때에는 그러하지 아니하다(제669조).

　그리고 **건축 도급계약의 수급인이 설계도면의 기재대로 시공한 경우, 이는 도급인의** 지시에 따른 것과 같아서 수급인이 그 설계도면이 부적당함을 알고 도급인에게 고지하지 아니한 것이 아닌 이상, 그로 인하여 목적물에 하자가 생겼다 하더라도 수급인에게 **하자담보책임을 지울 수는 없다**(대법원 1996. 5. 14. 선고 95다24975).

　즉 대진산업주식회사로부터 이 사건 건물의 신축공사를 도급받아 **공사를 진행하던** 중 지하수가 솟아나와 이를 감리인에게 알렸는데 그가 위 지하수의 분출은 설계변경을 할 정도의 것이 아니므로 그냥 공사를 진행하여도 별 일이 없을 것이라고 말하여 원고가 그 말을 믿고 위 지하수가 그다지 심각한 문제는 아닌 것으로 판단하여 그의 지시에 따라 솟아 난 지하수를 밖으로 **빼내는** 조치만 취한 채 그대로 공사를 진행한 것이라면 원고는 도급인의 지시에 해당하는 설계도에 어떠한 잘못이 있다는 것을 알았다고는 할 수 없다 할 것이므로 원고에게 도급인의 지시가 부적당함을 고지할 의무가 발생하였다고는 할 수 없을 것이다(대법원 1995. 10. 13. 선고 94다31747).

25.
도급인은 하자의 존재를 이유로 공사대금채무의 지급을 거절할 수 있는지?

　도급인은 하자의 보수에 갈음하여 또는 보수와 함께 손해배상을 청구할 수 있다. 그리고 이 경우에는 제536조의 규정(동시이행항변권)을 준용한다. 즉 도급계약에 있어서 완성된 목적물 또는 완성전의 성취된 부분에 하자가 있는 경우에는 **도급인은 수급인에게 하자의 보수를 청구할 수 있고 하자보수에 갈음하거나 하자보수와 함께 손해배상을 청구할 수 있으며 이들 청구권은 특별한 사정이 없는 한 수급인의 공사대금채권과 동시이행의 관계에 있는 것이므로 이와 같은 하자가 있어 도급인이 하자보수나 손해배상청구권을 보유하고 이를 행사하는 한에 있어서는 도급인의 공사비지급채무는 이행지체에 빠지지 아니한다**(대법원 1989.12.12. 선고 88다카18788).

　다만 **도급인이 하자의 보수에 갈음하여 손해배상을 청구한 경우 도급인은 그 손해배상의 제공을 받을 때까지 손해배상액에 상당하는 보수액의 지급만을 거절할 수 있는 것이고 그 나머지 보수액의 지급은 이를 거절할 수 없는 것**이라고 보아야 할 것이므로 도급인의 손해배상채권과 동시이행관계에 있는 수급인의 공사금채권은 공사잔대금채권 중 위 손해배상채권액과 동액의 금원뿐이고 그 나머지 공사잔대금채권은 위 손해배상채권과 동시이행관계에 있다고 할 수 없다(대법원 1990.5.22. 선고 90다카230).

　그리고 **기성고에 따라 공사대금을 분할하여 지급하기로 약정한 경우라도 특별한 사**

정이 없는 한 하자보수의무와 동시이행관계에 있는 공사대금지급채무는 당해 하자가 발생한 부분의 기성공사대금에 한정되는 것은 아니라고 할 것이다. 왜냐하면, 이와 달리 본다면 도급인이 하자 발생사실을 모른 채 하자가 발생한 부분에 해당하는 기성공사의 대금을 지급하고 난 후 뒤늦게 하자를 발견한 경우에는 동시이행의 항변권을 행사하지 못하게 되어 공평에 반하기 때문이다(대법원 2001. 9. 18. 선고 2001다9304).

하자 이유로 공사대금지급 미룬 입대의, 지연손해금 내야

어린이놀이시설 교체공사에 하자가 있다며 공사대금지급을 미룬 아파트 입주자대표회의에 법원이 지연손해금을 지급하라고 주문했다. 하자보수를 이유로 대금지급을 거절할 수 없다고 본 것.

수원지방법원 안산지원(판사 조재헌)은 최근 어린이놀이시설 공사업체 A사가 B아파트 입주자대표회의를 상대로 제기한 공사대금 청구소송에서 "피고는 원고에게 1455만여 원을 지급하라"고 판결했다.

A사는 2021년 11월 B아파트 입대의와 체결한 계약금 4억700만 원의 단지 내 어린이 놀이시설 및 바닥 교체공사도급계약에 따라 12월 공사에 착수해 이듬해 1월 공사를 완료했다. 입대의는 계약에 따라 A사에 계약금 8549만여 원, 중도금 1억6075만여 원을 지급해 잔금 1억6075만여 원 지급만 남겨두고 있었다.

A사는 2022년 1월 어린이놀이시설 설치검사 합격증을 수령하고 입대의에 설치검사 결과를 통지하면서 공사대금 잔금지급을 청구했다. 하지만 입대의는 A사에게 안전 위해 요소의 재정비를 요구하는 취지의 내용증명을 보내면서 결제를 미루다 그해 6월 잔금을 지급했다.

A사는 "입대의는 도급계약에 따라 설치검사 통지서를 수령한 날인 2022년 1월 21일로

부터 7일 이내에 잔금을 지급할 의무가 있었음에도 지급하지 않았으므로 미지급 공사대금에 대해 지연손해금 2363만여 원을 지급할 의무가 있다"고 입대의를 상대로 소송을 냈다.

이에 입대의는 "지연손해금 기산점은 2022년 1월 29일이 아니라 하자보수가 완료된 다음 날인 2022년 3월 5일부터"라고 맞섰다.

조 판사는 "도급계약서에서 하자보증에 대해 담보기간을 납품 완료일로부터 3년으로 하면서 A사가 입대의에게 계약금액의 10%에 해당하는 하자이행보증보험 증권을 납부하기로 했으므로 담보 범위 내에 있는 하자보수를 이유로 입대의가 대금지급을 거절할 수 없다"고 지적했다.

다만 조 판사는 "이 사건 공사는 단지 내에서 아이들이 사용하는 놀이시설에 대한 것으로서 안전성이 매우 중요한데 A사가 완공해 입대의가 인도받았을 당시 안전성에 우려가 있는 부분들이 일부 있었고 상인간의 계약이 아닌 입대의와 시공업체와의 공사계약에서 공사대금에 대한 연 36.5%의 지체상금은 이례적인 측면이 있다"고 설명했다. 조 판사는 지체상금이 부당하게 과하다고 보고 연 20%로 감액해 입대의는 A사에게 1455만여 원을 지급할 의무가 있다고 판단했다.

또한 A사는 입대의와 구체적인 추가 공사비 합의는 없었지만 추가 공사를 입대의 동의하에 진행했다며 추가 공사대금 1992만여 원을 달라고 주장했으나 법원은 이를 기각했다.

조 판사는 "기존 놀이시설 철거비용이 예상보다 많이 들게 됐다고 하더라도 이는 수급인인 A사가 공사대금 내에서 지출해야 하는 것"이라며 "별도 합의가 없는 이상 입대의에게 이를 청구할 권원이 없다"고 일축했다.

인용: 한국아파트 신문/2023.4.7.

26.
하수급인에 대한 도급인의 동시이행항변권 행사

　도급계약에 있어서 완성된 목적물에 하자가 있는 때에는 도급인은 수급인에 대하여 하자의 보수를 청구할 수 있고 그 하자의 보수에 갈음하여 또는 보수와 함께 손해배상을 청구할 수 있는바, 이들 청구권은 수급인의 공사대금채권과 동시이행관계에 있으므로 **수급인의 하수급인에 대한 하도급 공사대금채무를 인수한 도급인은 수급인이 하수급인과 사이의 하도급계약상 동시이행의 관계에 있는 수급인의 하수급인에 대한 하자보수청구권 내지 하자에 갈음한 손해배상채권 등에 기한 동시이행의 항변으로써 하수급인에게 대항할 수 있다**(대법원 2007.10.11. 선고 2007다31914).

27.
하자를 이유로 도급계약을 해제할 수 있는지?

도급인이 완성된 목적물의 하자로 인하여 계약의 목적을 달성할 수 없는 때에는 계약을 해제할 수 있다. 그러나 건물 기타 토지의 공작물에 대하여는 그러하지 아니하다(민법 제668조). 관련판례는 난지도 쓰레기처리장 건설공사가 완공된 후 도급계약이 해제된 경우, 토목, 건축공사의 기성고 부분에 대하여도 계약의 해제를 인정한다면 **수급인에게 과대한 손실**을 주게 될 뿐만 아니라 **해제의 결과 원상회복을 하게 되면 사회경제적 손실도 크므로**, 민법 제668조 단서규정의 취지나 신의칙에 비추어 도급계약해제의 효력은 기계, 전기공사 부분에 한하여 미칠 뿐이고 토목, 건축공사의 기성고 부분에 대하여는 미치지 아니한다(대법원 1994.8.12. 선고 92다41559).

28.
하자를 이유로 분양위임계약을 해지할 수 있는지?

공사수급인의 공사대금을 신축한 주택이나 상가를 분양한 뒤 그 분양대금으로 충당하기로 약정하는 경우가 있다. 이 경우 수급인은 공사대금채권의 회수를 좀 더 확실히 하기 위하여 도급인으로부터 분양사무를 위임받아 자신이 수행하기로 약정을 한다. 가령 **연립주택 건축도급인과 건축업자 간의 분양위임계약이 공사금채권의 회수를 위한 방법으로 이루어진 경우 건축공사에 하자가 있다는 사실이 준공검사 후 새로이 발견되었다면 도급인은 분양위임계약을 해지할 수 있는지 여부가 문제**된다. 판례는 **도급인과 연립주택 건축업자 간의 분양위임계약이 비록 건축업자의 도급인에 대한 공사금채권의 회수를 위한 방법으로 이루어졌다 하더라도 건축업자가 시공한 연립주택건축공사에 하자가 있음이 준공검사 후에 새로이 발견되었다면 도급인으로서는 수급인인 건축업자에게 하자의 보수를 청구할 수 있을 뿐만 아니라 하자의 보수에 갈음하여 또는 하자보수와 함께 손해배상청구도 할 수 있는 것이고 이들 청구권은 다른 특별한 사정이 없는 한 건축업자의 공사비청구권과 동시이행관계에 있으므로 도급인으로서는 수급인이 하자보수 또는 하자로 인한 손해배상채무를 이행할 때까지 공사비지급채무의 이행을 거절할 수 있다** 할 것이며, 더욱이 하자를 보수하지 않은 상태에서는 연립주택이 정상가격으로 분양될 수 없는 만큼 그 하자가 정상가액에 의한 분양을 어렵게 할 정도라면 **도급인으로서는 수급인이 하자를 보수하지 아니한 채 저렴한 가격으로 분양하는 것을 저지하여 손해를 예방할 필요가 있다** 할 것이므로 **도급인은 이와 같은 사유를 들어 분양위임계약을 해지할 수 있다**(대법원 1987. 9. 22. 선고 85다카2263).

29.
담보책임의 면제특약의 유효성

　도급인과 수급인간의 담보책임 면제특약은 계약자유의 원칙상 유효하다. 다만 수급인은 민법 제667조, 제668조의 담보책임이 없음을 약정한 경우에도 **알고 고지하지 아니한 사실에 대하여는 그 책임을 면하지 못한다.** 즉 민법 제672조가 수급인이 담보책임이 없음을 약정한 경우에도 알고 고지하지 아니한 사실에 대하여는 그 책임을 면하지 못한다고 규정한 취지는 그와 같은 경우에도 담보책임을 면하게 하는 것은 신의성실의 원칙에 위배된다는 데 있으므로, 담보책임 면제 약정을 한 경우뿐만 아니라 담보책임기간을 단축하는 등 법에 규정된 담보책임을 제한하는 약정을 한 경우에도, 수급인이 알고 고지하지 아니한 사실에 대하여 그 책임을 제한하는 것이 신의성실의 원칙에 위배된다면 그 규정의 취지를 유추하여 그 사실에 대하여는 담보책임이 제한되지 않는다고 보아야 한다.

　따라서 수급인이 도급받은 아파트 신축공사 중 지붕 배수로 상부 부분을 시공함에 있어 설계도에 PC판으로 시공하도록 되어 있는데도 합판으로 시공하였기 때문에 도급계약 시 약정한 2년의 하자담보책임기간이 경과한 후에 합판이 부식되어 기와가 함몰되는 손해가 발생한 경우, 그와 같은 시공 상의 하자는 외부에서 쉽게 발견할 수 없는 것이고, 하자로 인한 손해가 약정담보책임기간이 경과한 후에 발생하였다는 점을 감안하면, 도급인과 수급인 사이에 하자담보책임기간을 준공검사일부터 2년간으로 약정하였다 하더라도 수급인이 그와 같은 시공 상의 하자를 알고 도급인에게 고지하지 않은 이상, 약정담보책임기간이 경과하였다는 이유만으로 수급인의 담보책임이 면제된다고 보는 것은 신의성실의 원칙에 위배된다고 볼 여지가 있고, 이 경우 민법 제672조를 유추적용하여 수급인은 그 하자로 인한 손해에 대하여 담보책임을 면하지 못한다고 봄이 옳다(대법원 1999.9.21. 선고 99다19032).

30.
하자보수보증금의 성질

    도급계약의 내용으로 되어 있는 **공사계약 일반조건에 수급인이 하자보수의무를 이행하지 아니하는 경우 하자보수보증금이 도급인에게 귀속한다고만 규정**되어 있을 뿐 이와 별도로 도급인이 입은 손해에 대하여는 따로 배상하여야 한다는 취지의 규정이 있지도 아니하고, 오히려 도급계약상 도급인이 하자보수를 위하여 실제로 지출한 비용이 수급인이 예치한 하자보수보증금을 초과하더라도 그 이상의 책임을 수급인에게 물을 수 없다면, **위 하자보수보증금의 귀속규정은 수급인이 하자보수의무를 이행하지 아니하는 경우 그 보증금의 몰취로써 손해의 배상에 갈음한다는 취지로서, 하자보수보증금은 손해배상액의 예정으로서의 성질을 가진다고 본다**(대법원 2001. 9. 28. 선고 2001다14689).

31.
하자보수보증금을 초과하는
실손해배상금의 청구 가능성

   공사도급계약서 또는 그 계약 내용에 편입된 약관에 수급인이 하자담보책임기간 중 도급인으로부터 하자보수요구를 받고 이에 불응한 경우 하자보수보증금은 도급인에게 귀속한다는 조항이 있을 때 이 **하자보수보증금은 특별한 사정이 없는 한 손해배상액의 예정으로 볼 것이고, 다만 하자보수보증금의 특성상 실손해가 하자보수보증금을 초과하는 경우에는** 그 초과액의 손해배상을 구할 수 있다는 명시 규정이 없다고 하더라도 **도급인은 수급인의 하자보수의무 불이행을 이유로 하자보수보증금의 몰취 외에 그 실손해액을 입증하여 수급인으로부터 그 초과액 상당의 손해배상을 받을 수도 있는 '특수한 손해배상액의 예정'으로 봄이 상당**하다(대법원 2002. 7. 12. 선고 99다68652).

32

하자보수보증금 청구권이 발생하기 위한 요건

하자보수이행보증보험은 보험계약자가 하자담보책임기간 안에 하자보수요구를 받고 도급계약에 따라 이를 이행하지 아니하는 경우에 생기는 도급인의 손해를 보상하는 것인바, 공사도급계약상의 연대보증인의 보증책임 범위에 하자보수의무가 포함되어 있음이 명백하므로 보험계약자는 피보험자로부터 하자보수이행청구를 받은 경우 자신이 직접 하자보수를 이행하거나 연대보증인으로 하여금 하자보수를 이행하도록 할 수 있고 또한 피보험자도 직접 연대보증인에게 하자보수의 이행을 청구할 수 있으며, 이처럼 보험계약자 또는 연대보증인이 도급계약에 따라 피보험자로부터 하자보수의 요청을 받고 이를 이행하는 경우에 **이는 모두 도급계약에 따라 이행한 것이므로 도급인은 하자보수의무의 불이행으로 인한 손해를 입지 아니하게 된다**고 할 것이고, 그 결과 **보증보험계약에 기한 보험금청구권은 발생하지 아니한다**(출대법원 2003.9.26. 선고 2001다68914).

하자가 발생한 사실만으로 보증사고가 발생한 것으로 보아 보증금을 청구할 수 있는가? 하자보수보증계약의 보증채권자가 시공자에게 하자의 보수를 청구하였다거나 시공자가 이에 불응하였다는 점에 관한 입증이 없는 이상, 시공자의 공사 시공상의 잘못으로 하자가 발생하였다는 사유만으로는 보증사고가 발생한 것이라고 할 수 없다(대법원 2007.8.23. 선고 2006다87880).

33.
건설공제조합이 발생하는 계약보증서의 성격

건설산업기본법에 따라 설립된 공제조합이 그 조합원과의 보증위탁계약에 따라 조합원이 **도급받은 공사 등의 계약이행과 관련하여 부담하는 계약보증금의 납부에 관한 의무이행을 보증하기 위하여 계약보증서를 발급하는 방법으로 그 도급인과 보증계약을 체결하는 경우, 공제조합은 그 조합원이 도급계약에 따른 채무를 이행하지 아니함으로 말미암아 도급인에게 부담하게 될 채무를 보증하는 것이다**(대법원 2002. 11. 26. 선고 2002다34727).

34.
도급계약 시 부가세의 부담

공사도급계약을 체결하면서 **공사대금과 별도로 도급인이 수급인에게 부가가치세를 지급하기로 약정한 경우, 수급인은 그 약정에 따라 도급인에게 부가가치세 상당의 금액의 지급을 청구할 수 있다**(대법원 1997. 3. 28. 선고 96다48930). **다만 부가세부담에 관한 특약이 없는 경우에는 누가 부가세를 부담할 것인가?**

사업자가 재화 또는 용역을 공급하는 때에는 부가가치세 상당액을 그 공급을 받는 자로부터 징수하여야 한다고 규정하고 있는 부가가치세법 제15조는 **사업자로부터 징수하는 부가가치세 상당액을 공급을 받는 자에게 차례로 전가시킴으로써 궁극적으로 최종소비자에게 이를 부담시키겠다는 취지를 선언한 것에 불과한 것이어서 사업자가 위 규정을 근거로 공급을 받는 자로부터 부가가치세 상당액을 징수할 사법상 권리는 없는 것**이지만, 거래당사자 사이에 부가가치세를 부담하기로 하는 약정이 따로 있는 경우에는 사업자는 그 약정에 기하여 공급을 받는 자에게 부가가치세 상당액의 지급을 청구할 수 있는 것이고, 부가가치세 부담에 관한 위와 같은 약정은 반드시 재화 또는 용역의 공급 당시에 있어야 하는 것은 아니고 공급 후에 한 경우에도 유효하며, 또한 반드시 명시적이어야 하는 것은 아니고 묵시적 형태로 이루어질 수도 있다(대법원 2002. 11. 22. 선고 2002다38828).

건축공사의 **수급인이 공사를 완성한 후에 공사도급거래에 따른 부가가치세를 납부하**였다 하더라도 이는 위 건축용역의 공급자로서 자기의 납세의무를 이행한 것일 뿐 거래 상대방인 도급인이 납부하여야 할 부가가치세를 대위납부한 것으로는 볼 수 없으므로, 도급인에 대하여 위 부가가치세 상당액을 구상할 수 없다(대법원 1993.8.13. 선고 93다 13780).

35.
지체상금에 대한 부가세

공사대금에 대한 약정연체료는 공사용역과 대가관계에 있는 금전이라고 볼 수 없어 부가가치세의 과세표준에 포함되지 않는다(대법원 2001. 6. 29. 선고 99두12229).

36.
수급인이나 수급인의 피용자가 저지른 불법행위등에 대한 도급인의 책임

도급인은 수급인이 그 일에 관하여 제3자에게 가한 손해를 배상할 책임이 없다. 그러나 **도급 또는 지시에 관하여 도급인에게 중대한 과실이 있는 때에는 수급인과 연대하여 책임을 진다**(민법 제757조). **도급인은 수급인의 일에 관하여 지위 감독권이 없고, 수급인 자신이 독립해서 자유재량으로 그의 사무를 처리하기 때문에 원칙적으로 도급인에게 책임을 물을 수 없는 것이다.**

가령 건물 신축공사를 위한 지하굴착공사 과정에서 야기된 인근 건물 균열사고에 있어 도급인이 그 건축자재 중 일부를 제공하고 제3자를 시켜 지하 굴착공사 시에 지주방책설비를 철저히 하라고 요청하고, 동인의 처가 **공사 현장에 수시로 나와 설계도에 없는 내부장치, 옥상계단 등의 설치를 요구한 사실만으로 위 공사의 도급 또는 지시에 관하여 중대한 과실이 있다고 볼 수 없다**(대법원 1991. 2. 8. 선고 90다12915).

다만 도급인에게 중대한 과실을 인정한 사례가 있다. 즉 도급인인 건축주가 수급인이 일반건설업등록을 갖추지 못한 자임을 알면서도 건설산업기본법 제41조에 위반하여 수급인에게 건물의 시공을 맡긴 것은 건축주로서 지켜야 하는 가장 기본적인 법률을 위반한 명백한 범죄행위로서 도급에 관하여 중대한 과실이 있는 때에 해당한다 할 것이고, 또한 일반건설업등록의 요건을 갖추지 못한 수급인이 일정 규모 이상의 건물을 시공할 경우, 시공능력의 부족으로 인하여 안전사고가 발생할 위험성이 매우 크다고 할 것이므로 도급인의 도급에 관한 중대한 과실과 사고 사이에는 상당인과관계가 있다고 할 것이어서 도급인은 피해자 등에게 **공사 중 안전사고로 인한 손해배상책임**을 져야 한다(수원지방법원 2003.6.18. 선고 2002가합14016).

또한 만약 수급인의 관리·감독상의 과실로 인부의 사망사고가 발생한 경우, 도급인은 도의적인 책임은 몰라도 법적인 책임은 없는 것이 원칙이다. 즉 사용자 및 피용자관계 인정의 기초가 되는 도급인의 수급인에 대한 지휘, 감독은 건설공사의 경우에는 현장에서 구체적인 공사의 운영 및 시행을 직접 지시, 지도하고 감시, 독려함으로써 시공 자체를 관리함을 말하며 **단순히 공사의 운영 및 시행의 정도가 설계도 또는 시방서대로 시행되고 있는가를 확인하고 공정을 감독하는 데에 불과한 이른바 감리는 여기에 해당하지 않는다**(대법원 1989.8.8. 선고 88다카27249). 즉 이 경우에는 사용자 책임을 지지 않는다.

다만 **도급인이 공사의 진척상황에 대하여 감시·감독을 하여 왔다면, 사용자로서 책임을 질 여지도 있다.** 즉 도급인이 수급인에 대하여 특정한 행위를 지휘하거나 특정한 사업을 도급시키는 경우와 같은 이른바 노무도급의 경우, 즉 건축공사의 일부분을 하도급받은 자가 구체적인 지휘·감독권을 유보한 채, 재료와 설비는 자신이 공급하면서 시공 부분만을 시공기술자에게 재하도급하는 경우에 있어서는 도급인이라고 하더라도 민법 제756조가 규정하고 있는 사용자책임의 요건으로서의 사용관계가 인정된다(대법원 1998.6.26. 선고 97다58170).

그리고 **직접 주택신축공사를 시공하는 건축주로부터 목수공사 부분을 도급받은 자와 그에게 고용된 4명의 인부가 작업을 하고 있던 사업장은** 구 산업안전보건법시행령(1995.10.19. 대통령령 제14787호로 개정되기 전의 것) 제3조 제1항의 '상시 근로자 5인 미만을 사용하는 사업'에는 해당하지 않으므로 그 사업장의 사업주에 해당하는 **건축주는 산업안전보건법 제23조 소정의 안전조치의무를 부담**하며, 한편 **4층 건물 내부에서 천정거푸집 해체작업을 하다가 몸의 균형을 잃는 경우에는 창틀을 통하여 추락할 수도**

있으므로, 건축주로서는 그와 같은 추락을 방지할 만한 조치를 취할 의무가 있음에도 이를 위반하였다고 하여, 손해배상책임을 인정한 사례가 있다(대법원 1996. 7. 26. 선고 95다45156).

☞ 건축주에 대한 일반적인 배상책임을 인정한 것이 아님.

37

제3자에 대한 감리자의 손해배상의무

　감리자의 과실로 제3자에게 손해가 발생한 경우 감리자가 직접 손해배상의무를 지는 **가?** 이 경우 감리상의 과실과 손해 사이에 인과관계가 인정된다면 손해배상책임을 면할 수 없다.

　인접한 이 사건 건물의 지반침하와 기울기가 급격히 진행되어 사람이 거주할 수 없는 상황에 이른 사실과, 위 공사 **현장은 매립지로서 터파기작업으로 인하여 인근 지반의 침하가 충분히 예상되는 곳임에도 불구**하고, 공사감리자인 피고는 터파기작업의 잘못된 시공으로 주변 건물들이 균열되고 인근 주민들이 공사 현장에 몰려와 공사를 방해하며 포항시에 공사중지를 요구하는 등의 **민원을 제기하고 나서야 처음으로 공사 현장에 가 보고, 비로소 위 회사에 대하여 터파기작업의 공사 방법을 변경할 것을 요구한 사실 등을 인정한 다음,** 피고는 위의 터파기작업 시에 감리업무를 게을리 한 잘못이 **있다고 하여 위 회사와 함께 원고에 대한 손해배상의무가 있다고** 판단하였다(대법원 1997. 8. 22. 선고 97다19670).

닥터빌드 건축주대학

교육을 통한 네트워크 조직으로
최고의 투자 수익율을 추구합니다.

국 민 안 심 건 축 플 랫 폼
닥터빌드

닥터빌드 건축주대학 혜택

14주 단기완성 커리큘럼
도급 계약서 작성 및 판례검토와 6개월에 500% 수익률 사례 분석까지

상위 0.1% 실무 전문가, 업계 실무자
건축 전문가 6인방(대학 교수, 변호사, 건축 PM, 세무사)의 교육 커리큘럼

수료생 특혜
닥터빌드 명의 수료패와 건설사업관리사 자격증(한국직업능력연구원 공인) 수여
건축시 지속적인 규모검토 지원과 마케팅 및 세금관련 자문, 고수익률 투자물건 자문까지

* 양질의 학습환경을 위해 인원을 제한합니다. 선착순 모집이므로 조기마감이 될 수 있습니다.

건축주대학의 절차

교육목적 수익성 있는 토지 판별 능력 함양을 위주로하는 실전 교육

수료생 수익구조 시스템 교육 수료 후 기수별 모임을 통한 평생 동지화

1. 수료생 각자 수익성 1차 물색
2. 닥터빌드에서 수익 타당성 분석
3. 수료생 각자 명의로 부지 매입 및 신축
4. 수료생 희망 시 닥터빌드 자금 대여 및 투자, 건축관리 및 분양, 광고 진행

건축현장답사

수료식 행사

건축주대학 골프모임

식사간담회

닥터빌드 건축주대학 커리큘럼 안내

주차	카테고리	커리큘럼명	시간	교수진
1	건축기획	**건축주가 되는 첫걸음**	2H30	민경호 박사 (닥터빌드 대표이사)
2	건축기획	**건축사업의 위험성과 그 회피방법 1** - 건축사업의 전망과 수익성	2H30	민경호 박사 (닥터빌드 대표이사)
3	건축기획	**왕초보 면하게 해주는 건축학개론** - 건축계획, 시공, 금융 등을 건축의 전반적인 개론을 사례를 통해 학습	2H30	김용하 부장 (닥터빌드 기획팀장),
4	건축계획관리	**건축 계획 실무** - 계획 프로세스 - 건축물의 건축 단계별 중점 관리사항(1~5)	2H30	정택수 박사 (닥터빌드 상무이사)
5	설계관리	**사업지 선정을 위한 분석과 설계** - 사업지 선정을 위한 지역, 상권 입지분석 - 규모가 잘 나오는 토지를 고르는 방법 - 기획설계를 하기 전에 건축주가 알아야할 기본설계 지식	2H30	신경선 건축사
6	건축시공관리	**건축시공실무** - 시공 프로세스 - 건축물의 건축 단계별 중점 관리사항(6~10)	2H30	정택수 박사 (닥터빌드 상무이사)
7	설계관리	**실제 사례를 통한 기획설계 해설** - (다세대 주택 기준으로)	2H30	신경선 건축사
8	건축기획	**건축사업의 위험성과 그 회피방법 2** - 미준공 건물의 경매원인과 투자법, 유치권, 압류 및 가압류 등의 권리침해의 종류와 그 회피방법	2H30	민경호 박사 (닥터빌드 대표이사)
9	세금/재테크	**건축주가 알아야 할 세금 A부터 Z까지** - 건축시 주택신축판매 및 임대사업자 등록 정리 (건설임대사업자) - 증여, 매매, 양도, 임대시 발생하는 각종의 세금과 관리 기법 - 상가 부가세 환급방법, 취득세 산출방법 등	2H30	이현호 세무사
10	인테리어	**건축주가 알아야할 인테리어 자재와 시공, 하자 1**	2H30	안광호 팀장
11	건축기획	**민간건설표준도급계약서 해설**	2H30	민경호 박사 (닥터빌드 대표이사)
12	건축기획	**민간건설표준도급계약서 및 별지 특약사항 해설**	2H30	민경호 박사 (닥터빌드 대표이사)
13	분양	**분양마케팅 전략**	2H30	김창수 대표

※ 일정 및 교육 내용 일부는 변경될 수 있습니다.
※ 상세 커리큘럼은 신청 후 별도로 제공해드립니다.

닥터빌드 건축주대학 개발 사례

3기 임OO 건축주
서울시 강남구 일원동 다세대주택

공사기간	2019.10 ~ 2020.05
대지면적	188 제곱미터
연 면 적	282.86 제곱미터
규　　모	지상 1층 ~ 4층, 다락
세 대 수	9세대

3기 임OO 건축주
서울시 마포구 성산동 다세대주택

공사기간	2019.10 ~ 2020.06
대지면적	249 제곱미터
연 면 적	469.24 제곱미터
규　　모	지상 1층 ~ 5층
세 대 수	13세대

5기 최OO 건축주
서울시 중랑구 망우동 근린생활주택

공사기간	2020.04 ~ 건축중
대지면적	243 제곱미터
연 면 적	363.44 제곱미터
규　　모	지상 1층 ~ 4층
세 대 수	근생 2호, 주택 5가구

장소 및 문의처

LG선릉 에클라트

성원타워

닥터빌드
롯데캐슬클라쎄 2층

L7 강남

스타벅스

수인분당
선릉역

세븐일레븐

선릉역

닥터빌드 본사 세미나실

서울시 강남구 테헤란로 63길 9, 롯데캐슬클라쎄 2층
지하철 선릉역 10번, 8번 출구 (도보 152m)
※ 주차장 : 건물 뒷편 입구 이용

교육문의

Tel. 1544-8383 / drbuild@drbuild.co.kr

건축주 상식

ⓒ 민경호, 2024

초판 1쇄 발행 2024년 2월 28일

지은이   민경호
펴낸이   이기봉
편집   좋은땅 편집팀
펴낸곳   도서출판 좋은땅
주소   서울특별시 마포구 양화로12길 26 지월드빌딩 (서교동 395-7)
전화   02)374-8616~7
팩스   02)374-8614
이메일   gworldbook@naver.com
홈페이지 www.g-world.co.kr

ISBN   979-11-388-2814-7 (13320)